ESCRAVIDÃO: POVOS, PODERES E LEGADOS

ESCRAVIDÃO: POVOS, PODERES E LEGADOS

Américas, Goa e Angola (séculos XVI-XXI)

Isnara Pereira Ivo
Roberto Guedes
organizadores

alameda

Coleção Povos

Grafia atualizada segundo o Acordo Ortográfico da Língua Portuguesa de 1990, que entrou em vigor no Brasil em 2009.

Edição: Haroldo Ceravolo Sereza e Joana Monteleone
Editora assistente: Danielly de Jesus Teles
Projeto gráfico, diagramação e capa: Danielly de Jesus Teles
Assistente acadêmica: Tamara Santos
Imagem da capa: *Nova totius terrarum orbis geographica ac hydrographica tabula.* Créditos: Willem Blaeu (1571-1638).

CIP-BRASIL. CATALOGAÇÃO-NA-FONTE
SINDICATO NACIONAL DOS EDITORES DE LIVROS, RJ

E73

Escravidão : povos, poderes e legados : Américas, Goa e Angola (séculos XVI--XXI) / organização Isnara Pereira Ivo, Roberto Guedes. - 1. ed. - São Paulo : Alameda, 2020.

Inclui bibliografia
ISBN 978-65-86081-31-2

1. Escravidão - História. 2. Escravidão - Condições sociais. 3. Escravidão - Américas - História. 4. Escravidão - Goa - História. 5. Escravidão - Angola - História. I. Ivo, Isnara Pereira. II. Guedes, Roberto.

20-65451 CDD: 306.362
CDU: 326(8+540+673)"15/16"

Alameda Casa Editorial
Rua 13 de Maio, 353 – Bela Vista
CEP 01327-000 – São Paulo, SP
Tel. (11) 3012-2403
www.alamedaeditorial.com.br

Para Erivaldo Fagundes Neves, com admiração pela obra construída, e Demétrio Abreu Malheiros, em agradecimento pela ajuda em diferentes momentos.

Isnara Pereira Ivo

Para João Fragoso e Sheila Faria, com profundas admiração e gratidão.

Roberto Guedes

Sumário

Apresentação

Este livro é o segundo da Coleção Povos[1] e visa divulgar trabalhos resultantes de projetos e de grupos de pesquisa que atentam às conformações sociais, culturais, políticas, econômicas e demográficas de sociedades ibero-americanas nos espaços de conquista modernos e na contemporaneidade. Por conseguinte, os povos que a coleção deseja dar a conhecer incluem grupos e indivíduos de condições sociais e qualidades variadas, como senhores e cativos, livres e libertos, índios, elites religiosas, econômicas e políticas, mestiços, entre outros, nenhum dos quais formava um grupo homogêneo.

O livro, igualmente, resulta de um percurso de intercâmbio acadêmico, em perspectiva holística e comparada. Pois, desde os anos 2000, integrantes do grupo de pesquisa *Escravidão e Mestiçagens: poderes, povos, lugares e trânsitos culturais no Novo Mundo*, composto por historiadores da escravidão de universidades brasileiras e estrangeiras, perscrutam aspectos relativos à construção de memórias e a mestiçagens biológicas e culturais

1 O primeiro volume, organizado por Isnara Pereira Ivo, Maria Lemke e Cristina de Cássia Moraes, se intitula *Trabalhar é preciso, viver não é preciso: povos e lugares no mundo ibero-americano. Séculos XVI-XX*. São Paulo: Editora Alameda, 2020 (no prelo). O livro agrega estudos sobre espaços e tempos distintos marcados pela escravidão e seus legados nos mundos antigo, moderno e contemporâneo.

em sociedades ibéricas e americanas durante a época moderna. A empreitada tem sido um grande desafio, mas ao mesmo tempo redundou em sólidas pesquisas frutos de trocas salutares.[2] Entre trocas de ideias e acalorados diálogos, o grupo se deparou com integrantes do grupo de pesquisa *Antigo Regime nos Trópicos*, focado, entre outros aspectos, na compreensão de hierarquias sociais escravistas acopladas a estruturas de antigo regime em áreas de conquista.[3] Foi a partir de constantes de-

2 Por exemplo, entre outros, PAIVA, Eduardo França; IVO, Isnara Pereira (Org.). *Escravidão, mestiçagem e histórias comparadas.* São Paulo: Annablume, 2008. PAIVA, Eduardo França; IVO, Isnara Pereira; MARTINS, Ilton César (Org.). *Escravidão e mestiçagens:* populações e identidades culturais. Belo Horizonte: PPGH-UFMG; São Paulo: Annablume; Vitória da Conquista: Edições UESB, 2010. IVO, Isnara Pereira. *Homens de caminho:* trânsitos culturais, comércio e cores nos sertões da América Portuguesa. Século XVIII. Vitória da Conquista: Edições UESB, 2012; IVO, Isnara Pereira; PAIVA, Eduardo França (Orgs.). *Dinâmicas de mestiçagens no mundo moderno:* sociedades, culturas e trabalho. Vitória da Conquista: Edições UESB, 2016; IVO, Isnara Pereira; PAIVA, Eduardo França; AMANTINO, M. (Org.). *Religiões e religiosidades, escravidão e mestiçagens.* São Paulo: Intermeios; Vitoria da Conquista: Edições UESB, 2016.

3 Por exemplo, FRAGOSO, João; BICALHO, Maria Fernanda; GOUVÊA, Maria de Fátima (orgs.). *O Antigo Regime nos trópicos:* a dinâmica imperial portuguesa (séculos XVI-XVIII). Rio de Janeiro: Civilização Brasileira, p. 73-105; FRAGOSO, João; SAMPAIO, Antonio Carlos Jucá de, GUEDES, Roberto (Orgs.). *Arquivos paroquiais e história social na América lusa,* Séculos XVII e XVIII. Métodos e técnicas de pesquisa na reinvenção de um corpus documental. Rio de Janeiro: Mauad X, 2014; GUEDES, Roberto; DEMETRIO, Denise V., SANTIROCHI, Ítalo D., GUEDES, Roberto (Orgs.). *Doze capítulos sobre escravizar gente e governar escravos*: Brasil e Angola, século XVII-XIX. Rio de Janeiro: Mauad X, 2017; FRAGOSO, João, MONTEIRO, Nuno Gonçalo (Orgs.). *Um reino e suas repúblicas no Atlântico.* Comunicações políticas entre Portugal, Brasil e Angola nos séculos XVII e XVIII. Rio de Janeiro: Civilização Brasileira, 2017.

bates – que, recentemente, contam com o grande incentivo do *Programa de Pós-graduação em Ensino, Mestrado Profissional em Ensino de História* e do *Laboratório de Estudos da Escravidão e das Mestiçagens* da Universidade Estadual da Bahia (*Campus* Vitória da Conquista) – que a ideia do livro ganhou corpo, haja vista preocupações comuns em compreender as relações entre lugares (*locas*) e o mundo (*orbis*).

A proposta é refletir sobre sociedades que habitaram diferentes rincões coloniais e pós-coloniais marcados pela mestiçagem, pela diferença, por distintas formas de governo e mecanismos de coerção, por conflitos culturais, religiosos e políticos. Assim, objetivamos compreender as manifestações de poder e de seus tentáculos que escapavam às instituições e se faziam perceber nas representações coletivas. Mas tratamos também de perscrutar percursos de mobilidade social, manifestações religiosas e políticas de diferentes agentes sociais, fossem eles escravos que mercadejavam cativos, ex-escravos senhores de cativos, mulheres poderosas ou, ainda, mestiços cosmopolitas, abolicionistas. Índios e mestiços incas complementam o universo multifacetado dos povos impactados pela escravidão e por suas instituições políticas, econômicas, religiosas e médicas nas Américas.

A análise de lugares e povos das conquistas revela governos sobre aquelas gentes eivados de resistências, mas também de acomodações e coexistências políticas e culturais que tornaram o mundo moderno e contemporâneo plural, mas igualmente conflituoso. Nesse sentido, urge debater acepções sobre escravidão, mestiçagens, formas arcaicas e contemporâneas de exercício do poder, sobretudo em tempos de reordenação do mundo do trabalho, esfera na qual grupos e indivíduos, muitos deles escravos ou seus descendentes, ou outros grupos despossuídos, protagonizaram experiências e se tornaram agentes históricos de seus destinos, não obstante entraves que a ordem instituída lhes impunha.

Europeus, asiáticos, africanos e americanos, fossem eles considerados brancos, pretos, negros ou índios etc., tonalizaram o universo populacional de modo a criar um verdadeiro caleidoscópio de categorias que só recentemente a historiografia tem almejado compreender mais atentamente. Pardos, cabras, crioulos, curibocas, mamelucos, mulatos, negros, fuscos etc. eram termos usados para identificar pessoas que encarnavam manifestações culturais e relações de trabalho nas áreas de conquista e nos estados nações que delas advieram. Logo, repensar a relação passado-presente é um exercício que leva à elaboração de novas escritas da história sobre povos e lugares que construíram os pilares das sociedades oriundas do mundo colonial ibérico. Isto pode conduzir a (re)elaborações de conceitos e de ideias que há muito nos guiam.

É neste caminho que o livro *Escravidão: povos, poderes e legados (Américas, Goa e Angola, séculos XVI-XXI)* visou congregar estudos que reavaliam relações de trabalho, modos de viver e de pensar em sociedades escravistas e pós-escravistas marcadamente mestiças. Porém, as abordagens conceituais e metodológicas são diversas e respeitam a pluralidade teórica que constrói o saber histórico. Por isso, tanto no mundo moderno, quanto na contemporaneidade, o livro traz análises de espaços e tempos distintos marcados pela escravidão e repensa seus desdobramentos políticos, sociais e culturais em universos de influência espanhola e portuguesa na América, na Índia e em Angola.

Carmen Bernand com sua maestria antropológica demonstra que textos bíblicos fundamentaram as narrativas do inca seiscentista Gracilaso de la Vega e do africano igbo setecentista Olaudah Equiano, posto que nem o tempo nem a distância deixaram de fazer com que ambos salientassem as mestiçagens como um *melting point* necessário entre povos de distintas partes em áreas de conquista, ambos negaram identidades fechadas que promoviam diálogos de surdos. Católicos por identidade mestiça, goeses residentes em solo indiano e dispersos pelo mundo também foram marcados pela particular situação histórico-religiosa católica que moldou o antigo espaço colonial em terras indianas. Assim, como salienta Joseph Abraham Levi, mais de quatro séculos de presença portuguesa (1510-1961) deixaram traços indeléveis na antiga Índia portuguesa, mas escritores goeses e seus descendentes reconciliaram as identidades, o sentimento de pertença e as assimilações na Índia e alhures a partir de seus interesses. A mestiçagem cultural e religiosa foi um dos caminhos possíveis.

Ocorre que a língua também foi alvo de confrontos e adaptações mais ou menos silenciosos, como investiga Ivana Pereira Ivo ao salientar que línguas em convívio se ajustam e que nenhuma delas sobrevive intacta no multilinguismo. Por isso povos Guarani promoveram seus ajustes fonéticos e fizeram transferências fonológicas a partir de suas próprias bases linguísticas, em processos seculares de contatos com as línguas espanhola e portuguesa. Povos Guarani eram e são capazes de fazer escolhas e de alterar os sons das palavras.

Alexandre Bittencourt Leite Marques examina, com arguta percepção, escravos ora designados de forros ora de escravos, entre outros termos, nos sertões do Reino de Angola do limiar dos setecentos, nomeadamente em Icolo, Muxima e Pedras (Freguesia de Nossa Senhora do Rosário e Santo Antonio). A nomenclatura mestiça e escravista revela mundos de trabalhadores de sociedades escravistas no Reino de Angola, ameaçados de deportação para as Américas. Uma vez nas Américas, no entanto, o destino nem sempre era o duro trabalho no eito, houve espaços de mobilidade social, mesmo que a duras penas.

Na cidade do Salvador, a manifestação da religiosidade foi objeto de disputa e gerou controvérsias, como salienta Avanete Pereira Sousa ao investigar as festividades empreendidas a cargo da câmara municipal soteropolitana setecentista e oitocentista. Instâncias fulcrais de manifestações religiosas associadas ao poder, mas fundamentais à socialização, festas e procissões eram um meio de tentar controlar populações escravas e forras, e daí o regramento constante dos espaços, ritos e sociabilidades de escravos e seus descendentes, a preocupação constante com cantos, vestimentas, etc.

A antiga capital da América portuguesa também é o *locus* de estudo de Isnara Pereira Ivo e Evandra de Freiras que analisam como o médico baiano Juliano Moreira pôs-se à frente de seu tempo de forma científica, combatente e militante, a fim de caracterizar a degenerescência como um aspecto não racial, posto que sequer considerasse que houvesse "raças puras". As autoras sublinham como o mulato enfrentou, duramente, a classe médica de seu tempo, que em parte relegou sua obra ao ostracismo por longas décadas no século XIX, mas graças a ele passou-se a saber que o agente da sífilis não era nenhuma "raça", e nem a mestiçagem.

Para os grotões dos sertões da Bahia, Marcos Profeta Ribeiro assevera que a ex-escrava cabo-verdiana Clara Gonçalves desempenhou papel importantíssimo no processo de conquista dos sertões setecentistas. Sua trajetória sintetiza a de mulheres egressas do cativeiro que, pela mancebia, pelo casamento, pelo número de filhos, pelo compadrio, pela condição senhorial e pelo trabalho, aderiram ao ideário senhorial e nele encontraram mecanismos de mobilidade social, tentando legar a seus filhos mestiços o afastamento perpétuo dos estigmas da escravidão. A mobilidade geracional e a mestiçagem embranqueciam senhorialmente as famílias.

Luciano Lima Souza e Marcello Moreira evidenciam como a religiosidade foi praticada à revelia do *locus* de poder. Analisam os usos dos chamados fios de conta – ilequés, no candomblé nagô, ou iam, no candomblé jeje – nas comunidades-terreiro da Bahia, realçando, sobretudo, seus significados sagrados, suas matrizes culturais no tempo e espaço, Dão ênfase à cultura iorubá, cujas raízes remontam ao período colonial, mas que sofreram inúmeras reelaborações, sem, no entanto, deixarem de se perpetuar como objeto central de culto até os nossos dias.

Reordenações de poderes político-religiosos em suas disputas pela condução da cristianização de povos das conquistas também foram objeto de Marcia Amantino, que demonstra como as tentativas de controle de fieis também foram alvo de disputa entre religiosos institucionalizados no poder, como o clero católico da América portuguesa na segunda metade do século XVIII. A autora analisa com perspicácia as ações do bispo do Rio de Janeiro, o beneditino Dom Antônio do Desterro, em prol do desmonte da ordem jesuíta na chamada época pombalina. Nada, porém, se resolveu sem conflitos e sem resistência por parte de membros da extinta ordem, ainda que, em retrospectiva, saibamos que a partir da expulsão dos jesuítas a evangelização dos povos das Américas portuguesa e espanhola ficou a cargo de outros religiosos.

No desfecho, Ana Paula Bôscaro e Roberto Guedes observam escravos que participavam da ordem. Precisamente, salientam como os escravos tropeiros/traficantes, sobretudo crioulos, associavam-se a seus senhores para mercadejar produtos e vender outros cativos no Sul-sudeste do Brasil no limiar dos oitocentos. Junto a milhares de camaradas e de parceiros, escravos tropeiros/traficantes movimentaram africanos boçais (não falantes do português) recém-chegados do litoral para os interiores do Brasil. A seu modo e a partir de seus interesses, contribuíram para a reprodução da própria escravidão.

Outubro de 2019.
Isnara Pereira Ivo. Vitória da Conquista, BA.
Roberto Guedes. Rio de Janeiro, RJ.

El Inca platónico y el Africano ilustrado Garcilaso de la Vega, Ouladah Equiano y la Tierra Prometida

Carmen Bernand[1]

Este texto rinde un tardío homenaje a la obra de Nathan Wachtel, cuyos trabajos sobre el rescate de la memoria de los hombres sin voz, abarcan a los chipayas del lago Titicaca y a los marranos refugiados en Brasil para tratar de huir de la Inquisición, asi como a los estudios de Isnara Pereira Ivo e Eduardo França Paiva,[2] sobre la memoria y los mestizajes en Bahia y Minas Gerais. En estas páginas he reunido dos hombres que nunca se conocieron pero que, por razones diversas están unidos por la fuerza de la imaginación y la esperanza que los animaron. Uno de ellos, a quien he consagrado un es-

1 Professora Emérita da Universidade de Paris-Nanterre e do Institut Universitaire de France.

2 PAIVA, Eduardo França; IVO, Isnara Pereira; MARTINS, Ilton César (Org.). *Escravidão e mestiçagens:* populações e identidades culturais. Belo Horizonte: PPGH-UFMG; São Paulo: Annablume; Vitória da Conquista: Edições UESB, 2010; IVO, Isnara Pereira. *Homens de caminho:* trânsitos culturais, comércio e cores nos sertões da América Portuguesa. Século XVIII. Vitória da Conquista: Edições UESB, 2012; IVO, Isnara Pereira; PAIVA, Eduardo França (Org.). *Dinâmicas de mestiçagens no mundo moderno:* sociedades, culturas e trabalho. Vitória da Conquista: Edições UESB, 2016; IVO, Isnara Pereira; PAIVA, Eduardo França; AMANTINO, M. (Org.). *Religiões e religiosidades, escravidão e mestiçagens.* São Paulo: Intermeios; Vitoria da Conquista: Edições UESB, 2016;

tudio[3] y numerosos artículos es el Inca Garcilaso de la Vega, un mestizo peruano que escribió en España los *Comentarios reales de los Incas*, (1609) dedicando la primera parte a sus parientes incas por vía materna, y la segunda parte, conocida por *Historia General del Perú*, a la rama paterna española. El otro es un africano esclavizado, transportado al Caribe y manumitido, Olaudah Equiano, alias Gustavus Vassa,[4] que vivió en la segunda mitad del siglo XVIII, época en que los *Comentarios Reales de los Incas* gozaron de una gran difusión entre los criollos de América, que vieron en ese libro un alegato en favor de los antiguos americanos. (GARCILASO DE LA VEGA, 2002). La presencia de Equiano junto al Inca no obedece solamente a la tentación de adjuntar al Inca una "segunda persona", como fué el caso en tiempos pre-hispánicos. El contrapunto africano tiene su lógica interna. Ambos escritores lucharon en defensa de sus respectivos hermanos, condenados al silencio y a la opresión, utilizando por armas las letras, sirviéndose de un idioma – el castellano, el inglês – que no correspondía a sus respectivas lenguas maternas: el quechua, el igbo. Ambos encontraron en el Antiguo Testamento y en las tribulaciones de los hebreos la respuesta a sus interrogantes. Ambos, el mestizo y el liberto, vivieron "desubicados", como sucedió siglos mas tarde con Edward Said, palestino pero cristiano, cuya lengua materna fue el árabe pero que escribió en inglés. (SAID, 2000).

---

3 Bernand C., *Un Inca platonico. Garcilaso de la Vega 1539-1616*, Paris, Fayard, 2006.

4 Cf.: EQUIANO, Olaudah, *The Interesting narrative of the life of Olaudah Equiano, written by himself*, London 1789, édition de Robert Allison, Bedford/St Martins, 2007, asi como la excelente traducción de Celia Montolío, publicada en Madrid por las Ediciones Miraguano en 1999.

Garcilaso y Gustavus

Garcilaso pertenece al siglo XVI. Su padre fue un conquistador linajudo pero secundón y su madre una princesa inca de rango mediano. Cumplidos los veinte años, y después de la muerte de su padre, el capitán, el joven mestizo sale del Cuzco y decide viajar a España, para rehabilitar el honor de su padre acusado por la Corona de traición. Allí escribirá toda su obra: la traducción de los Diálogos de Amor de León Hebreo, originalmente en lengua toscana, y sus historias de la Florida y del Perú, cambiando su nombre original de Gómez Suárez por el de Inca Garcilaso de la Vega.

Equiano nació hacia 1745 en una aldea del interior de la actual Nigeria. Sus padres pertenecían a un linaje de jefes y fué raptado durante su niñez para ser vendido y deportado en el Caribe. Una vez allí, y bajo el nombre de Gustavus Vassa, emprenderá numerosas travesías comerciales, como esclavo y como hombre libre, ya que a los veinte años aproximadamente logra rescatar su libertad con sus propios ahorros. En Londres, donde pasará sus últimos años, y en 1789, fecha en que estalla la revolución francesa, publicará sus memorias y se convertirá en un militante activo de la causa abolicionista, recobrando su verdadero nombre, Olaudah Equiano, al que añade el epíteto "the African".

Pasemos rápidamente por la experiencia traumática de la infancia de estos dos personajes. Garcilaso ha contado detalladamente en la segunda parte de sus *Comentarios* (la *Historia General*) lo que fueron los años inciertos de las guerras civiles de los encomenderos, el terror en el que vivieron él, sus hermanas, su madre y los criados, recluídos en la casa del capitán Garcilaso, acusado de defender la causa de los rebeldes. Siendo aún un niño, vió expuesta la cabeza de Gonzalo Pizarro, un asiduo de la mesa paterna, así como los restos descuartizados de su lugarteniente Carvajal. Su padre se casa con Luisa Martel, hija de unos españoles enriquecidos, y entrega a su madre peruana al plebeyo Pedroche. Al morir, el capitán lega a su hijo un dinero para que pueda estudiar en España. Antes de iniciar el largo viaje, el mestizo acude a la invitación de Polo de Ondegardo, quien le enseña las momias de los Incas que acaban de ser descubiertas gracias a una investigación tenaz. La última imagen de su sierra natal es esa visión espectral que años mas tarde describirá con unas palabras que revelan la impresión causada por ese espectáculo sobrecogedor. Ya en España, después de intentar en vano rehabilitar la memoria de su padre y recuperar la renta que le corresponde, se instala en Montilla, en casa de su tío paterno y tras una breve incursión contra los moriscos de las Alpujarras, abandona las armas por las letras.

La infancia de Olaudah con sus siete hermanos transcurre, según sus palabras, en un pequeño paraíso tropical, "a charming fruitful vale" poblado de gentes honradas y trabajadoras, donde no existen mendigos – eso mismo es lo que dice Garcilaso al hablar del orden incaico. Aún no ha pasado por el rito de iniciación que llama *embrenche* cuando, un fatídico día en que estaba jugando con una hermana en el patio de su casa, irrumpen por encima de la tapia dos hombres y una mujer "de su raza" y los secuestran. Años mas tarde, y recurriendo a las descripciones de Guinea hechas por Anthony Benezet[5] para reconstruir el entorno en el cual vivía, Olaudah insistirá en el terror que sintieron

5 C.f.: BENEZET, Anthony, *Some historical accounts of Guinea*, Philadelphia, 1771. Benezet era un cuákero nacido en el norte de Francia pero emigrado a las colonias inglesas de América. En Filadelfia se convierte en un ferviente militante abolicionista y funda en 1750 la primer escuela de niños de esclavos.

entonces los dos niños, que serán separados por sus agresores, y relatará su fallido intento de huir, su profunda desazón, hasta el día en que ve el mar por primera vez. Con asombro descubre allí unos seres muy feos de piel blanca que llevan a un navío hombres negros engrillados y en hilera. Esa es la última visión de su tierra antes de ser embarcado para la Travesía Media.[6] La Providencia no quiso que muriera en aquella ocasión. Después de una navegación que se le hizo eterna, llegaron por fin a una isla (Barbados) cuya vegetación le recordó la de Africa. Los rumores corrían entre los esclavos que los extranjeros iban a devorarlos. Por eso, sintió un gran alivio al enterarse que debería trabajar con otros negros como él, que llama sus *countrymen*. Afortunadamente el muchachito no será destinado al trabajo agrícola sino al servicio de un marino, el capitán Pascal, quien le da el nombre de Gustavus Vassa, que es el de un héroe escandinavo que luchó para liberar a su patria de los daneses, y bastante popular en Inglaterra en el XVIII, gracias a una obra de teatro « Gustavus Vassa the Deliverer of his Country ». Si el capitán

---

6 EQUIANO, op.cit., p. El término utilizado para describir el temor y sobresalto que sintió es "astonishment", cuyo equivalente en portugués es "assombração", y en español "asombro", literalmente "sin sombra". "Astonishment", en la literatura anglosajona sobre Africa, expresa el terror de un individuo ante la eventualidad de sufrir, en su propio cuerpo, la acción de un objeto que produce espanto, como por ejemplo, el «nkisi» o fetiche, que tenga o no clavos. C.f: Wyatt MAC GAFFEY y Michael HARRIS en los textos reunidos en el catálogo de la exposición *Astonishment & power*, National Museum of African Art, The Smithsonian Institution Press, Washington & London, 1993. Jean BAZIN dedicó también un texto a esa exposición : «Des clous dans la Joconde», dans *Détours de l'objet*, Paris, L'Harmattan, Coll. Pratiques de la folie, pp. 107-147 y, en la p. 126: «Esas cosas potentes revelan un mundo sedimentado, conservado, dónde los muertos están siempre presentes y contenidos en él».

Pascal quiso hacer una broma, para el joven Olaudah ese nuevo nombre fué un signo del destino, como lo deja entender al final de sus memorias. Gustavo es listo y observador y en poco tiempo aprende el oficio de marinero, así como el de peluquero y cocinero. A bordo de la nave la cohabitación es estrecha y la amistad dulcifica el cautiverio. Pero el mayor anhelo de Gustavo es aprender a leer y escribir. Al comienzo cree que los libros "hablan" y se lleva uno a sus oídos constatando con desagrado que permanece en silencio.[7] Con un criado de Pascal llamado Richard Baker aprende las bases de la lectura y de la escritura. Ulteriormente un clérigo protestante le enseñará a leer la Biblia, en cuyas páginas descubrirá todos los preceptos morales de su patria africana. Cuando en 1757 el barco de Pascal acosta en Inglaterra, Gustavo habla inglés "tolerably well" y ha perdido el temor ante todo lo nuevo: "In that respect at least almost an Englishman." Allí toma consciencia de dos cosas fundamentales: sus derechos y su color. En Inglaterra no hay esclavos y por lo tanto, es teóricamente libre, pero su condición servil reflejada en su piel es indeleble. Siguiendo el consejo de dos damas protectoras, es bautizado en Westminster; en esa ocasión el clergyman le regala un libro publicado en 1740 sobre la "instrucción de los indios". Pascal teme perder a su esclavo, que quiere hacer valer sus derechos en Inglaterra. A traición lo vende a otro marino, el capitán James Doran, que lo devuelve al infierno de las West Indies, donde, citando a John Milton, "no alcanza ja-

7 C.f: Equiano (2007, p. 96). Es posible que ese tópico se haya difundido en Inglaterra gracias a las traducciones de los Comentarios Reales del Inca Garcilaso de la Vega, que comenta que, cuando el cura Valverde le tendió la Biblia en Cajamarca, el Inca ojeó el libro, se lo llevó al oído, y como viendo que no le hablaba, lo echó a tierra », in *Historia del Perú*, Madrid, Biblioteca de Autores Españoles, 1960, t. 144, 25, p. 52.

más la esperanza que a todos llega, mas sí une tortura infinita" (EQUIANO, 2007, p. 102). Poco después Doran revende al joven Equiano/Gustavo a un comerciante cuákero llamado Robert King, que lo emplea para transportar mercadería a la costa este de las colonias inglesas americanas. En Savannah, escucha con gran emoción los sermones de George Whitefield, ante una muchedumbre compuesta mayoritariamente de hombres de piel oscura. Whitefield es un lider metodista que forma parte de un movimiento religioso importante, « The Great Awakening ». Sus prédicas, acompañadas de música y canciones, provocan estados de trance y acompañan la regeneración de los nuevos cristianos. (EQUIANO, 2007, p. 45). En 1766, un año después de la revelación de Whitehead, Equiano Gustavo logra reunir la suma de 40 libras, el precio del rescate de su libertad: « Yo, que esta misma mañana era todavía un esclavo que tremblaba de tener que acatar la voluntad de otro, acababa de convertirme en mi propio amo», condensando en una sola frase toda la miseria de la esclavitud. (EQUIANO, 2007, p. 135). Précisons que cette liberté est fragile, notamment dans la Caraïbe, et qu'elle peut être remise en question à tout moment. Claro está que la libertad de los libertos es frágil, sobre todo en el Caribe donde en cualquier momento, el color de su piel puede valerle una nueva captura·

La hebraización de los Incas

Dejemos por un momento a Gustavus Vassa saborear las enseñanzas de Whitefield y su reciente libertad para volver al siglo XVI y a la obra literaria de Garcilaso. Es sabido que el Inca se lanzó en la traducción de León Hebreo, un judío ibérico llamado Juda Abravanel, cuyos *Dialoghi d'Amore* estaban en el index del Catálogo de la Inquisición por contener muchas menciones cabalistas. Uno de los motivos que lo movieron a emprender ese trabajo fue muy probablemente la atracción que sintió hacia un hombre que, como él, gozó de un estatus ambiguo. La afinidad del Inca con los conversos se refleja en su biblioteca, constituída en su mayor parte de libros prohibidos por la Inquisición. El deber de memoria de Garcilaso y sus lealtades duales convierten al mestizo en un ser próximo de los "cristianos nuevos", que vivían el conflicto entre dos tradiciones religiosas y por lo tanto, condenados al disimulo y al silencio. ¿Pero acaso su madre, la pagana Chimpu Ocllo bautizada con el nombre de Isabel no era también una "cristiana nueva"? La construcción por el Inca de la religión de los antiguos peruanos corresponde a un sistema religioso mixto, construído con silencios y omisiones. Numerosos son los elementos de los *Diálogos* de León Hebreo que encontramos en los *Comentarios reales de los Incas* – religión solar, alegorías, desdoblamientos divinos, simulacros y rol del amor – y que hemos analizado detalladamente en otros trabajos. Aquí nos limitaremos a retomar la comparación implícita en la crónica de Garcilaso entre Cuzco y Jerusalén, que se desprende de la concepción de los Incas como pueblo electo. Desde el inicio los Incas están ya presentes como pueblo investido con la misión de sacar "a los hombres de la vida ferina que tenían".[8] El astro es el padre natural de Manco Capac y los primeros Incas tienen que ejecutar sus "mandamientos" y "guardar sus leyes". El sol entrega a Manco y a los suyos una varilla de oro, "que donde aquella barra se les hundiese con un solo golpe que con ella diesen en tierra, alli quería el Sol Nuestro padre que parasen e hicieran su asiento y corte".[9] La vara es eje del mundo pero también tie-

8 GARCILASO, Comentarios, libro II, cap. 1.

9 GARCILASO, libro I, cap. 15.

ne una función mágica, como el bastón de Moisés con el cual el profeta separa las aguas del mar. Los Incas temen mezclarse con los otros pueblos y para evitar la confusión, imponen a sus descendientes reales ciertas marcas como la perforación y la deformación de los lóbulos, equivalente andino de la circuncisión asi como la obligación de casarse dentro del grupo "como las tribus de Israel". En la organización del imperio incaico, la función religiosa se distingue de la militar y administrativa. Como está dicho en la Biblia, Exodo 3-18, Moisés no puede rendir justicia solo y necesita una segunda persona, su hermano Aarón elegido por Yahvé, para ejecutar los ritos. Garcilaso hace alusión a la existencia de un lenguaje esotérico. El Inca nos dice que los soberanos peruanos tenían dos lenguas, la "lengua general" y otra misteriosa y desconocida de él como lo es también el lenguaje de la cábala. Tampoco faltan los sodomitas, a quienes Moisés condena a muerte y tambien el Inca Capac Yupanqui, hermano de Pachacutec, quien conquista a los Antis y los castiga no sólo allí sino en Huayllas.

El templo del Sol y el Templo de Salomón

En el libro III de los *Comentarios Reales*, Garcilaso describe detalladamente la Casa del Sol *o Coricancha.* Aunque la palabra "casa" se aplique a todo tipo de morada, es significativo que el Inca recurra a una imagen bíblica, siendo la Casa el primer templo de los hebreos cuya construcción Yahvé indica a Moisés. El templo del Sol fue célebre por su riqueza y antes de detenerse en hacer la descripción, Garcilaso recuerda que en el mundo el Perú fue "con razón famoso, pues a todo él ha llenado de oro y plata, de perlas y piedras preciosas".[10] El templo del Sol tuvo dos funda-

10 *Ibid.*, libro I, cap. 19

ciones, una fue la de Manco Capac y la otra, la de Pachacutec. No hubo "destrucción" del templo pero sí un cierto abandono que incitó a Pachacutec a embellecerlo y agrandarlo. Ambos edificios, el Templo de Salomón y el Coricancha, fueron construídos mediante el tributo de los pueblos, están recubiertos de planchas de oro y la magnificencia y el esplendor se reflejan también en los jardines. "A Moisés mandó Dios que tomase el oro e la plata de los hijos de Israel para la edificación del tabernáculo".[11] Eso es lo que hacen los Incas, y en particular Pachacutec que decide agrandar y embellecer al Coricancha. Las descripciones del templo del Sol tienen connotaciones hebreas. Allí hay "tabernáculos embebidos en las mismas paredes labradas de cantería [...]. Sentábase el Inca en estos tabernáculos cuando hacían fiestas al Sol [...]. Los tabernáculos y todas las puertas que salían al claustro, que eran doce [...], todas estaban chapadas con planchas y tablones de oro en forma de portadas y las otras dos, porque en el color blanco asemejasen a sus sueños, tenían las portadas de plata."[12] El jardín de oro del templo cuzqueño tiene su réplica bíblica en el Templo de Jerusalén con sus palmeras y guirnaldas de flores también de oro. (1 Reyes cap. 6, ver. 29-30).

Es notable la recurrencia del número doce. Según Garcilaso, Huayna Capac habría tenido la prefiguración de la conquista:

> Muchos años ha que por revelación de nuestro padre el Sol tenemos que pasados doce reyes de sus hijos vendrá gente nueva y no conocida en estas partes y ganará y sujetará a su imperio todos nuestros

11 *Ibid.*, apoyándose en Exodo 25,3.

12 *Ibid.*, el libro III está dedicado al Templo del Sol de Coricancha.

> reinos y otros muchos [...]. También sabemos que se cumple en mi el número de los doce Incas.[13]

Para llegar a esa cifra de doce Incas, Garcilaso se ve obligado a inventar o a incluir a Inca Yupanqui en la serie clásica de las dinastías, eliminando también a los dos hijos de Huayna Capac, Huáscar y Atahualpa. Esa cifra corresponde también a las doce puertas del templo del Sol. Pero doce son también los signos del zodíaco, los Césares romanos según Suetonio, los doce apóstoles, las doce virtudes privadas y morales de Aristóteles y, desde luego, las doce tribus de Israel para las cuales Moisés, al concluir la Alianza, levantó un altar al pie de la montaña con doce estelas o piedras erectas. (Exodo cap. 24, ver. 4).

El paraíso terrenal

Garcilaso es un hombre secreto que sugiere sin explicitar. Es significativo de ese proceder el segundo capítulo del libro VIII de los *Comentarios Reales*, dedicado a los ríos y peces del Perú.[14] Después de mencionar brevemente los peces del Perú, Garcilaso describe los cuatro ríos más largos del mundo: el Magdalena, el de Orellana – es decir el Amazonas –, el Marañón y el Río de la Plata. El Magdalena, dice Garcilaso, nace en las "sierras y cordilleras del Perú" y desemboca entre Cartagena y Santa Marta; el río de Orellana también nace en el Perú, en el Cuntisuyo, comarca que se extiende al suroeste del Cuzco. Garcilaso se explaya sobre las proporciones majestuosas del río, que los naturales llaman Apurimac, "el señor que habla" o Capac

13 *Ibid.*, Cifra simbólica apreciada por los filósofos neo-platónicos y los cabalistas cristianos.

14 *Ibid.*, libro VIII, cap. 2.

Mayu, siendo *capac* un atributo de los emperadores incas y por lo tanto el Amazonas es el "emperador de los ríos", que desemboca en el Atlántico siguiendo la línea equinoccial. El Marañón también se echa en el océano aunque un poco más al sur, y nace en los lagos, alimentados por los glaciares, que se encuentran en el oriente del Perú. El último, el Río de la Plata, surge de la "increíble cordillera de sierra nevada del Perú. Aun cuando Garcilaso piense que el Amazonas y el Marañón forman un mismo río, como lo afirmaba con autoridad Joseph de Acosta en su *Historia natural y moral de las Indias* los distingue. (ACOSTA, 2008). La razón es evidente: necesita destacar cuatro ríos similares a los que bañan el paraíso terrenal, según el Génesis. Hubiese sido lógico elegir al Orinoco pero en ese caso no habría podido hacerlo nacer del Perú, cuya posición edénica quiere resaltar.

Que haya querido sugerir una correspondencia entre el Paraíso y el centro del Perú (el Cuzco) está fuera de duda. A cada uno de esos ríos atribuye un rasgo típico. El Magdalena está caracterizado "por la furia con que corre"; el de Orellana, por su curso majestuoso; el Río de la Plata "tiene grandísimas crecientes con que anega los campos y los pueblos". El Marañón no posee ningún rasgo específico sino el de nacer "al oriente". Ahora bien, si tomamos la descripción del paraíso terrenal que hace Flavio Josefo, un autor que Garcilaso frecuentó, y cuyo estatus ambiguo de judío romanizado se parecía mucho al suyo de Inca hispanizado, advertimos que los atributos de los cuatro ríos del Edén son los siguientes: "estrechez y rapidez" para el Tigris, modelo del Magdalena; "immenso río de abundancia" para el Ganges, cuya réplica es el Amazonas; "dispersión" del Eufrates, equivalente a las crecientes del Río de la Plata. Y por último el Gihón, que los griegos llaman Nilo y cuyo nombre vernacular significa "el que mana del oriente", tiene su doble americano en el Marañón... La geografía simbólica del Perú está esbozada en este postrer capítulo sin que ninguna indicación suplementaria sustente la analogía.

Cuatro ríos que manan de las cordilleras del Perú y que delimitan, como los del Edén, las "Cuatro Partes del Mundo", que es el nombre del imperio Incaico, Tahuantinsuyo, siendo el Cuzco "el ombligo de la tierra". El territorio evoca un cuerpo humano, un microcosmo, íntimamente relacionado con el macrocosmo del universo, de tal modo los cuatro continentes, Europa, Asia, Africa y América, y los cuatro puntos cardinales están reproducidos en los cuatro barrios "por tal orden y concierto que, bien mirados aquellos barrios y las casas de tantas y tan diversas naciones como en ellas vivían, se veía y comprendía todo el Imperio junto, como en el espejo o en una pintura de cosmografía". Tal construcción intelectual revela la conformidad con las leyes inalterables de la geografía cósmica y permite identificar al Cuzco con Jerusalén, nunca nombrada pero presente en filigrana bajo las alegorías y las sugerencias. Si Cuzco es una nueva Jerusalén, entonces comparte con ella la dimensión mesiánica. En su similitud intrínseca con la ciudad sagrada, Cuzco constituye una réplica del proyecto divino, una réplica antártica pero no menos venerable.

Las letras como arma de combate

La escritura para Garcilaso es una manera de corregir los errores de los cronistas, que no han "mamado" en la leche como el las costumbres de los Incas, pero también es la ocasión de probar, a través de su caso personal, que los hombres oriundos del Nuevo Mundo tienen capacidades semejantes o superiores a los del Viejo. Estos propósitos los desarrolla en los diferentes proemios, siendo el último, el que precede la "Historia del Perú", el más combativo puesto que está dirigido a los indios, los mestizos y los criollos, es decir a los americanos en oposición a los españoles. El texto lanza un llamado a la movilización moral, intelectual y militar de ese pueblo mixto:

> a los cuales todos como a hermanos y a amigos, parientes y señores míos ruego y suplico se animen y adelanten en el ejercicio de virtud, estudio y milicia [...]. Y de camino es bien que entienda el mundo viejo y político que el nuevo, a su parecer bárbaro, no lo es ni ha sido sino por falta de cultura. (GARCILASO, 1960, p. 11-13).

Explicando la segunda razón que lo mueve a escribir esta "historia" – el celebrar las heroicas hazañas de los conquistadores –, Garcilaso se dirige a los descendientes (es decir a los mestizos como él) quienes:

> afilarán sus aceros con nuevo brío y denuedo para imitar las pisadas de sus mayores, emprendiendo grandiosas proezas en la milicia de Palas y de Marte y en la escuela de Mercurio y de Apolo [...] llevando adelante el buen nombre de su linaje, que parece traer su origen del cielo, adonde como a patria propia y verdadera deben caminar por este destierro y valle de lágrimas y poniendo la mira en la corona de gloria que les espera, aspirar a llevársela entrando por picas y lanzas, sobrepujando dificultades y peligros [...]. (GARCILASO, 1960, p. 11-13).

La bella prosa del Siglo de Oro recubre la asperidad de la esperanza mesiánica en el pueblo electo, esta vez mestizo de Incas y de conquistadores. Las letras también son para Gustavus

Vassa la posibilidad de denunciar ante el público los horrores de la trata. Pero contrariamente a Garcilaso, el Africano no se contenta con escribir sus memorias sino que milita en favor de los suyos, alentado por la corriente abolicionista que sacude Inglaterra a fines del siglo XVIII. La independencia de los Estados Unidos y la proclamación de la igualdad de todos los hombres no han suprimido la esclavitud. Cada año unos 100.000 esclavos son vendidos en el sur, en las mismas ciudades como Savannah y Charleston, donde Whitefield incendió los ánimos con sus promesas redentoras. Nuestro héroe está cansado de navegar: ha surcado el Mediterráneo, ha llegado hasta Groenlandia, ha vuelto a atravesar el Atlántico e intentado convertir a los Miskitos de la costa de Nicaragua. Ahora es un hombre religioso, que solicita ser enviado como misionero a Africa y obtiene el apoyo del gobernador Mac Namara. A pesar de esta recomendación de peso, el reverendo Robert, obispo de Londres, se niega a ordenarlo "from some scruples of delicacy" (¿su condición de liberto?).

Es entonces cuando estalla el escándalo del *Zong*. Ese barco negrero zarpó de São Tomé en 1781 con una carga de 440 esclavos. Durante la travesía, muchos cautivos enfermaron y murieron. El capitán Collingwood sabía que el seguro no le reembolsaría el precio de los muertos por enfermedad o malos tratos. Sólo podía hacer valer que su "carga" había perecido ahogada. Para evitar la pérdida del capital invertido, el capitán ordenó que juntaran a los 54 enfermos en peor estado – y por lo tanto invendibles – y que los arrojaran al mar encadenados. Ya en Jamaica, vendió los 248 sobrevivientes y reclamó la indemnización por los ahogados. Las cosas hubieran podido quedar así de no haber sido porque los testigos, impresionados, contaron lo que habían visto a Gustavo, que tenía amigos en el medio marinero. Ni corto ni perezoso, tomó contacto con el abolicionista Granville Sharp, partidario de Benezet, y ambos atacaron a Collingwood, sin poder obtener su condena.

Después del episodio del *Zong* Gustavo reanudó por algún tiempo con la vida de marino y en Filadelfia visitó la escuela fundada por Anthony Benezet para la educación de los negros. En aquella ciudad se proyectaba devolver a Africa a los antiguos esclavos. Estas ideas alcanzaron los medios abolicionistas de Londres y se organizó un viaje para conducir a un centenar de libertos a Sierra Leone. Pero las pésimas condiciones que se ofrecían a los pasajeros transformó un proyecto filantrópico en una pesadilla. Gustavo se negó a acompañarlos para no enfrentarse con los negreros instalados en los puertos africanos. En 1788 escribe a la reina Carlota para solicitar su compasión "for millions of my African countrymen who groan under the lash of tyranny in the West Indies" (EQUIANO, 2007, p. 210-211), y firma su carta "Gustavus Vassa, The Oppressed Ethiopean". Ese mismo año publica en el periódico londinense *The Public Advertiser* una crítica violenta del sistema esclavista de las West Indies.[15]

Paraiso perdido

Su autobiografía se inscribe dentro de esta campaña militante y la primera edición, que costea con sus propios fondos, sale en 1789. Como lo hiciera mucho antes Garcilaso, Gustavo agrega su nombre verdadero, Olaudah Equiano y el epíteto "The

15 EQUIANO, Olaudah. *Letter to the Committee for the abolition of the slave trade*, p. 219-230. The Interesting Narrative of the Life of O. Equiano or G. vassa, the African ... written by himself. London: British Library Board, 1789. Doravante: *Letters to the Committee for the abolition of the slave trade.*

African". El libro obtiene un éxito inmediato, es reeditado varias veces y traducido al holandés. El texto no fue ajeno a la decisión del Parlamento británico de limitar el tráfico negrero (pero no de suprimirlo). En los Estados Unidos, los cuákeros y la Pennsylvania Society for Promoting Abolition, dirigida por Benjamin Franklin, piden al Congreso la abolición de la trata. Equiano recorre Inglaterra e Irlanda promoviendo su libro y se casa con una inglesa, Susannah Cullen. En este contexto de campaña política surgen, para desacreditarlo como falsario, los infundios que lo declaran nativo de las West Indies y no africano. Equiano hace frente, discute y rebate.

La narración no posee la sofisticación intelectual ni el estilo de la obra de Garcilaso, aunque la prosa es elegante y amena. Es un relato de sus aventuras y desventuras en doce capítulos (¿réplica de los doce libros de John Milton, poeta inspirado en el neoplatonismo y en la cábala cristiana ?), una denuncia, a través de su caso personal, de las crueldades infligidas a los africanos, designados bajo ese término general que prescinde de las diferencias étnicas mencionadas en el primer capítulo de su autobiografía. Como lo hiciera antes que él Garcilaso, Equiano hace ostentación de modestia y solicita "the indulgent attention of the public", temiendo que las descripciones aburran. Pero otro aspecto de esta autobiografía resulta significativo en el cotejo del africano con el Inca: la importancia de la Biblia y del milenarismo implícito en el poema épico de John Milton al cual hace alusión, merece que nos detengamos un momento.

El *Paraíso perdido* de John Milton aparece citado en tres ocasiones. En los tres casos los versos vienen en apoyo de su denuncia de las torturas infligidas a los esclavos. El paraíso perdido es indudablemente Africa y la vida fácil que evoca en el primer capítulo: naturaleza luxuriante, música, poesía y danzas.

Pero los versos citados emanan de Satán, desterrado del paraíso, y del discurso con el que exhorta a sus "legiones". El personaje de Satán recibe en el poema de John Milton un tratamiento particular que fue destacado por los poetas románticos del siglo XIX. Satán, el exiliado, es el mal necesario para que la humanidad avance y sacuda la tiranía de un Dios omnipotente – Milton era antimonárquico y partidario de la República de Cromwell. Una de las razones del dicho discurso es la alternativa que se les ofrece, de recuperar el paraíso perdido o de instalarse en la Tierra (el caos ya que la Tierra aún no ha sido creada por Dios). Los sermones de Satán contienen temas mesiánicos que debieron tener un eco en las especulaciones de Equiano, puesto que el ángel caído alude a la creación de un nuevo mundo y de un hombre nuevo según una antigua profecía. El discurso de Satan conviene perfectamente a la evocación de la condición de esclavo: "for what peace will de given/to us enslav'd, but custody severe/and stripes and arbitrary punishment/ inflicted. What peace can we return?"[16] Para John Milton, el pueblo electo es Inglaterra y en cierto modo Equiano retoma esta idea en su capítulo final, cuando insta al gobierno a abolir la esclavitud y de desarrollar, en cambio, el comercio con Africa, que resultaría beneficioso a todos. Lo que preconiza Equiano no es un retorno a una situación inicial y edénica sino la creación de un mundo nuevo dominado por la libertad, en el sentido de John Milton, un mundo protegido por Inglaterra y basado en la reciprocidad.

De ahí que la cuestión del mestizaje sea para Equiano un punto fundamental. En varias ocasiones el africano habla con simpatía de las uniones mixtas, que él mismo contrajo. Para

---

16 *Ibid.* Equiano transcribe el verso de Milton en el cap.5, del *Letters to the Committee for the abolition of the slave trade.* p. 113.

ilustrar ese punto de vista, Equiano recurre a la autoridad de Moisés, en la carta enviada a James Tobin y que firma "Gustavus Vassa the Ethiopian and the King's late commissary for the African settlement".[17] El Profeta efectivamente se casó con una extranjera, Sippora, del país de Madián, con la cual tuvo un hijo, Guerchom, cuyo nombre significa "residente de allá". Equiano identifica a Sippora como Etíope, aunque el país de Madián queda al este del golfo de Akaba, en el norte de la península arábiga. El paralelismo entre africanos y judíos no se limita al casamiento exógamo de Moisés puesto que para él ambos pueblos tienen puntos en común. La circuncisión, los ritos de purificación que sus compatriotas celebran "as the Jews", la sabiduría de los mayores, el destierro y los sufrimientos que lo acompañan y la analogía le resulta tan evidente que "le inducirían a pensar que uno de esos pueblos (el africano) ha britado del otro". (EQUIANO, 2007, p. 52).

De esta rápida comparación se desprende la idea "políticamente incorrecta", que para dar a oir la voz de aquellos que la historia ha enmudecido es necesario pasar por una mediación universal, que en este caso son las Sagradas Escrituras repensadas por el neoplatonismo y el protestantismo, con el ejemplo paradigmático del pueblo hebreo, electo pero desterrado y perseguido. Una mediación que permite la identificación con los excluídos aunque sea en detrimento de la identidad de éstos. Si Garcilaso hubiera escrito en quechua, si Equiano hubiera tratado de transcribir sus tribulaciones y su indignación en el idioma de los Igbo, sus alegatos habrían sido considerados como "más

17 EQUIANO, *Letter to James Tobin, January 1788*. p. 215-218. del *Letters to the Committee for the abolition of the slave trade.*

auténticos" por aquellos que hoy buscan "otra manera" de hacer la historia. Auténticos tal vez, pero inaudibles.

Bibliografia

ACOSTA, José de. *Historia natural y moral de las Indias* [1590], Edición crítica de Fermin del Pino Díaz, Madrid, CSIC, 2008, libro III, cap. 18.

EQUIANO, Olaudah. *The Interesting narrative of the life of Olaudah Equiano, writtenby himself*, London 1789, édition de Robert Allison, Bedford/St Martins, 2007.

GARCILASO DE LA VEGA, Inca. *Comentarios Reales que tratan del origen de los Incas, reyes que fueron del Perú,* Lisboa, Pedro Crasbeek, 1609, Edition fac-similé, Madrid, Ediciones de Cultura Hispánica, 2002.

SAÏD, Edward. *Out of place*, New York, Vintage Books Ed., 2000

Escrever de si em Goa e na Diáspora: Identidade e Pertença a Confronto

Joseph Abraham Levi 雷祖善博士[1]

Goans are [...] people who claim a cultural and social connection with Goa [...] the term refers to "anyone, whatever his present whereabouts, whose fathers have been domiciled in Goa at any time in history and who is aware of this connection and cherishes and values it.[2]

Preâmbulo

Mais de noventa lustros de presença portuguesa no antigo Estado da Índia (1510-1961) - sobretudo em Goa, representante oficial da Metrópole em terras índicas –, deixaram óbvias marcas de cunho lusitano em muitos sectores da sociedade indiana, da língua e cultura lusitanas às artes, incluindo a culinária, passando pelo Catolicismo, este último grande bastião do mundo ocidental da Idade Moderna (1453-1789), assim como

1 Professor da George Washington University.

2 GOMES, Alberto G. "Going Goa on the Goa-Net: Computer-Mediated Communication and Goan Diaspora". *Social Analysis* 45.1 (2001): 53-66. 53; PRIOLKAR, A.K. "Who is a Goan?", in *Goan Literature: A Modern Reader*. Ed. Peter Nazareth *Journal of South Asian Literature* 28.1 (1983): 269-270. 270.

da Idade Contemporânea (1789-),[3] aliado do imperialismo ocidental além-fronteiras europeias.

Sempre sob a égide da coroa portuguesa, o mundo europeu e o catolicismo entraram assim em terras indianas, adaptando-se ao *modus vivendi* autóctone e, obviamente, também transformando ao mesmo tempo a cultura local. Goa, Damão e Diu – derradeiros baluartes do poder lusitano no subcontinente indiano durante mais de quatrocentos anos –, assim como acontecera em outras partes do orbe terráqueo onde os portugueses deixaram uma marca indelével,[4] viram nascer no seu seio diferentes comunidades as quais, quer por escolha pessoal quer por motivos histórico-sociais alheios, optaram por se identificarem com a nova cultura e religião oriundas de além-mar.

---

3 Apesar de a Época dos Descobrimentos ter oficialmente iniciado em 1415, com a tomada de Ceuta, os navegadores portugueses, com a preciosa ajuda de marinheiros genoveses e pisanos, começaram a explorar os mares já durante o fim do século XII. Em 1498 os portugueses reconquistaram o Cabo das Tormentas, prontamente rebaptizado Cabo de Boa Esperança e, no mesmo ano, chegaram até à Índia. Em 1517 os portugueses tiveram o seu "primeiro" encontro oficial com Macau. Durante três séculos a presença portuguesa em África, na Ásia e nas Américas foi um factor determinante no estabelecimento de redes comerciais entre povos e nações.

4 A língua portuguesa e, mormente, os crioulos de base lexical portuguesa, continuam a serem usados, como primeira, segunda ou terceira língua de comunicação em diferentes comunidades autóctones ou miscigenadas (quase sempre católicas), das Américas à África e Ásia, como no caso de Sri Lanka, Malaca, Singapura, Batávia, Tailândia e Indonésia. Veja-se, por exemplo, o português de Malaca, também denominado *Papiá Kristang* (língua cristã), usado como língua veicular (materna, segunda ou terceira língua) por mais de cinco mil pessoas em Malaca e quatrocentas pessoas em Singapura, sendo também matéria de estudo em várias universidades e institutos de ensino superior das zonas onde são faladas.

Outros, aliás a maioria em alguns casos, foram o fruto e os continuadores de séculos de miscigenação e/ou aculturação ao mundo português e ao catolicismo. Séculos após a "saída" dos portugueses, como no caso do Sri Lanka (1505-1660) e de Malaca (1511-1641), ou "só" dez lustros depois do último português ter saído de Goa, Damão e Diu (1961), a língua portuguesa e, mormente, os crioulos indianos de base lexical portuguesa – mesmo nas suas formas mais simples –, coadjuvados, ou melhor, reforçados pelos liames de fé, nomeadamente, este sentimento de pertença ao mundo católico (em nada abalado pela presença protestante e anglicana dos novos dominadores holandeses e britânicos em solo asiático), são os únicos factores que dão a tais pessoas a viverem neste vasto espaço uma identidade que a distinga dos demais ao seu redor, em solo indiano assim como, e mormente, na diáspora, de Portugal aos seus antípodas, como no caso da Austrália: *[...] Goans [...] [have] written in at least thirteen languages, of which the chief [...] [are] English, Portuguese, Marathi, and Konkani – the last of these, the mother tongue, being written in three different scripts.* (NAZARETH, 1985, p. 374).

Em terras indianas, assim como, e mormente, em terras *diaspóricas*, de Portugal ao Reino Unido, passando pelo Médio Oriente, a África lusófona, a África Oriental, a Austrália e o Novo Mundo, os goeses tornaram-se de facto em verdadeiros ícones desta identidade em constante transformação ou readaptação, onde língua(s), dialeto(s), crioulo(s), cultura(s) e religião (entenda-se, o catolicismo), são as únicas certezas no meio de todas as mudanças, deslocações, transformações e adaptações impostas ao povo da "terra do Paraíso" durante mais de cinquenta anos.[5]

5 No período védico tardio (1000-500 antes da Era Vulgar), graças à sua abundância de água salubre e de vegetação, a área da hodierna Goa era

II

> *At the center of the conflict of identity that Goans face today is the 'paradise lost' syndrome. Being Goan and being Indian are becoming increasingly two different things.* (KALE, 1994, p. 909).

Nascida provavelmente durante o segundo século do segundo milénio antes da Era Vulgar, a futura Goa já possuía em si os "germes da miscigenação", sendo de facto o resultado da união de diferentes etnias indianas (indo-europeias e, mais tarde, dravídicas) assim como o provável cruzamento com outros povos vindos de além-mar: sumérios e, oitenta e cinco lustros mais tarde, (ca. 1775 antes da Era Vulgar), os fenícios os quais, assim como haviam já feito na bacia do Mar Mediterrâneo e mais além, fundaram colónias comerciais ao longo da costa ao seu redor. Mais tarde, o comércio com os muçulmanos também trouxera influências islâmicas – sobretudo as de cunho árabo-persa – nas cidades e nas zonas a estas adjacentes. O longo capítulo da presença portuguesa em Goa e no resto da Índia portuguesa contribuirá para o reforço desta componente mesclada, sobretudo no que diz respeito à definição de si próprios enquanto "goeses", nomeadamente, seres a parte com uma identidade goesa, apesar das suas raízes lusitanas e indianas, entre as demais. A cultura portuguesa e a indiana eram de facto duas "culturas que estavam misturadas, mas que podiam separar-se. Sempre que fosse preciso, um dos lados podia ser puxado, esticado, exagerado de forma a predominar sobre o outro. Uma es-

---

de facto conhecida por ser muito semelhante à do paraíso, em sânscrito *Gomantak*, daí o futuro étimo Goa.

pécie de mecanismo de que os goeses se servem para enfrentar situações que requerem ajustes". (D'SOUZA, 2000, p, 113).

É precisamente neste contexto que temos de encaixar a questão da identidade goesa em terras indianas assim como em solo emigrado, onde outras línguas, culturas e vivências se irão juntar à já multifacetada camada deste lindo povo plurissecular.

III

> *Goa's position as the headquarters of the Estado da Índia, which led to its having extensive extra-territorial links; secondly, the lack of economic development in Goa during the colonial regime [...]; thirdly, the rise of British colonialism; and fourthly, enhanced access to Catholic western education, which raised occupational expectation and a desire for a better quality of life.* (MASCARENHAS-KEYES, 1994, p. 153).

Como podemos observar da citação em epígrafe, a diáspora goesa pelo orbe inteiro deve-se assim a quatro causas fundamentais.[6] Com o fim do Estado da Índia e a anexação do antigo território português à União Indiana (12 de dezembro de 1961), muitos goeses optaram por "retornar" à Metrópole ou às suas então colónias, sobretudo Angola, Macau, Moçambique e São Tomé e Príncipe, com a ideia de regressar a Goa só após a reforma:

> *[...] international migration from Goa [...] did not become a temporary phenomenon to meet short term goals [...]. Rather, the prospect of long term, relatively secure and better paid employment encouraged many to*

6 Veja-se também: KALE, Pramond. "Goan Intellectuals and Goan Identity". *Economic and Political Weekly* 29.16/17 (April 16-23, 1994): 909-911.

> *remain 'out' for their whole working life, returning to retire in old age.* (MASCARENHAS-KEYES, 1989, 246).

Outras áreas contempladas foram o Médio Oriente[7], a Austrália e o Sudeste Asiático, regiões estas que gozavam na altura de uma notável prosperidade económica, daí a sua atração: "Os goeses sentem-se em casa, seja nos desertos do Médio Oriente, nas selvas de África ou nas cidades americanas. A comunidade goesa integra-se em todas as comunidades do mundo". (D'SOUZA, 2000, p. 113).

Contudo, apesar de ser maioritariamente protestante, foi o mundo anglófono que seduzia mais os goeses, já habituados a conviverem ou pelo menos a terem contatos frequentes com a língua e cultura anglo-saxónicas, incluindo as suas colónias africanas, *primae inter pares* o Quénia e o Uganda a representarem as "pérolas" desta corrida indiscriminada à África.[8] Com o passar do tempo as saudades obviamente deram origem a idealizações que obviamente nunca corresponderam à realidade:

7 Particularmente os Emirados Árabes Unidos, o Bahrein e o Qatar, assim como o vizinho Paquistão. Sobre a presença goesa no Reino Unido e em algumas das antigas colónias britânicas, vejam-se, entre outros: BALLARD, R. "The Political Economy of Migration: Pakistan, Britain, and the Middle East", in *Migrants, Workers, and the Social Order*. Ed. J.S. Eades. Londres: Tavistock, 1987; HAWARD, R. "The Goan Community in Karachi", in *The City in South Asia: Pre-modern and Modern*. Eds. Kenneth Ballhatchet e John Harrison. Londres: Curzon Press, 1980.

8 Sobre as comunidades goesas na África Oriental, vejam-se, por exemplo, as seguintes teses de Doutoramento: KUPER, J. "The Goan Community in Kampala". Diss. University of London, 1973; MONTANI, N. "The Growth of an African Civil Service in Uganda". Diss. University of London, 1972; NELSON, D. "Caste and Club: A Study of Goan Politics in Nairobi". Diss. University of Nairobi, 1971.

> *Migration and exile for thousands of families and more thousands of single men created and sustained longing for a beautiful but perhaps imaginary Goa that was talked about and sung from Kampala to Macau. Goa was the special golden homeland of swaying coconut palms in the moonlight, of tasty dishes like sorpotel-sanna and bangra recheado, of violins and the mando, white washed churches, intruz, landainha, and red, fertile soil.*[9]

Nisto, os goeses não são diferentes das demais comunidades de "expatriados", "imigrantes", diaspóricos e/ou "desterrados" espalhados por este orbe inteiro, lusófonos e não, como o caso das comunidades macaenses da diáspora e das suas inúmeras associações e "casas de Macau" encontradas nos quatro cantos do mundo.[10]

As mulheres goesas - assim como as suas congéneres das demais etnias deste orbe as quais, ao longo dos séculos, por uma razão ou outra emigraram ou foram desterradas - tiveram e continuam a ter um papel relevante na preservação da identidade goesa além-fronteiras. Factores como língua(s), dialeto(s), usos, costumes e, mormente, a religião (entenda-se, o catolicismo) e a escolaridade, foram assim instrumentais em forjar uma nova identidade em solo diaspórico, sobretudo na transmissão destes valores à nova geração nascida no país de acolhimento,

9 NEWMAN, R. "Konkani Mai Ascends the Throne: the Cultural Basis of Goan Statehood". *South Asia* 11.1 (1988): 1-24. 3; GOMES, Alberto G. "Going Goa on the Goa-Net: Computer-Mediated Communication and Goan Diaspora". *Social Analysis* 45.1 (2001): 53-66. 54.

10 Sobre Macau e a identidade macaense da Diáspora nos Estados Unidos da América, vejam-se, entre outros, as obras de Felipe B. Nery (1920-2011) e os trabalhos críticos sobre este autor de Joseph Abraham Levi.

a única "pátria" reconhecida e sentida como própria pelos descendentes dos filhos de Goa. Em outras palavras, as mulheres goesas foram e são um elo importante, às vezes o único, entre a cultura ancestral e as sociedades nas quais se inseriram e afinal se assimilaram completamente, da diáspora à própria Goa e zonas limítrofes, como em casos de regresso e/ou permanência ininterrupta em solo indiano:

> *[...] the children of international migrants were most predisposed to migrate. Accustomed to higher standard[s] of living, such children were reluctant to revert to a lower one. [...] Such children were brought up in a milieu infused with anticipatory socialisation, had access to first-hand information of the receiving countries and the migratory experience, and contacts among kin and friends eased their entry and settlement into an alien environment.* (MASCARENHAS-KEYES, 1989, p. 247).

IV

> *[...] women play [a major role] in the maintenance of the vernacular and the shift to second-language use.* (MASCARENHAS-KEYES, 1994, 149).

Além do português, língua dominante até à anexação à União Indiana, do concani, língua vernácula[11] e dos crioulos de base portuguesa falados na área, muitas mulheres goesas também falavam Inglês e, possivelmente, outras línguas indianas. A diáspora modificou esta equação, pois a escolha de um novo

11 Convém sublinhar o facto que durante a presença portuguesa o concani era fortemente estigmatizado, encontrando-se reprimido qualquer seu uso público.

país de acolhimento – a não ser o caso de Portugal e de qualquer outra área lusófona – necessariamente implicava a adopção de um ulterior idioma.

Diz-se que no total as línguas usadas pelos goeses e seus descendentes na diáspora ultrapassem a dezena, treze segundo os cálculos de alguns estudiosos. (NAZARETH, 1985, p. 374). Quanto ao concani, só em 1987 é que foi considerado como uma das línguas oficiais do Estado de Goa, nomeadamente, vinte e seis anos após a anexação dos restos do antigo Estado da Índia à União Indiana. Durante pouco mais de cinco lustros, então, o inglês teve, ou melhor continuou a ter, um papel muito importante em Goa: "Embora alguns partissem além-mares, a maioria ajustava-se muito bem à situação. Até aprendiam inglês com relativa facilidade". (D'SOUZA, 2000, p. 70).

A fixação em um país anglófono não criou grandes distúrbios linguísticos, pois tratava-se de apenas aperfeiçoar ou aprender seriamente o idioma que já tinham aprendido, usado e/ou pelo menos ouvido em Índia. O veículo que ajudara estas mulheres foi o catolicismo, dado que através de associações católicas, goesas e não, conseguiram inserir-se no novo ambiente, abrindo assim as portas para novas oportunidades de trabalho e socialização, fundamentais para inserir-se completamente em solo diaspórico:

> *The Portuguese colonies, particularly Mozambique, recruited many Goans who were literate in Portuguese to work as clerks and administrators. Large numbers went to work in a similar capacity in British East Africa, where English was the lingua franca. Although initially few men were accompanied by their wives, later on this century, wives increasingly joined husbands.* (MASCARENHAS-KEYES, 1989, p. 245).

V

We are the world wanderers.[12]

Como manter, ou melhor, criar então uma identidade goesa na diáspora, quando questões como língua/línguas, usos e costumes, assim como religião, raça e etnia continuam a interrogar o povo goês há mais de quinhentos anos, nomeadamente desde a chegada de Vasco da Gama às costas indianas em 1498? Obviamente, como também mencionado supra, mesmo antes do aparecimento das naus lusitanas em território indiano, a "identidade" da futura Goa portuguesa era um conceito bastante fluido. Contudo, desde a Idade Moderna (1453-1789), e nisto temos de "agradecer" aos portugueses, a visão e percepção do "outro", assim como essas eram e são entendidas pelo europeu, modificaram completamente também a maneira de se auto-identificar por parte dos "não-europeus". Apesar de já termos indicações da "diversidade" do "outro" durante a Idade Média (476-1453), foi só a partir da Idade Moderna que o "Orientalismo" veio a entrar no imaginário europeu e, desta vez, para ficar:

> *The choice of "Oriental" was canonical; it had been employed by Chaucer [...]. It designated Asia or the East, geographically, morally, culturally. One*

12 SARDESSAI, ManoharRai. "We are the Wanderers", in Peter Nazareth. "Alienation, Nostalgia, and Homecoming: Editing an Anthology of Goan Literature". *World Literature Today* 59.3 (Summer, 1985): 374-382. 374. Para ulteriores informações sobre a vida e a obra do poeta Sardessai, vejam-se: MARDESSAI, ManoharRai. *My Song, Ma Chanson, O Meu Canto*. Ed. Jorge de Abreu Noronha. Verna: New Age, 2008; ARDESSAI, ManoharRai. *A History of Konkani Literature*. Nova Delhi: Sahitya Akademi, 2000, assim como o vídeo: LOTLIKAR, Sudesh S. *Manoharrai Sardessai*. Nova Delhi: Sahitya Akademi, 2005.

> *could speak in Europe of an Oriental personality, an Oriental atmosphere, an Oriental tale, Oriental despotism, or an Oriental mode of production, and be understood. [...] its choice was understandable and called for no comment whatever.*[13]

Ao nosso ver então, a literatura goesa pode ser uma das tantas respostas a este interessante, porém intricado, quesito. Desde a primeira metade do século XX até aos nossos dias a literatura goesa tem de facto feito passos de gigante na sua afirmação no campo internacional das letras, quer em língua portuguesa quer, e sobretudo, nas demais línguas adoptadas na diáspora, passando pelas línguas indianas, *prima inter pares* o concani.

Se não considerarmos, entre as demais, as obras pioneiras de Francisco Luís Gomes (1829-1869), *Os Brahamanes*, novela publicada em Lisboa em 1866 e reeditada em 1998, e de Orlando António Fernandes da Costa (1929-2006), *O Signo da Ira*, volume publicado em Lisboa em 1961 e logo censurado pelo Regime, assim como a coletânea *Poesia do povo goês*, organizada por Maria da Paz Cabrita de Barros e Jesuíno de Noronha, publicada em Lisboa nos anos sessenta do século XX, as quais podem ser consideradas como os primeiros passos na tentativa de afirmar uma identidade goesa enquanto tal, porém sempre no âmbito da grande lusitanidade,[14] os primeiros volumes escritos por goeses, em solo indiano assim como na diáspora, remontam aliás aos primeiros anos da década de quarenta do século XX,

---

13 SAID, Edward W. *Orientalism*. Nova Iorque: Pantheon Books, 1978. 31-32.

14 Única excepção sendo *O Signo da Ira* onde o autor denuncia abertamente a discriminação perante o elemento goês, daí a proibição da sua divulgação pelo regime salazarista.

continuando até aos primeiros anos da década de sessenta do século XX, período este que testemunhou a mudança irreversível de 1961: a anexação à União Indiana.

VI

> *Brought up a Westernised boy in the East, he's just another Indian boy in the West. A foot in both worlds, at home in neither, he avoids going home to see his mother.* (NAZARETH, 1984, p. 21).

Poetas como Dilip Chitre e Santan Rodrigues (1948-2006), este último autor do famoso poema "Luís de Camões",[15] podem ser considerados como os precursores das "novas" letras goesas à procura de uma identidade própria, a prescindir do seu lugar de residência. Questões como a dupla face do exílio – diáspora ou desterro, conforme os casos –, são assim exploradas, porém sem nunca encontrar uma solução válida, o campo restando de facto aberto a mil e uma interpretações, ditadas ou não pela vivência de cada autor em questão.

A mesma inquietação, acompanhada por um extremo sentimento de perda, manifesta-se nas obras de Raul de Loyola Furtado, também conhecido por Joseph Furtado (1872-1947), como nos seus muitos poemas e na famigerada novela *Port of Call*. Leslie de Noronha, ao invés, a escrever entre a década de sessenta e a de noventa do século XX, em solo *diaspórico* assim como na sua terra natal, consegue avizinhar o passado histórico de Goa com as necessidades das comunidades goesas espalha-

15 RODRIGUES, Santan. *I Exist: Poems; 1970-72*. Calcutá: Writers Workshop, 1976.

das um pouco por todo este nosso orbe. Os *mandós*[16] e o rico e variegado folclore indiano, sobretudo o da região de Goa, são as fontes inesgotáveis às quais Noronha recorre para enriquecer os seus contos e as suas lindas poesias.

O excerto que se encontra reproduzido em epígrafe nessa subdivisão, de autoria de H.O. Nazareth, faz-nos lembrar da famosa "Canção de exílio",[17] escrita de facto em 1843 em solo português, nomeadamente em Coimbra, do ainda mais célebre poeta romântico brasileiro Gonçalves Dias (1823-1864). As tão desejadas "palmeiras" brasileiras transformam-se aqui em angústia, ou melhor, em desespero, quase sombrio, causado pelo sentimento de perda agravado pela ausência física da terra natal. Neste caso, a identidade goesa é assim esta: saber o que o goês não é, indo portanto à constante procura daquilo que ele é, porém sem nunca encontrar uma solução ao perene dilema.

Famigerado pelos seus poemas compostos na década de setenta do século XX, com o seu canto "*The Home-Coming*", Santan Rodrigues[18] avizinha-se de facto à corrente do Realismo Mágico[19] e, quanto às letras portuguesas, no seu trabalho o autor

16 Música acompanhada por canções e danças, típicas da tradição indiana.

17 "Canção do exílio", in *Presença da Literatura Brasileira. Das Origens ao Realismo. História e Antologia*. Eds. Antonio Candido e José Aderaldo Castello. 11ª ed. Rio de Janeiro: Bertrand Brasil, 2003. 180.

18 Veja-se, por exemplo: RODRIGUES, Suntans. *I Exist: Poems; 1970-72*. Calcutá: Writers Workshop, 1976.

19 A expressão surgiu na Europa na década de vinte do século XX, sendo primeiramente usada pelo historiador alemão Franz Roh (1890-1965), o qual a definia como reacção ao expressionismo, assim como pela revista italiana *Novecento*, editada por Massimo Bontempelli (1878-1960). Duas décadas mais tarde autores hispano-americanos apropriaram-se deste conceito, sobrepondo-lhes noções surrealistas onde o maravilhoso tinha um papel de destaque, porém imbuído de mitos e

parece ser um precursor de *Mistida* do autor guineense Abdulai Sila (1958-),[20] onde as frequentes viagens onírico-fantásticas das personagens dos dez capítulos da obra dão vida aos medos e desejos das figuras principais. Enquanto em *Mistida* o autor nos deixa a esperança do que o amanhã será melhor, em "*The Home-Coming*", ao invés, os frequentes vaivéns, quer imaginários quer reais, não conseguem transmitir uma mensagem de esperança: afinal não é possível regressar a casa dado que tudo muda, também nós. Outra vez, a identidade continua a ser vista, vivida e sentida com muita fluidez.

Os contos do escritor goês radicado no Canadá, Lino Leitão, a abranger três décadas de trabalho, parecem concentrar-se na dupla minoria mulher/comunidade goesa em terras africanas (neste caso, o Quénia). A costa suaíli[21] também figura nas obras de um outro autor goês, Ladis da Silva, o qual, nascido em Zanzibar e, depois de ter vivido alguns anos no Quénia, optará por fixar-se em terras canadianas.[22] Também centrada em

---

lendas autóctones, criando assim um novo tipo de escrever. Mais tarde, nos anos cinquenta e sessenta do século XX, o realismo mágico começou a fazer parte do cânone literário ocidental. Em outras palavras, detalhes naturalísticos fundiram-se com elementos surrealistas e oníricos. É precisamente neste sentido que temos de enquadrar as obras de Santan Rodrigues.

20 SILA, Abdulai. *Mistida*. Bissau: Ku Si Mon Editora, 1997.

21 A grande área da antiga Costa Suaíli abrangia a costa oriental africana assim como a zona a esta contígua, desde a cidade da Brava, na Somália, até à atual Beira, em Moçambique, incluindo assim os hodiernos países: Somália, Quénia, Tanzânia e as ilhas Comoros, abrangendo também partes de: o Uganda, a República Democrática do Congo, o Ruanda, o Burundi, o Malawi, a Zâmbia, o Zimbabué e Moçambique.

22 Vejam-se: SILVA, Ladis da. *An Island Kingdom*. Nova Iorque: Carlton Press, 1989; LSILVA, Ladis da. e SILVA, M. da. *Through a Doorway in Zanzibar*. Scarborough, Ont: Celaz Print Shop, 1994.

terras quenianas é a história *Roses with the Grass* de Violet Dias Lannoy (1925-1974), goesa nascida em Moçambique e que terminou os seus estudos em Goa.

O feliz e tão desejado regresso a Goa, seguido pela outra tanta triste e temida partida para as terras diaspóricas africanas, que de uma maneira nos faz lembrar da famosa obra do "cabo-verdiano" Manuel Ferreira (1917-1992), *Hora di Bai,*[23] são os *topoi* de "*They Come and Go*", do autor goês Lúcio Rodrigues (m. 1983) emigrado para os Estados Unidos e, mais tarde, o Canadá onde faleceu.

Autor de destaque é Carmo D'Souza (1949-), antigo professor de Matemática e atualmente professor de Direito, mantendo também um liame jornalístico com inúmeras gazetas e revistas goesas. A identidade goesa de Ângela (2000), obra primeiramente publicada em Inglês (1994), e já citada em diversas partes do nosso trabalho, é a tentativa de Carmo D'Souza em responder à perene e difícil pergunta: afinal, o que é esta identidade goesa? Narrada por uma rapariga goesa, Ângela, a história é um excurso através das peripécias de todos os membros da sua família até chegar ao seu próprio casamento. Contrariamente à obra *The Sixth Night* (2004) - escrita por Silviano C. Barbosa (1949-), goês radicado no Canadá -, que se concentra na personagem principal, uma goesa católica a denunciar a descriminação de casta na Goa dos anos cinquenta, A identidade goesa de Ângela, ao invés, é uma linda *passerelle* pelos pensamentos da jovem Ângela sobre Portugal, a língua portuguesa, a lusitanidade e, obviamente, o ser goês. De "«manter o chamado nível da sua própria cultura" era para esta família a "identidade goesa»" (D'SOUZA, 2000, p. 14)" à "nossa Goa é Portugal" (D'SOUZA,

23 Veja-se: FERREIRA, Manuel. *Hora di Bai*. Coimbra: [s.n.], 1962.

2000, p. 37), o autor põe no cálamo da jovem Ângela diversos sentimentos de pertença e fidelidade a Portugal e tudo aquilo que for lusitano, apesar da inevitável desilusão dos eventos de 1960-1961: "os portugueses tinham-se rendidos" e era "uma pena que os portugueses tivessem falhado na resistência às forças indianas". (D'SOUZA, 2000, p. 58-59). O forte sentimento de religiosidade ou pertença ao mundo católico afinal era aquilo que definia os goeses, aquilo era de facto a identidade goesa: "A fé no santo [Francisco Xavier] é uma das características de todos os goeses, um dos aspectos da chamada 'identidade goesa'". (D'SOUZA, 2000, p. 63).

Obra interessante e muito bem-feita é o estudo *Goa. A Daughter's Story* de Maria Aurora Couto, goesa retornada, a viver em Aldona, na atual North Goa, desde 2000. O volume não é só uma análise da cultura e identidade goesas, mas antes, é uma feliz reconstrução do passado desta linda cidade onde a autora retrata fiel e escrupulosamente as inúmeras transformações desde o 12 de dezembro de 1961. Nisto, Maria Aurora Couto teve de fechar os olhos e imaginar os momentos mais marcantes da história do seu povo antes da anexação, dado que foram nestas conjunturas que os goeses conseguiram ganhar força e conseguir forjar a sua própria identidade. Hoje, depois de mais de quatro séculos, goeses católicos e hindus continuam a viver uns ao lado dos outros, porque a sua identidade, baseada na comunidade em si, em senso lato, transcende todas as barreiras impostas pelo ser humano:

> *Although Portuguese colonial policies divided Goan society on religious lines, communal harmony was retained because the basis of Goan identity is membership of the community development of agriculture since*

> *ancient times. Since the very sense of self was inseparable from membership of the ganvkari system, whereby the community owned the land, the threat of disruption and loss of this identity led individuals and entire villages into the new religion. And despite conversion, disruption, and dislocation, this identity survived sublimely and transcended religious divisions. The deep sense of spirituality which is intrinsic to the Goan sense of self today has led to a brotherhood where the fruits of Goan soil are still shared by all communities in celebration and prayer.* (COUTO, 2004, p. xix).

E é mesmo esta irmandade goesa que empurra a autora ao encontro de si própria assim como do seu espaço por dentro do macrocosmo Goa/Diáspora/Identidade. Contudo, com a segunda década do século XXI já às nossas costas, existem hoje outros e bem piores inimigos a ameaçarem a identidade e unicidade de Goa, por dentro e fora de nós, como a globalização, a industrialização e o turismo. Infelizmente, há mais e piores males, dada a sua "invisibilidade", pois será difícil identificar a sua origem, as suas causas e os seus efeitos:

> *My reasons for belonging [...] Deep country peace, church bells and temple bells, family celebrations that clock into the agricultural calendar, an inter-religious sharing of community spirit and worship–these are relived each day, precious in memory when I lived away from Goa, and now cherished all the more when the existence of such a community life is under threat, not merely by globalization, industrialization, or tourism which are currents that we strive against. The threat comes from the more insidious forces at play in our society. Goan society, once traumatized by*

> *colonialism, survived with traditional resilience and spirit and forged a unique identity. It is nevertheless a precarious identity* [...]. (COUTO, 2004, p. xiv).

Gostaríamos de terminar o nosso estudo assinalando uma recente obra de uma filha de Goa nascida além-fronteiras. Em *Into the Diaspora Wilderness*, a jovem *multi-diaspórica* Selma Carvalho – goesa nascida nos Emirados Árabes Unidos (Dubai) e, depois de uma permanência de sete anos nos Estados Unidos, radicada em Londres, onde vive com a sua família – nos apresenta um lindo excurso através de continentes, áreas geográficas, países e cidades na qual o povo goês se moveu, e nem sempre com facilidade: de Goa ao Golfo Pérsico, da Costa Oriental Africana e arredores (Quénia, Malawi e Uganda) ao mundo anglo-saxónico (Estados Unidos e Inglaterra). As vivências, os momentos alegres, as dores, as lutas e as conquistas são aqui narradas com elegância e rigor científico ímpar, onde o único desejo é retratar o percurso de goeses pelos quatro ventos, contudo, sempre mantendo a sua própria identidade: ser goês apesar do seu lugar de nascimento e das línguas faladas em casa ou fora de casa. Nas palavras de Selma Carvalho, ela "sempre foi e só foi goesa". (CARVALHO, 2010, contracapa). Em Goa e nas Diásporas, apesar da distância física, temporal e geracional, podemos ser sempre e só goeses.

Bibliografia

Ballard, Roger. "The Political Economy of Migration: Pakistan, Britain, and the Middle East", in *Migrants, Workers, and the Social Order*. Ed. J.S. Eades. Londres: Tavistock, 1987.

Carvalho, Selma. *Into the Diaspora Wilderness*. Goa: Broadway, 2010.

Couto, Maria Aurora. *Goa. A Daughter's Story*. Nova Delhi: Penguin, 2004.

D'Souza, Carmo. *A identidade goesa de Ângela*. Trad. Fernanda M. Barros. Lisboa: Cotovia, Fundação Oriente, 2000.

D'Souza, Carmo. *Angela's Goan Identity*. Calangute, Goa: C. D'Souza, Fundação Oriente, 1994.

Gomes, Alberto G. "Going Goan on the Goa-net: Computer-Mediated Communication and Goan Diaspora". *Social Analysis* 45.1 (April, 2001): 53-66.

Gõykar: The Goan Identity. Bardez, Goa: Omor Prokaxon, 2000.

Kale, Pramond. "Goan Intellectuals and Goan Identity". *Economic and Political Weekly* 29.16/17 (April 16-23, 1994): 909-911.

Levi, Joseph Abraham. "Minorias Religiosas no Império Português: o caso dos Muçulmanos Mapilas do Malabar (1498-1656)", in *D'Aquém, d'Além e d'Ultramar. Homenagem a António Dias Farinha*. Eds. Francisco Contente Domingues, José da Silva Horta e Paulo David Vicente. 2 vols. Lisboa: Centro de História da Universidade de Lisboa, 2015. 1: 371-392.

Levi, Joseph Abraham. "São Tomé e Príncipe: Um Laboratório Atlântico: Diásporas e Dinâmicas Literárias," in *Livro de Actas: Colóquio Internacional São Tomé e Príncipe numa perspectiva interdisciplinar, diacrónica e sincrónica*. Eds. Ana Cristina Roque, Gerhard Seibert e Vítor Rosado Marques. Lisboa: Instituto Universitário de Lisboa (ISCTE-IUL), Centro de Estudos Africanos (CEA-IUL), Instituto de Investigação Científica Tropical (IICT), 2012. 349-368.

Levi, Joseph Abraham. "A Negritude Lusófona no Novo Milénio: Antigas e Novas Soluções", in *Tessituras da Memória: Ensaio Acerca da Construção e uso de Metodologias na Produção da História*. Eds. Ângelo Adriano Faria de Assis, João Henrique dos Santos e Ronaldo Sávio Paes Alves. Niterói - Rio de Janeiro: Vício de Leituras, 2011. 78-99.

Lotlikar Sudesh S. *Manoharrai Sardessai*. Nova Delhi: Sahitya Akademi, 2005.

Mascarenhas-Keyes, Stella. "Language and Diaspora: the Use of Portuguese, English, and Konkani by Catholic Goan Women", in *Bilingual Women. Anthropological Approaches to Second-Language Use*. Eds. Pauline Burton, Ketaki Kushari Dyson e Shirley Ardener. Oxford: Berg, 1994. 149-166.

Mascarenhas-Keyes, Stella. "International Migration: its Development, Reproduction and Economic Impact on Goa up to 1961", in *Goa Through the Ages. 2: An Economic History*. Ed, Teotónio R. de Souza. Nova Delhi: Concept, 1989. 242-262.

Montani, N. "The Growth of an African Civil Service in Uganda". Diss. University of London, 1972.

Nazareth, H O. *Lobo*. Bombaim: A. Jussawalla for Clearing House, 1984.

Nazareth, Peter. "Alienation, Nostalgia, and Homecoming: Editing an Anthology of Goan Literature". *World Literature Today* 59.3 (Summer, 1985): 374-382.

Nazareth, Peter. *The General is up*. Calcultá: Writers Workshop, 1984.

Nelson, D. "Caste and Club: A Study of Goan Politics in Nairobi". Diss. University of Nairobi, 1971.

Newman, R. "Konkani Mai Ascends the Throne: the Cultural Basis of Goan Statehood". *South Asia* 11.1 (1988): 1-24.

Noronha, F. "Goa-ing into Cyberspace". *Goa Today* (April, 1997): 22-25.

Noronha, Frederick e Pamela D'Mello. *Mirror to Goa: Identity and the Written Word in a Small Society*. Goa: Broadway, 2010.

Pereira, António, S.J. *The Makers of Konkani Literature*. 1982.

Pinto, Anita. *Tales from Golden Goa*. 1998.

Pinto, J. B. *Goan Emigration*. Saligao, Goa: Pinto, 1962.

Proença, Marinella. *Heart Beat*. 2007.

Rau, H. Ratnakar. *Govind*. Bombaim: Orient Longman, 1996.

Rodrigues, Santan. *I Exist: Poems; 1970-72*. Calcutá: Writers Workshop, 1976.

Sardessai, Manoharrai. *My Song, Ma Chanson, O Meu Canto*. Ed. Jorge de Abreu Noronha. Verna: New Age, 2008.

Sardessai, Manoharrai. *A History of Konkani Literature*. Nova Delhi: Sahitya Akademi, 2000.

Silgardo, Melanie, Santan Rodrigues e Rose R. Gama. *Three Poets*. Bombaim: Newground, 1978.

Desdobramentos do contato Guarani x Espanhol: dos ajustes fonéticos às reconfigurações fonológicas

Ivana Pereira Ivo[1]

O empreendimento espanhol na América encontra o povo Guarani

As regiões meridionais da América do Sul e do Rio da Prata foram inicialmente exploradas pelo empreendimento espanhol que buscava caminhos marítimos para as Índias Orientais, ricas em especiarias. Diferentes grupos Guarani[2] foram encontrados em diferentes áreas, à medida que os europeus avançavam pelo cobiçado caminho para a Serra da Prata e subiam o Rio Paraguai. Embora houvesse unidade linguística entre os grupos Guarani, foram identificadas, desde os primeiros contatos, algumas especificidades dialetais e, também, culturais. (MELIÀ, 1992).

O primeiro explorador espanhol da região foi *Juan Diaz de Solis*, que, segundo relatos históricos, após chegar ao Rio da Prata, em 1516, teria sido morto, com alguns outros da expedição, por Charrua ou por grupos Guarani. (GADELHA, 1980). Em 1520, um português a serviço da Espanha, Fernão de Magalhães, continuou a missão de *Solis*, tendo morrido no Pacífico, nas Filipinas.

---

1 Professora da Universidade Federal da Bahia (UFBA).

2 Neste trabalho, adotamos as normas propostas pela Associação Brasileira de Antropologia (ABA), que dispensa as flexões de gênero e número nos etnônimos.

Em 1524, o português *Aleixo Garcia*, um dos sobreviventes da expedição de *Solis*, teria explorado o território do Paraguai e cruzado as fronteiras Incas e, em 1526, *Garcia Jofre de Loyaza* bordearia a Terra do Fogo, descobrindo o ponto de confluência dos dois oceanos, seguindo o caminho do Estreito de Magalhães, descoberto por Fernão de Magalhães. No mesmo ano, Sebastião Caboto e Diego Garcia de Moguer seguiram em uma expedição às Molucas, em busca de especiarias. Tendo aportado na costa brasileira à procura de víveres, encontraram ali o restante dos náufragos de *Solis*. Com as informações destes últimos, decidiram explorar o estuário do Rio da Prata e subir os rios Paraná-Guaçu e Paraguai. Após voltarem para a Espanha, Caboto apresentou alguns objetos de prata que havia obtido com os Guarani, confirmando a existência de riquezas na região, o que fez com que o rei se empenhasse em obter financiamento para uma expedição voltada a descobri-las. "Esta política foi reforçada pelas notícias de expedições portuguesas que atingiam o Rio da Prata". (GADELHA, 1980, p. 70).

Em 1535, *Pedro de Mendoza* chegou ao Rio da Prata, em uma expedição destinada a ocupar militarmente a região, tendo erigido um forte de taipa no *Puerto de Santa Maria de Buenos Aires*. Estabeleceu-se ali contato com os indígenas locais, que alimentaram os espanhóis com peixe e carne. Escasseando-se os recursos, os espanhóis tentaram escravizar os nativos, que resistiram e, por fim, evadiram-se. *Mendoza* enviou seu ajudante, *Juan de Ayolas*, em expedições de reconhecimento, subindo o Rio Paraná e também o Paraguai, erguendo outros fortes. Procurando chegar ao Peru, *Ayolas* subiu o Rio Paraguai e encontrou os Guarani-Cário, com os quais foi estabelecido um acordo de paz, o que foi decisivo para a fundação da cidade de Assunção, no Paraguai, de onde nasceria toda a expansão da Espanha.

> O encontro e a paz firmada por Ayolas com os cário, em seguida à derrota sofrida pelos caciques Lambaré e Naduá, foi o embrião da futura cidade de Assunção. Fundada por João de Salazar em 15 de agosto de 1537, Assunção se tornaria o centro de onde se irradiaria toda a penetração espanhola. (GADELHA, 1980, p. 74).

Os Guarani-Cário eram agricultores e sedentários, o que fazia deles um alvo relativamente fácil para as tribos inimigas (GADELHA, 1980). Assim, o acordo firmado com os espanhóis ajudou-lhes nas guerras contra grupos inimigos, pelas armas que recebiam e, também, pelas relações de parentesco que foram estabelecidas com os espanhóis, o que, por outro lado, favoreceu a permanência dos conquistadores no território. Para os Cário, o uso de ferramentas, como machado e facão, contribuiu, também, para o desenvolvimento das atividades agrícolas.

Segundo Gadelha (1980), após a morte de *Ayolas*, *Irala* regressou a Assunção, elegendo-se chefe, após breve disputa. A Coroa espanhola, então, nomeou *Alvar Nuñez Cabeza de Vaca*, em 1542, fato que teria causado grande hostilidade e divisão entre os soldados de *Irala* e do *Adelantado*,[3] o que resultou na prisão de *Cabeza de Vaca* e seu retorno à Espanha, em 1545. Embora a Coroa tenha enviado outros *Adelantados*, *Irala* se firmara como chefe e assim foram iniciadas várias vilas e estabelecimentos espanhóis. Neste ponto, com vários grupos indígenas dominados, e tendo os Cário como aliados, os espanhóis se dedicaram a colonizar o território.

3 Governador de uma província na Espanha ou de uma Província colonial da Espanha.

> O Paraguai sobreviveria como zona pobre, carente de produtos valorizáveis. E isto se deu principalmente graças à aliança cário-espanhola, formadora de uma sociedade plástica que favoreceu a mestiçagem e a fixação do elemento branco nestas regiões. (GADELHA, 1980, p. 75).

O primeiro governo dos espanhóis nas regiões do Rio Paraná, no século XVI, foi em Assunção do Paraguai, que tinha, à época, uma extensão territorial maior que a atual, visto que incluía grandes áreas territoriais que formam atualmente o Paraguai, a Argentina e o Uruguai, além do território meridional que pertence ao Brasil na atualidade. (ASTRAIN, 1996). Gadelha (1980, p. 46) apresenta alguns detalhes sobre o território:

> a área e jurisdição da Província do Paraguai nos séculos XVI-XVII, abrangiam limites muito mais extensos do que os atuais. O Paraguai limitava-se, ao norte, com a capitania de São Vicente, pois a linha imaginária a separar os territórios de Espanha dos de Portugal, passava sobre Iguape, no atual Estado de São Paulo; ao sul com o Rio da Prata; a leste com o Oceano Atlântico e a oeste com a Província de Tucuman, atualmente pertencente à Argentina.

O Paraguai, portanto, possuía jurisdição sobre os atuais estados brasileiros do Paraná, Santa Catarina, Rio Grande do Sul, Mato Grosso do Sul e sobre a antiga província do Itatim, atual Pantanal mato-grossense, territórios habitados pelo povo Guarani, à época, já dividido em parcialidades. (MELIÀ, 1992). Assim, a grande nação Guarani, presente em grande parte da América do Sul, entre o Equador e o rio da Prata, regiões do atual território brasileiro e, também, nas províncias argentinas de Corrientes e Entre-Rios, participou ativamente da formação das nações que viriam a constituir as Américas. O povo Guarani ocupava a extensa área litorânea de Cananéia, São Paulo, até o Rio Grande do Sul, sendo localizados nas bacias dos rios Paraná, Uruguai e Paraguai. Da confluência entre os rios Paraná e Paraguai, espalhavam-se pela margem oriental do Rio Paraguai e nas margens do Paraná. Seus territórios eram fechados com o Rio Tietê, ao norte, e com o rio Paraguai, a oeste.

Dentre os grupos indígenas do período colonial, Melià (1992) menciona os *Chandule*, os *Cário*, os *Tobatine*, os *Guarambarem*, os *Itatim* e moradores do Guairá, do Paraná, do Uruguai e do Tape. Susnik (1987, p. 92 *apud* Gómez Rendón, no prelo) menciona os seguintes grupos Guarani do lado leste do Paraguai, no pré-contato: *Itatim*, *Guairáe*, *Guarambarem*, *Ipanem*, *Tobatim*, *Caraibá*, *Mondayem*, *Acayarem*, *Iguasuem* e *Cario*.

Segundo Mora Mérida (1974, p. 348 *apud* Gómez Rendón, no prelo), os grupos Guarani estavam concentrados em três regiões nas primeiras décadas do século XV: no Sudeste do rio Paraná e seus tributários, região da atual *Encarnación*, na área central do rio Paraguai, ao leste de *Assunción*, e ao leste e alto Paraná, área conhecida como Guairá.

O jesuíta Padre Diego Ferrer (1633 *apud* GADELHA, 1980, p. 78) dividiu as nações que habitavam o território paraguaio em dois grupos: os Guarani e os Gualacho (incluindo os *Guaná*, *Tunu*, *Mbaiá*, *Guaramo* e outros), que seriam os chamados *Guaycuru* e *Guaycuruti*, que não falavam a língua guarani. "Além" deles, ou seja, mais a oeste, habitavam outros povos de fala Guarani: os chamados *Ybytyryguá*, 'gente da serra'. Ao norte deles, os *Guayarapo*, os *Xaráie* e *Nambiquaruçu* ou *Orejone*, que eram "guaranizados", ou seja, que aprenderam e falavam o Guarani como resultado do avanço e domínio desse grupo. Segundo Gadelha (1980), na margem esquerda do Rio Paraguai, havia muitos *Gualaxo* (pertencentes aos grupos Jê), lavradores, e acima deles, próximos ao Rio Taquari, alguns outros grupos Guarani, ao nordeste, *Gualacho* selvagens e, ao norte, as Amazonas. Os *Paiaáguá*, segundo a autora, senhoreavam o Rio Paraguai e dominavam o território desde Assunção até às terras dos *Guayarapo*.

O estabelecimento das alianças

As alianças entre os Guarani-Cário, ou Carijó, segundo Monteiro (1992), e os espanhóis, produziram uma verdadeira situação de mestiçagem, com desdobramentos decisivos para as duas nações envolvidas, como a fusão da língua Guarani com o Espanhol, no Paraguai. Enquanto para os espanhóis as alianças esboçavam o caminho da dominação, para os Guarani, elas produziam bons aliados no combate a seus inimigos tradicionais: "a formação de alianças e de relações de parentesco trazia, em forma de presente ou por meio do escambo, os cobiçados artigos estrangeiros, tais como as armas de fogo, produtos de ferro, espelho e bugingangas". (MONTEIRO, 1992, p. 483).

O primeiro desdobramento significativo das alianças foi a entrada dos espanhóis no sistema parental dos Cario, o chamado *cuñadazgo*. O nascimento de gerações mestiças resultou na formação da sociedade paraguaia e no consequente desenvolvimento de uma língua mista, o *jopará*, hoje língua oficial do Paraguai, que mescla elementos do Guarani e do Espanhol.

> A intensa mestiçagem, resultante desta aliança, teve enormes consequências na formação da sociedade paraguaia. O mestiço frequentemente era reconhecido por seu pai e, ao menos no primeiro século da

> colonização, era altamente considerado no seio da sociedade. [...] o mestiço se tornaria poderoso aliado da linhagem paterna, adotando seus costumes e se identificando com os valores espanhóis na tentativa de se tornar um deles. Assim, amiúde desprezava sua origem materna. (GADELHA, 1980, p. 100).

Essa aliança alterou algumas estruturas sociais do povo Guarani, especialmente as estabelecidas pelos laços de parentesco, mas, o *cuñadazgo* foi o mecanismo para a aceitação do espanhol na sociedade Guarani.[4]

> A aliança guarani, sobretudo através da poligamia, aculturava ambas as raças. A "casona" espanhola substituíra a antiga maloca cário, conservando a sua estrutura econômica. O trabalho agrícola e doméstico continuava sobre a responsabilidade das mulheres. O homem era o guerreiro ou se ocupava das obras de construção. Através da aliança familiar constituída pelo parentesco de casamento – o "cuñadazgo" – e da mestiçagem, o espanhol passou a ser aceito pela sociedade guarani. (GADELHA, 1980, p. 75).

Segundo Pereira (1999, p. 178), o *cuñadazgo* parece ser uma relação de parentesco mais próxima que a do *compadrio*, embora as duas instituições coloquem em operação o mesmo

4 Os espanhóis e guaranis tratavam-se, mutuamente, como *toboyas* e *cherobayá* (GADELHA, 1980, p. 76). Os Guarani-Mbyá do Brasil utilizam o mesmo termo, *xerovaja*, para cunhado ou cunhada, tanto nos casos do ego feminino quanto do masculino. A raiz do termo *tovaja* é *tová = o rosto, a frente*. É o mesmo termo conhecido por grupos Tupi do litoral brasileiro, nos primeiros séculos da colonização, como o epíteto *Tobajara*.

princípio: a aliança. "O *cuñadasgo* (sic) é amplamente descrito pelos viajantes e missionários que primeiro tomaram contato os Guarani, e parece ter sido a opção deliberada de alguns grupos que tentaram fazer aliança com os primeiros colonizadores".

> Conjuntamente, a instituição dos *guacho*, do *compadrio* e do *cuñadasgo*, parece acentuar a abertura do sistema de parentesco Guarani para a exterioridade. O convío intenso e a cooperação econômica, política e ritual no interior da parentela é o que estabelece o ritmo da vida no dia-a dia, mas a vida social é impensável sem alianças com setores mais amplos que o círculo restrito dos parentes mais diretos. (PEREIRA, 1999, p. 178-179).

Outro mecanismo decisivo no encontro Guarani x Espanhol foi o estabelecimento das reduções jesuíticas, o que será apresentado, brevemente, na próxima seção.

As reduções guarani-jesuíticas

Gutierrez (1987) explica que a formação da Companhia de Jesus, no século XVI, marcou uma nova fase de renovação dos métodos de evangelização e de transmissão dos princípios da fé católica, e que a organização fundada por Inácio de Loyola, em 1510, encarnava o espírito de uma reação militante contra a Reforma Protestante. Segundo o autor, os jesuítas vieram inicialmente para o Peru em 1576, onde desenvolveram um modelo de evangelização, chamado "missão", para áreas habitadas por nativos não evangelizados e para espaços, nos centros urbanos, ocupados pelos espanhóis. Entretanto, diante da crise organizacional do Peru, durante o último quarto do século XVI, pela exploração indiscriminada dos nativos, por parte dos colonizadores, e do número escasso e fraqueza das ordens religiosas, além da ausência de administração e controle fiscal e insuficiência da ação missionária, o Vice-rei Francisco de Toledo organizou as chamadas reduções para os nativos, cujo objetivo era conquistar o território da Província e catequizar os indígenas. (GADELHA, 1980, p. 193).

As reduções organizadas nas regiões dos atuais países do Paraguai, Argentina, Uruguai e Brasil abrigaram parcialidades Guarani e também povos de outras etnias. Segundo Melià e Nagel (1995, p. 103 apud SILVA 2011, p. 78), de 1609 até 1634, foram criadas 43 reduções, tendo os jesuítas, naquele período, dado início a mais de 40 outras entre os Guarani, e nos 134 anos seguintes (1634/1768), um pouco mais de uma dezena de novos estabelecimentos. Foi o avanço das bandeiras paulistas sobre as reduções do Guairá e Tape, durante a década de 1630, que forçou a migração das diversas populações reduzidas para a província do Uruguai e Paraná, dando-se início a uma nova reconfiguração do território. Segundo Silva (2011), alguns dos grupos que migraram foram assimilados nas reduções de *Concepción* e *Yapeyú*, enquanto outros grupos formaram novas reduções, com novas nomenclaturas, ou reergueram antigos povoados.

Consideramos as *reduções* como *locus* de intenso grau de contato linguístico e cultural, visto que nelas foram agrupados diferentes povos, juntamente com as diferentes parcialidades Guarani, o que por si só já constitui um rico quadro de variedade linguística e cultural. Observe-se, no entanto que, a despeito da previsível diversidade linguística e cultural nas *Reduções*, o Guarani era a língua comum (ou franca) entre os diferentes povos. Um dos principais missionários entre o povo Guarani, o padre Montoya ([1639]/1989, p. 213, tradução nossa), ao falar sobre a Redução de *Nuestra Señora de los Reyes*, se refere ao Guarani como língua comum aos povos que nela habitavam:

"essa redução logrou a companhia de várias nações de índios de diversas línguas, se bem que se entendiam pela língua comum, que é a língua Guarani."

Schaden (1974) fala a respeito de uma relativa unidade cultural entre os grupos Guarani, que seria correspondente a uma unidade linguística, embora considere o fato de alguns compreenderem os grupos Guarani como distintos entre si, seja pelas diferentes denominações para os subgrupos regionais ou pela grande mobilidade espacial que produziu notável dispersão. Para ele, as reduções jesuíticas e os efeitos da colonização ibérica desintegraram as configurações primitivas, favorecendo os novos reagrupamentos, "que não podiam deixar de conduzir a elevado grau de nivelamento e homogeneização culturais". (SCHADEN, 1974, p. 11). Para Monteiro (1992, p. 477), igualmente, alguns fatores se opõem a qualquer ideia de uma visão monolítica de uma "nação" Guarani, como "o constante abandono e regeneração de aldeias, o quadro mutável de alianças e hostilidades e as migrações de longa distância mobilizadas por carismáticos profetas".

Atualmente, a língua Guarani, classificada pelos estudos linguísticos como integrante da família Linguística Tupi-Guarani, é falada no leste da Bolívia (Guarani do Chaco ou Chiriguano, Tapiete), no norte da Argentina (Mbyá, Guarani do Chaco ou Chiriguano, Tapiete), no Paraguai (Avá-Guarani ou Chiripá, Pai-Tavyterã ou Kaiowá, Mbyá, Guarani Paraguaio, Aché ou Guayaki) e no Brasil (Nhandeva, ou Avá-Guarani, Kaiowá, Nhandewa e Mbyá).

Melià (1992) distingue três períodos para essa língua: o guarani arcaico, o guarani colonial e o guarani moderno, conforme quadro abaixo:

Figura 1 Unidade e variedades da Língua Guarani

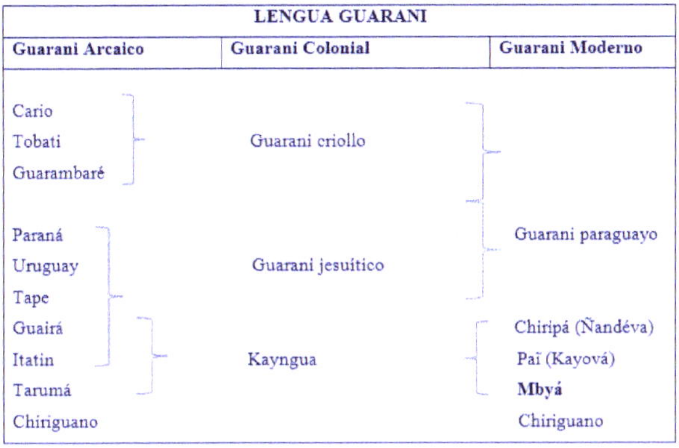

Fonte: (MELIÀ, 1992, p. 36).

Do Guarani arcaico, especificamente das variedades faladas pelos *Cario*, *Tobati* e *Guarambaré*, encontrados nos primeiros anos da colonização europeia, desdobrou-se o Guarani crioulo, resultado do contato entre essas variedades e o espanhol. O Guarani jesuítico, ou as variedades encontradas nas descrições elaboradas pelos padres jesuítas, apresenta dados das variedades faladas nas áreas do Paraná, Uruguai, Tape, Guairá e Itatin. O chamado *Kayngua* diz respeito às variedades faladas por indígenas que viviam nas matas, localizados nas áreas do Guairá, Itatin e Tarumá. O Guarani falado no Brasil, portanto, desenvolveu-se do Guarani *kayngua* e do Guarani falado em algumas reduções jesuíticas. A seguir, uma breve descrição dos grupos Guarani do Brasil.

Os Guarani do Brasil[5]

Os Guarani do Brasil estão espalhados em sete Estados brasileiros: Rio Grande do Sul, Paraná, Santa Catarina, Mato Grosso do Sul, São Paulo, Rio de Janeiro e Espírito Santo. Segundo dados do mapa *Guarani Retã* (2008), o mais abrangente na área, a população passa de 100.000, incluindo Paraguai, Argentina e Brasil:

> el número total de los asentamientos, incluyendo "reservas indígenas", "colônias indígenas", "comunidades" (tekoha), núcleos familiares con residencia diferenciada, barrios urbanos indígenas y campamentos precarios de grupos desalojados es mayor de lo estimado previamente y supera los 500 lugares con una población total de más de 100.000 Guaraní solamente en el área previsto para el mapa, que abarca el sur de Mato Grosso do Sul, la región oriental del Paraguai y la provincia de Misiones en Argentina. (GRÜNBERG, 2008, p. 21).

Avá Katú Eté (Nhandeva)

Segundo Melià (1992), os *Avá Katú Eté*, cujo sentido é 'pessoas verdadeiramente autênticas', são localizados no Brasil e no Paraguai. São descendentes prováveis dos Guarani do Guairá

5 Dados do Instituto Socioambiental (ISA) apontam para uma população estimada em 51.000 indivíduos Guarani: 31.000 Kaiowá, 13.000 Ñandeva e 7.000 Mbyá. No Paraguai, o Censo Nacional Indígena de 2002 contabilizou uma população indígena guarani de 43.080 indivíduos, 12.964 Pai Tavyterã (Kaiowá), 15.229 Ñandeva 14.887 Mbyá. Na Argentina a população Guarani é predominantemente Mbyá (5.500), localizada em Misiones. A população Ñandeva naquele país é estimada em cerca de 1000 pessoas. (GRÜNBERG, 2008).

e do Mbaracajú. Esse grupo tem recebido, ao longo dos anos, diferentes denominações, como *Chiripá* e *Avá-Guaraní*, além das denominações da literatura etnográfica: *Apapokúva*, Oguauíva, *Tañyguá* e *Cheirú*. Um termo muito comum utilizado para esse grupo é *Nhandeva*, que embora seja uma autodenominação para todos os grupos Guarani, é usado, preferencialmente para esse grupo. O emprego do termo *Nhandeva*,[6] para designar essa parcialidade, foi utilizado também por Egon Schaden, que preferiu grafá-lo, à moda do espanhol, Ñandeva:

> Ñandeva é autodenominação de todos os Guaraní. É a única autodenominação usada pelas comunidades que falam o dialeto registrado por Nimuendajú com o nome Apapokúva e que parece ter sido falado também pelos Tañyguá e algumas outras hordas mencionadas por aquele autor. Proponho, por isso, que se reserve o nome Ñhandeva para essa subdivisão. Pelos Mbüa é apelidada de Txiripá í, "os Txiripazinhos". (SCHADEN, 1974, p. 2).

Schaden (1974, p. 3-4) reuniu, sob essa denominação, grupos locais habitantes do Estado de São Paulo e do Mato Grosso, sem fazer referência aos Estados sulinos, tendo feito apenas uma ligeira menção a *Txiripá* nas margens do Paraná, "*diferentes dos Txiripá i (Ñandeva)*". No entanto, por exclusão, antropólogos, indigenistas e linguistas "classificam" como *Nhandeva* toda comunidade de fala Guarani no Sul do Brasil, que não se identifique ou não possa ser identificada com os Mbyá.

6 O termo pode ser compreendido como: nhande 'nós, nosso' + va'e 'nominalizador', 'quem somos', 'o que somos', 'o que é nosso'.

Costa (2010) propõe uma distinção, de base histórica e linguística, para os grupos Nhandeva e Nhandewa, considerando a história de migrações que, por um lado, separaram definitivamente alguns grupos de fala Guarani migrados da fronteira Brasil Paraguai (atual Mato Grosso do Sul) daqueles que permaneceram naquela região, e que, por outro lado, criaram condições à miscigenação entre os sobreviventes de parcialidades ou sub-parcialidades distintas, justificando a validade de distinguir, na "macro-parcialidade" *Ñandeva*, proposta por Schaden (1974), pelo menos duas distintas sub-parcialidades: os ***Nhandeva*** que permaneceram no Mato Grosso do Sul (possivelmente com elementos em comum com grupos *Avá-Guarani* do Paraguai e no oeste do Paraná) e os ***Nhandewa*** de São Paulo e do norte do Paraná, aparentados entre si, e oriundos das migrações descritas por Curt Nimuendajú.[7]

A distinção na literatura, igualmente introduzida por Costa (2010), lança mão das diferentes ortografias que os respectivos grupos utilizam, permitindo distinguir as parcialidades do Mato Grosso do Sul pela grafia com "**v**", daquelas de São Paulo e norte do Paraná, pela grafia com "**w**". Acompanhamos a proposta por Costa (2010), também, por observarmos algumas diferenças linguísticas entre os dois grupos.

Os grupos Guarani-*Nhandewa*, em Avaí/SP (Terra Indígena Araribá) e em Peruíbe (Terra Indígena Piaçaguera), no litoral paulista, os indígenas autodenominam-se, alternativamente, como *Tupi-Guarani*, termo que, no uso acadêmico, nomeia a grande família linguística e não a um grupo especifi-

7 Nimuendajú ([1912] 1987, p. 3-16) mencionou três grupos que migraram para o Estado de São Paulo (via norte do Paraná): Apapocuva, Tañyguá e Oguauíva.

camente. A explicação apresentada por uma nativa, e registrada por Costa (2010, p. 14), seria a possibilidade de contato entre esse grupo e um grupo Tupi no passado.

Mbyá

Melià (1992) registra que os *Mbyá* foram denominados *kaỹngua*, ou "monteses" (gente do mato). Para ele, os *Mbyá* são os que mais se mantiveram distantes do processo colonial, não apenas por terem habitado lugares mais remotos, mas por sua ideologia de rejeição aos "outros". "Até pouco tempo, este povo indígena poderia ser considerado um dos mais herméticos do continente". (MELIÀ, 1992, p. 248, tradução nossa).

Schaden (1974, p. 3) fala sobre as denominações desse grupo:

> Mbüa ("gente") é a autodenominação mais usada pelos Guarani conhecidos na bibliografia como Kainguá, Kaiuá etc. e a que os Ñandeva chamam Tambéaópé ("chiripá largo") ou Txeirũ, Ñaneirũ ("meus ou nossos amigos"). Não raro, encontra-se também para estes índios a denominação Apütere, ou seja apyteré (corruptelas Apuiteré, Apiteré), que eles próprios, no entanto, repelem como depreciativo. Entre os paraguaios são conhecidos pelo apelido de Baticolas, em atenção ao Chiripá que usam entre as pernas. Também se ouvem outros subgrupos o apodo Aváhuguai, "homens de cauda", dado pelo mesmo motivo.

Os Mbyá foram localizados tradicionalmente nos altos bosques da bacia do médio Paraná, no antigo Tarumá, Caaguasú e Guairá. Tendo migrado para a costa atlântica, estão atualmente nos seguintes Estados: Rio Grande do Sul, Paraná,

Santa Catarina, São Paulo, Rio de Janeiro e Espírito Santo. Segundo Melià (1992), dispersos pelo Paraguai, em *Misiones*, na Argentina, e no Brasil, os Mbyá apresentam grande unidade cultural, o que as antigas migrações apenas têm modificado.

Pai-Tavyterã (Kaiowá)

Segundo Melià (1992), de acordo com os dados históricos, os *Pai-Tavyterã*, chamados *Kaiowá* ou *Kaiwá*, podem ser identificados com os antigos *Itatim*, aqueles que ocupavam a margem esquerda do Rio Paraguai. Melià (1992) explica a conexão do termo com o aspecto religioso: *pai* seria o título com que os deuses e moradores do paraíso saúdam e se dirigem a palavra, e *tavyterã*, os futuros habitantes da morada no centro da terra. Além do nome *Pai-Tavyterã*, são também conhecidos pelos termos genéricos *Ava* (pessoa indígena) e *Te'yi* (os da linhagem). Este grupo é localizado, predominantemente, no Estado do Mato Grosso do Sul, embora algumas famílias morem em outras regiões do Brasil.

Com o intuito de demonstrar que línguas em contato ajustam-se, e que nenhuma língua sai ilesa às condições de multilinguismo, na próxima seção, interessa-nos apresentar alguns ajustes fonéticos e transferências fonológicas resultantes do contato Guarani x Espanhol. Os dados são baseados em *corpora* de estudos da língua Guarani, desenvolvidos pela autora, em suas pesquisas de Mestrado e Doutorado. (IVO, 2014; IVO, 2018). Apresenta-se, sequencialmente, o dado em espanhol, a forma ortográfica Guarani, a transcrição fonética e o sentido em português. Adotamos a ortografia mais comumente aceita nas aldeias Guarani do Brasil, que acompanha, quase sempre, a ortografia utilizada no Paraguai. Os dados de fala do

Guarani-Kaiowá e do Guarani-Nhandeva foram coletados no Mato Grosso do Sul, na região de Dourados e Eldorado. Os dos Guarani-Mbyá, em São Paulo, Rio de Janeiro e Paraná, e os dados dos Guarani-Nhandewa foram obtidos no Paraná e em São Paulo. Diferentes interpretações dos empréstimos, pelas parcialidades, são apontadas no texto.

Desdobramentos do contato linguístico Guarani x Espanhol

1. Na língua Guarani, o acento recai, predominantemente, na última sílaba, que é a tônica.[8] Nos empréstimos do espanhol, com raras exceções, o padrão acentual é mantido, o que faz com que as palavras estrangeiras, paroxítonas, sejam interpretadas como oxítonas:

Caballo:	Kavaju	[kaʋa'd͡ʒu]	'cavalo'(Mbyá, Nhandeva, Kaiowá)
	Kavaru	[kaʋa'ɾu]	'cavalo' (Nhandewa)
Haxa:	Haxa	[ha't͡ʃa]	'machado' (Mbyá e Nhandewa)
	Haxa	['haʃa]	'machado' (Nhandeva e Kaiowá)
Sandía:	Xandiá	[t͡sãndi'a]	'melancia' (Nhandewa)
	Xanjau	[t͡sã'ⁿd͡ʒaʷ]	'melancia' (Mbyá)

Observe-se, no entanto, que em alguns empréstimos, enquanto os *Mbyá* e os *Nhandewa* marcam o acento na última sílaba, as parcialidades do Mato Grosso do Sul o mantém na primeira sílaba, o que pode ser explicado pelo contato próxi-

8 Na transcrição fonética, a sílaba tônica é marcada, em sua margem inicial, pelo símbolo (◡).

mo dessas parcialidades com o espanhol e com o Guarani do Paraguai.

Sandía:			
	Sandía	[sã'ⁿdia]	'melancia' (kaiowá e Nhandeva)
	Xandiá	[t͡sãndi'a]	'melancia' (Nhandewa)
Haxa:	Haxa	['haʃa]	'machado' (kaiowá e Nhandeva)
	Haxa	[ha't͡sa]	'machado' (Mbyá)
	Haxa	[a't͡sa]	'machado' (Nhandewa)

2. Martins (2004) destaca quatro características da estrutura silábica da língua Guarani: (i) (C)V(V) como forma canônica, (ii) a obrigatoriedade do núcleo silábico constituído por segmentos vocálicos, (iii) a ausência de sílaba travada e (iv) presença de segmentos consonantais no ataque silábico (sem que ocorram, nessa posição, dois segmentos consonantais). Nos empréstimos do espanhol, onde ocorrem os encontros de duas consoantes, são inseridas vogais, mantendo assim a sílaba canônica (C)V(V):

Cruz:	Kuruxu	[kuɾu't͡su]	'cruz'
Clavo:	Karavo	[kaɾa'ʋɔ]	'prego'
Cabra:	Kavara	[kaʋa'ɾa]	'cabra'
Plata	Perata	[pɛ'ɾata]	'dinheiro' (Mbyá)
Cilantro:	**Kuratõ**	[kũɾã'tɔ̃]	'coentro' (Mbyá)

As epênteses produzidas apontam para uma possível assimilação quanto ao ponto de articulação: em palavras iniciadas com /k/, um som velar posterior, as vogais epentéticas são também posteriores /u/ e /a/, produzidas com recuo do dorso posterior da língua: (*kuruxu, karavo* e *kavara*). Na palavra iniciada por uma consoante anterior /p/, "plata", a vogal selecionada para epêntese é uma vogal também anterior: /e/.

No dado *Kura*tõ, há um aspecto importante: o Guarani-Mbyá não contrasta a fricativa alveolar surda /s/, som inicial da palavra *cilantro*. Esse som é interpretado como oclusiva velar: /k/.[9] Ao fazer essa interpretação, consequentemente, a vogal epentética passa a ser, também, um som posterior, no caso, a vogal /u/, assimilando a posterioridade da oclusiva velar surda /k/, que a precede.

Algumas vezes, o encontro consonantal, ou som complexo, é simplesmente simplificado, apagando-se uma das consoantes: *Pedro:* Peru 'Pedro' (Mbyá). O apagamento da oclusiva vozeada [d] não é aleatório. Como a língua não opera com oclusivas vozeadas b, d, g, o /d/, nesse dado, é o candidato mais forte a ser apagado.

> 3. Na organização fonológica da língua Guarani, há uma distinção importante entre as quatro parcialidades (ver o quadro 1 abaixo): enquanto as do Mato Grosso do Sul contrastam as obstruintes [+estridentes] simples, os *Mbyá* e *Nhandewa* contrastam, nos mesmos ambientes, as africadas, sons complexos, respectivamente, sons também obstruintes [+estridentes]. Ou seja, esses fonemas desempenham a mesma função no sistema da língua. Essa distinção fonológica é transferida aos empréstimos. (observem-se os exemplos abaixo do quadro):

9 Há, no Guarani-Mbyá, outros empréstimos que revelam a interpretação de sons fricativos com a oclusiva velar /k/, como o dado *jabón* 'sabão > [ka(◡)wõ].

Quadro 1 Sistema Fonológico do Guarani no Brasil (unificado das 4 parcialidades)

		Labiais	**Coronais**		**Dorsais**		**Laríngeas**
			[+ ant]	**[- ant]**	**[-lab]**	**[+lab]**	
Obstruintes	[- estridentes]	p	t		k	kʷ	ʔ
	[+ estridentes]		t͡s ~ s	t͡ʃ ~ ʃ			
Soantes	[- contínuas]	ᵐb	ⁿd		ᵑg	ᵑgʷ	
	[+ contínuas]	ʋ	ɾ	j	ɰ		ɦ

Bolsa:	Voxa	[ʋo't͡sa]	'bolsa' (Nhandewa e Mbyá)
	Vosa	[ʋo'sa]	'bolsa' (Nhandeva e Kaiowá)
Calzón:	Kaxõ	[kã't͡sɔ̃]	'calça' (Mbyá)
	Kaxõ	[kã'sɔ̃]	'calça' (Nhandeva e Kaiowá)

4. Outra distinção observada entre as parcialidades do Brasil é o uso da fricativa glotal /h/, conforme quadro abaixo:

Quadro 2 A Fricativa Glotal

PORTUGUÊS	MBYÁ	NHANDEWA	NHANDEVA/MS	KAIOWÁ
Lança	[hu'ʔɨ]	[u'ʔɨ] ,[ʔu'ʔɨ]	[hu'ʔɨ]	[hu'ʔɨ]
Azul	[o'ʋɨ] ~ [ho'ʋɨ]	[o'ʋɨ]	[ho'ʋɨ]	[ho'ʋɨ]
Cabo de ferramenta	[hi'ʔɨ]	[i'ʔɨ], [ʔi'ʔɨ]	[hi'ʔɨ]	[hi'ʔɨ]
Sangue	[hu'gʷɨ]	[ugʷɨ]	[hugʷɨ], [ʔugʷɨ]	[hugʷɨ]
Sol	[kwaɾa'ɨ]	[kwaɾa'ɨ]	[kwaɾa'hɨ]	[kwaɾa'hɨ]
Remédio	[po'ã]	[po'ã]	[po'hã]	[po'hã]
Canto	[pora'ej]	[pora'ej]	[pora'hej]	[pora'hej]
Armadilha	[ɲũ'ã]	[ɲũ'ã]	[ɲũ'hã]	[ɲũ'hã]

Nhandewa

Observe-se, no quadro acima, que os *Nhandewa* apagaram a fricativa glotal, como Costa (2010) já havia proposto. Em alguns dados, no entanto, por meio da análise espectrográfica, é possível observar que em alguns lugares onde supostamente a fricativa glotal teria sido apagada, são observadas algumas marcas de laringalização, um movimento da glote, que pode ser visualizado pelas "estrias verticais" vistas no espectro, o que nos sugere a presença de um som glotal naquela posição, ainda que não fricativo, fazendo a transição da primeira para a segunda vogal:

Figura 2 – [kʷaPa◡)] 'sol' (Nhandewa/SP)

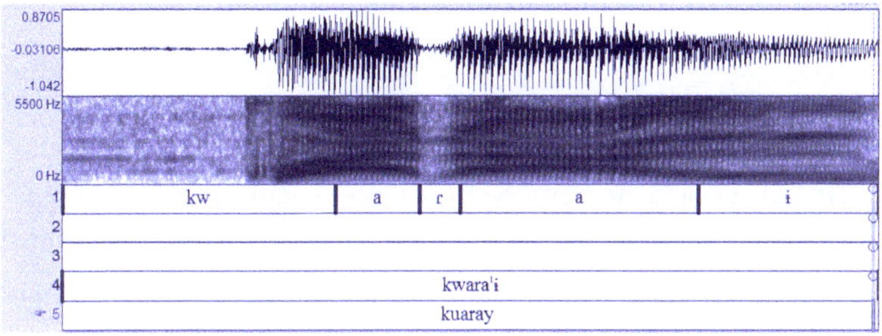

Fonte: Elaboração da autora

Podemos considerar que talvez essa consoante não tenha sido, de fato, apagada, mas transformada em soante, ou seja, uma aproximante que pode ser agrupada na mesma classe de soantes [+contínuas]: /ʋ, j, ɾ, ɰ, ɦ/.

Mbyá

No falar dos *Mbyá* há uma distribuição complementar envolvendo a oclusiva glotal e a fricativa glotal. A oclusiva glotal ocorre apenas em sílaba tônica e a fricativa glotal apenas em sílabas pré-tônicas. A oclusiva glotal ocorre, ainda que em menor número, em sílabas átonas iniciais, em palavras iniciadas por vogais, enquanto a fricativa glotal é produzida, algumas vezes, com vozeamento, no ataque de sílabas iniciais, antes de segmentos vocálicos orais e nasais, apenas em sílabas pré-tônicas, sendo, também, apagada algumas vezes, embora também sejam vistas apenas marcas de laringalização antes das vogais, como já mencionamos, nos casos de suposto apagamento.

Nhandeva e Kaiowá

Os *Nhandeva* e *Kaiowá*, por sua vez, contrastam a fricativa glotal /h/, em sílabas tônicas e pré-tônicas. Observe-se, no quadro 2, acima, que a fricativa glotal não vozeada /h/ é produzida no *Nhandeva* e no *Kaiowá* em ambientes nos quais o *Mbyá* e o *Nhandewa* a apagaram, sendo transformada em um soante ou na oclusiva glotal.

Essa distinção fonológica entre as parcialidades é, também, observada nos empréstimos do espanhol. Nos dados já apresentados para a palavra 'machado', observe-se que enquanto os Mbyá alternam entre o uso e o apagamento da fricativa glotal em posição inicial, os Nhandewa a apagam e as parcialidades do Mato Grosso do Sul a mantém em posição inicial:

Haxa:	Haxa	[ha'tʃa] ~ [a'tʃa]	'machado' (Mbyá)
	Axa	[a'tʃa]	'machado' (Nhandewa)
	Hacha	['haʃa]	'machado' (Kaiowá, Nhandeva)

5. As parcialidades Guarani produzem uma série de sons pré-nasalizados, caracterizados por uma fase nasal inicial, homorgânica, na margem inicial dos sons oclusivos vozeados:[10]. Estes sons ocorrem no ataque de sílabas iniciais, mediais e finais, em sílabas tônicas e pré-tônicas, sempre precedendo vogais orais.[11]

10 Não são produzidas, na língua Guarani, pois, oclusivas vozeadas como: /b/, /d/, /g/ sem uma fase homorgânica inicial.

11 As pré-nasais são produzidas como nasais plenas, quando em ambientes de espalhamento nasal: mamõ 'onde', neirũ 'teu companheiro/ amigo, guaimi'ĩ'velhinha'. O gatilho para o espalhamento nasal, nesses dados, é a vogal tônica nasal.

No empréstimo da palavra 'boné', que nos parece uma provável adaptação da palavra "*gorra*" (forma espanhola, também usada em certas partes do Sul do Brasil, para "gorro"), a oclusiva velar vozeada [g] é interpretada como pré-nasalizada velar, por ocorrer com uma vogal oral, outro exemplo de transferência fonológica:

(1) Ngora [ᵑgɔˈɾa] 'boné, chapéu' (Mbyá e Nhandewa)

6. A língua Guarani não contrasta a lateral alveolar [l]. Assim, é comum, tanto nos empréstimos do Espanhol, como nos empréstimos do Português, a substituição da lateral /l/ pelo tepe alveolar /ɾ/, outra consoante líquida, mecanismo feito por outras línguas naturais:

(1)	Melão	[mɛ̃ˈɾɔ̃]	'melão'
(2)	Lima	[ɾĩˈmã]	'lima'

7. O Guarani também não contrasta a lateral palatal. Dialetalmente, esse som do espanhol é pronunciado de diferentes formas, quase sempre com sons palatais: ([ʎ], [d͡ʒ], [ʃ], [ʒ]).

Em empréstimos pelos Mbyá, esse som é interpretado como a africada, um som também palatal:[12]

Olla	Oja	[oˈd͡ʒa]	'panela' (Mbyá)
Gallo	Gaju	[ˈgad͡ʒu]	'galo'

12 Além da forma do empréstimo verificada entre os Mbyá, as parcialidades utilizam o termo *uru ava*, para galo em contraste a *uru kunhã*, para galinha. (uru 'homem', kunhã 'mulher').

8. A língua Guarani contrasta uma série de soantes [+contínuas] (ver quadro 1), foneticamente classificadas como aproximantes vozeadas. Na produção desses sons, os articuladores aproximam-se, sem que haja um severo impedimento da corrente de ar, a ponto de se produzir turbulência, como ocorre com os sons fricativos. Outro detalhe fundamental é que a tensão articulatória empregada na produção das aproximantes é menor do que aquela que ocorre na produção das fricativas. (Martínez Celdrán, 1984). Algumas pesquisas sobre a língua Guarani indicam a produção de uma fricativa labiodental "v", por vezes apresentada, também, como uma fricativa bilabial. Ao desenvolvermos uma análise acústica sobre esses sons, identificamos a produção da aproximante labiodental, que em certos contextos fônicos pode ser realizada como aproximante labiovelar [w]. (IVO, 2014; IVO, 2019). O espanhol contrasta aproximantes vozeadas (MARTÍNEZ CELDRÁN, 1984) e é assim que, no contato entre as duas línguas, pela similaridade, esses sons aproximantes são mantidos como tais:

Jabón	Kavõ	[kãˈʋõ]	'sabão' (Mbyá, Nhandeva e Kaiowá)
Clavo	Karavo	[kaɾaˈʋɔ]	'prego' (Mbyá)

Considerações Finais

Do contato entre as línguas há, pelo menos, quatro desdobramentos possíveis: (1) monolinguismo, quando há completa impenetrabilidade dos elementos linguísticos da segunda língua, (2) bilinguismo, quando o resultado é a coexistência das duas línguas em contato, processo que pode ser completo ou parcial, (3) substituição, quando ocorre uma completa adoção da língua estrangeira, chegando-se, algumas vezes, à perda da língua materna e (4) fusão linguística, quando se dá a emergência de uma nova língua, com características compartilhadas. Um exemplo de fusão linguística é o *Jopará*, língua do Paraguai, que mescla elementos sintáticos e lexicais do guarani e do espanhol. Abaixo, alguns dados dessa língua mista. (ORTIZ, 1990, p. 89):

- *Nde gustápa ko eskuéla.*	'Você gosta dessa escola?
- *Pe ótro che gustave.*	'Eu gosto mais daquela outra'

Nesse pequeno diálogo é possível observar, do espanhol, o verbo 'gostar', o substantivo 'escola' e o pronome 'ótro'. Os demais mecanismos linguísticos (negritados): pronomes pessoais, demonstrativos, a partícula interrogativa e o intensificador são da língua Guarani:

Nde	gustá	**pa**	**ko**	eskuéla.	**Pe**	ótro	**che**	gusta	**-ve**
2ps	V	Int.	dem	S	dem	Pron	1ps	V	intens.

Não se desenvolveu, no Brasil, uma língua considerada mista, como ocorreu no Paraguai. No entanto, há inúmeras marcas do contato entre o português europeu e as mais de mil línguas indígenas faladas no Brasil no século XVI. (RODRIGUES, 2002). Os estudos linguísticos, ao longo dos anos, têm analisado os desdobramentos do contato linguístico entre línguas indígenas e línguas indo-europeias, considerando os resultados, quase sempre, à luz das línguas europeias. Nas reflexões sobre a formação e desenvolvimento do português falado no Brasil, por exemplo, algumas propostas sugerem que o contato entre o português europeu e as línguas indígenas tenha como resultado apenas os empréstimos lexicais. Consideramos, no entanto, que o conhecimento e a análise dos diferentes sistemas das línguas indígenas (em seus níveis fonético-fonológicos, sintáticos, semânticos etc.) podem contribuir para o levantamento de outras hipóteses. O que propomos é que sejam observados e descritos os mecanismos de ajustes feitos pelas línguas indígenas, a partir do contato com as línguas europeias, como um dos caminhos para a compreensão do desenvolvimento dessas línguas no Brasil.

Como resultado das alianças sócio-políticas, estabelecidas entre os espanhóis e os Guarani, juntamente com a instituição do sistema das reduções jesuíticas, a língua Guarani, ao longo dos anos, fez ajustes fonéticos e transferências fonológicas nos empréstimos do espanhol. As marcas linguísticas resultantes do contato entre esses dois povos são verificáveis, também, no Espanhol e na língua mista que se formou no Paraguai, o *Jopará*.

O Guarani falado no Brasil revela, contemporaneamente, desdobramentos do contato, também, em marcas linguísticas. Além do encontro com o espanhol, a língua Guarani, em contato atual e constante com a língua portuguesa, a interpreta, ajusta e a utiliza à luz do seu próprio sistema. É possível observar, também, que em algumas regiões do Brasil, há aspectos dialetais explicáveis à luz do contato português x guarani.

O encontro entre os povos produziu situações de multilinguismo, com raízes profundas e tão bem articuladas, que muitas vezes, não as percebemos. A análise aqui apresentada, ainda que breve, comprova o caráter plural das línguas naturais e demonstra, ainda que brevemente, que em situações contato, as línguas se ajustam, se adequam, interpretam e ressignificam as formas estrangeiras por meio de diferentes mecanismos, possibilitando-nos perceber que, de fato, do contato entre os povos, nenhuma língua sai ilesa.

Bibliografia

ASTRAIN, Antônio, S. I. *Jesuitas, guaraníes y encomenderos*: história de la Compañía de Jesús en el Paraguay. 2ª ed. Assuncíon de Paraguay: Centro de Estudios Paraguayos Antônio Guasch,1995.

COSTA, Consuelo de Paiva Godinho. *Nhandewa Aywu*: fonologia do Nhandewa-Guarani. Campinas: Curt Nimeundajú; Vitória da Conquista, BA: Edições UESB, 2010.

FERRER, Diego (S.J.). Estado del Itati firmado por el pe. Diego Ferrer a 21 de agosto de 1663. In: CORTESÃO, Jaime. (org). *Jesuítas e bandeirantes no Itatim*. Rio de Janeiro: Biblioteca Nacional, 1951, p. 45-48. (Manuscritos da Coleção De Angelis, vol. 2).

GADELHA, Regina Maria A. *As Missões Jesuíticas do Itatim*: um estudo das estruturas sócio-econômicas coloniais do Paraguai (Séculos XVI e XVII). Rio de Janeiro: Paz e Terra, 1980.

GÓMEZ RENDÓN, Jorge. The demographics of colonization and the emergence of Paraguayan Guarani. *In* Bruno Estigarribia (ed.), *Guarani Linguistics in the 21st century*. BSILA Series, Amsterdam: Bril, no prelo.

GRÜNBERG, Georg. *El mapa Guarani Retã 2008*: una reconstitución simbólica del territorio guaraní. Rosário/Argentina: Fórum de Rosário, 2012.

GUTIERREZ, Ramón. *The Jesuit Guarani Missions/Les Missions Jesuites des Guaranies*. UNESCO: Secretaria do Patrimônio Histórico e Artístico Nacional. Rio de Janeiro/RJ, 1987.

IVO, Ivana Pereira. *Características fonéticas e estatuto fonológico de fricativas e africadas no Guarani-Mbyá*. Campinas, SP: IEL - UNICAMP, 2014. Dissertação de Mestrado.

IVO, Ivana Pereira. *Características fonéticas e fonologia do guarani no Brasil.* Campinas, SP: IEL – UNICAMP, 2018. Tese de Doutorado.

MARTINEZ CELDRÁN, Eugenio. *Fonetica. Barcelona: Teide, 1984.*

MARTINS, Marcia Fileti. *Descrição e análise de aspectos da gramática do Guarani Mbyá.* Campinas, SP: IEL-UNICAMP. 2004. Tese de Doutorado.

MELIÁ, Bartomeu. *La lengua Guaraní del Paraguay*: Historia, sociedad y literatura. Madrid: Editorial Mapfre, 1992.

MELIÀ, Bartomeu & NAGEL, Liane Maria. *Guaraníes y jesuitas en tiempo de las Misiones*: una bibliografía didáctica. Asunción/ Santo Ângelo: CEPAG/URI, 1995.

MONTEIRO, John Manuel. Os Guarani e a história do Brasil meridional: séculos XVI-XVII. *In*: CUNHA, Manuela Carneiro da (Org.), *História dos índios no Brasil.* São Paulo: Companhia das Letras: Secretaria Municipal de Cultura: FAPESP, p. 475-498,1992.

MONTOYA, S.J., Antonio Ruiz de. *Conquista espiritual hecha por los religiosos de la Compañía de Jesús en las Provincias de Paraguay, Paraná, Uruguay y Tape.* Estudio preliminar y notas: Dr. Ernesto J. A. Maeder. Rosario: Equipo Difusor de Estudios de História Iberoamericana, 1989 [1639].

MORA MÉRIDA, José Luiz. La población indígena paraguaya no reducida. *Jornadas Americanistas. II*: Estudios sobre política indigenista Española en América. Volume1, p. 347-362. Valladolid, España, 1974.

NIMUENDAJÚ, Curt Unkel. *As lendas da criação e a destruição do mundo como fundamentos da religião dos Apapokúva-Guarani.* Tradução Charlotte Emmerich e Eduardo Viveiros de Castro. São Paulo: Hucitec; Editora da Universidade de São Paulo, 1987.

ORTIZ, Diego, S.I. Con la colaboración de Domingo Aguilera, Elda Marecos, O.P. *Hablemos el Guaraní*: Curso Completo en cuatro niveles para extranjeros. Primer Nivel. Cepag: Asuncion, Paraguai, 1990.

PEREIRA, Levi Marques. *Parentesco e Organização Social Kaiowá*. Campinas, SP: IFCH-UNICAMP, 1999. Dissertação de Mestrado.

RODRIGUES, Aryon Dall'Igna. *Línguas brasileiras*: para o conhecimento das línguas indígenas. São Paulo: Loyola, 1993.

RODRIGUES, Aryon Dall'Igna indígenas: 500 anos de descobertas e perdas. *D.E.L.T.A.*, v. 9, n.1, p. 83-103, 1993.

SCHADEN, Egon. *Aspectos Fundamentais da Cultura Guarani*. 3ª ed. São Paulo: EDU/EDUSP, 1974.

SILVA, André Luis Freitas da. *Reduções Jesuítico-Guarani*: espaço de diversidade étnica. Dourados, MS: UFGD, 2011. Dissertação de Mestrado.

SUSNIK, Branislava and Miguel Chase-Sardi. *Los índios del Paraguay*. Madrid: Editorial Mapfre, 1995.

A escravidão nos enclaves coloniais dos sertões do Reino de Angola: condição, qualidade e trabalho no século XVIII

Alexandre Bittencourt Leite Marques[1]

A historiografia sobre Angola cresceu muito nas últimas décadas, mas tem-se focado, principalmente, na questão do tráfico terrestre e atlântico de escravos. Até agora, ela pouco dedicou estudos a respeito do trabalho e da vida que os escravos africanos desempenhavam antes de partirem pelo oceano, como também do trabalho e da vida dos escravos que nunca chegaram a atravessar o Atlântico, tendo permanecido em solo de Angola.[2] Ciente disso, recentemente, o historiador Arlindo Caldeira (2014) sentiu a necessidade e debruçou-se em maiores estudos a respeito desses cativos que viveram e trabalharam na sociedade colonial de Luanda, capital de Angola. Contudo, se as análises da presença escrava na sociedade e no cotidiano de Luanda ainda são escassas, podemos dizer que maior ainda é a escassez em relação aos estudos sobre os enclaves coloniais inseridos nos sertões de Angola.[3] Nesse sentido, este artigo tem

1 Doutor em História pela Universidade de Évora. Professor efetivo de História da Secretaria de Educação do Estado de Pernambuco (SEDUC-PE)

2 Algumas exceções são os trabalhos de Aida Freudenthal (1999) e Beatrix Heintze (2007).

3 Uma das exceções vem sendo as investigações desenvolvidas pelo historiador Roberto Guedes, que se tem dedicado à questão das condições e da qualidade de escravos e forros que faziam parte das escravarias de

por objetivo analisar a presença escrava em alguns dos enclaves coloniais dos sertões de Angola, enfatizando suas condições e qualidades desses escravos, assim como o trabalho que realizavam nessas localidades.

Atualmente, Angola tem um território bem maior do que tinha no século XVIII. Contudo, em nosso recorte temporal estudado, o Reino de Angola configurava-se como uma estreita e indefinida zona de dominação direta portuguesa,[4] abrangendo tendo a cidade de Luanda situada na costa marítima, além de outros núcleos coloniais erigidos em lugares do interior do território, os sertões. Além de Angola, há Benguela, estado independente administrativo, judicial e financeiro desde 1615, mas, a partir de 1779, teve seu governo subalternizado ao de Angola.[5] Sendo assim, a respeito de toda essa região de dominação portuguesa, em um documento do ano de 1785, intitulado "Carta geográfica," descreve-se que Angola e Benguela tinham como limites do rio Zaire para o sul, passando pelo rio Quanza, até a baía de Benguela.[6] Em relação aos sertões de Angola, ou seja, "o

---

alguns presídios dos sertões de Angola. Ver Guedes (2012), Guedes e Pontes (2013).

4 O termo "Reino de Angola" era utilizado pelas autoridades coloniais na documentação do conselho ultramarino para se referir a essa determinada região na África sob o domínio português. Sobre o uso do termo "Reino de Angola", ver Fragoso e Monteiro (2017, p. 15), e Menz e Lopes (2018, p. 11).

5 Sobre a independência administrativa, judicial e financeira de Benguela em relação a Angola, a partir de 1615, e a posterior subordinação de seu governo ao de Angola em 1779, ver Venâncio (1996, p. 28).

6 A referida carta foi elaborada com o objetivo de corrigir confusões geradas por geógrafos "mal instruídos" a respeito de "parte da África que principia no cabo de Lopo Gonçalves, e vai correndo ao Sul, além da nova Colonia de Bengala [Benguela]". Segundo consta no documento,

interior das terras a muita distância", "a terra adentro", nosso enfoque recaiu nos seguintes enclaves coloniais ali situados: Icolo, Muxima e Pedras (este último, Freguesia de Nossa Senhora do Rosário e Santo Antonio).[7]

A respeito do termo sertão (plural sertões), apropriamos-nos dos significados encontrados nos dicionários de época, por exemplo, o de Raphael Bluteau (1728) e Antonio de Moraes Silva (1789). Em Bluteau (1712-1728, v. 7, p. 613), o termo é conceituado da seguinte forma: "região, apartada do mar, e por todas as partes, metida entre terras. 'Mediterranea Regio'". Em Moraes Silva (1813, p. 693), lemos: "o interior, o coração das terras, opõe-se ao marítimo, e costa. O sertão toma-se por mato longe da costa." Dessa forma, os núcleos coloniais do nosso re-

---

sobre a supracitada parte da África, havia "denominações impróprias e indefinidas de Guiné, Congo, Angola, Benguela. Confusão que é necessário tirar para não confundir as convenções que sobre estas regiões se oferecem". Mais detalhes da Carta Geográfica e os limites de Angola e outras regiões, estão disponíveis em AHU (Arquivo Histórico Ultramatino, doravante AHU)-Angola, cx. 70, doc. 01.

7 Apesar da supracitada descrição da Carta Geográfica de 1785, estamos cientes da dificuldade em demarcar o território de Angola sob o domínio dos portugueses, já que o avanço não se deu uniformemente em linha reta, mas sim de forma salteada. Além disso, nem sempre os portugueses detinham realmente o domínio de determinadas localidades. Por exemplo, em meados do século XVII, o missionário italiano Cavazzi de Montecuccolo já dizia que o Reino de Angola, ou Dongo, "fica um tanto limitado, sob o poder dos portugueses, porque muitas províncias gozam da isenção de qualquer imposto, reconhecendo a soberania deles só nalgumas circunstâncias e em caso de guerra. Em qualquer outro assunto, ficam dependentes dos seus sobas. As províncias, portanto, que se reconhecem a inteira soberania dos portugueses são as seguintes: Dande, Musseque, Bengo, as duas Ilambas, Ari, Ambaca, Benguela, Chela, Cabesso, Libolo, Haco", sendo Ambaca a última província desse reino (CAVAZZI DE MONTECÚCCOLO, 1965, v.1, p. 33-34).

corte geográfico inserem-se justamente nesse sentido do termo sertão, já que se localizavam no interior do território de Angola.[8]

Na chegada dos portugueses à África Centro-Ocidental, no fim do século XV, onde hoje é considerado o território de Angola e Congo, havia alguns povos bantos: os mbundo, ovimbundo e kongo. Cada um desses povos se dividia em vários grupos de dialetos e culturas distintas que se influenciavam uns aos outros. Apesar das falas aparentadas desses povos, havia certas diferenças entre elas: os primeiros falavam o idioma kimbundu, os segundos o umbundu e o terceiro o kikongo. Esses são os principais povos e seus idiomas com que os portugueses irão travar guerras, paz, realizar negociações, conquista e escravidão ao longo dos séculos a depender da conjuntura de cada momento.[9]

Antes de entrarmos na escravidão em Angola colonial, é necessário ter ideia de que o trabalho escravo já existia muito antes da chegada dos europeus naquele território. Uma vez estabelecidos na África Centro-Ocidental, onde Angola está inserida, alguns cronistas europeus procuraram descrever as carac-

8 Contudo, é importante frisar que o termo sertão nem sempre foi utilizado dessa forma na documentação coeva elaborada entre os séculos XVI e XIX, afinal, em certos momentos, observamos que o termo também foi usado para designar partes da costa marítima do Brasil e África, dando um sentido mais para imensidões de terras, para o selvagem, do que propriamente para o interior das terras. Sobre o uso da palavra sertão para designar a imensa extensão da costa marítima, ver exemplos em Koster (1816), Jaboatão (1858) e Brásio (1618?). Nas últimas décadas, a origem da palavra sertão, bem como seus variados sentidos, rendem imbricadas discussões na Academia. Algumas análises podem ser vistas em Amado (1995), Neves (2012), Moraes (2012) e Teles (2009).

9 Sobre os bantos e os povos ambundu, ovimbundu e kongo, ver Joseph Miller (1995), Alberto da Costa e Silva (1996), John Thornton (2004) e Robert W. Slenes (2018).

terísticas da escravidão realizada pelas sociedades africanas ali existentes, coisa nem sempre fácil. Nesse sentido, é necessário ter prudência quanto à classificação e descrição de escravos nas sociedades africanas da África Centro-Ocidental, pois, ao que parece, ela podia variar de acordo com o olhar de cada estrangeiro que chegava por aquelas terras.[10]

Apesar da existência da escravidão interna na África feita pelos próprios africanos, foi com a chegada dos europeus que o comércio de escravos aumentou drasticamente. Segundo Roquinaldo Ferreira, nenhum dos fluxos migratórios internos e externos que conectaram as diversas regiões da África entre si, como também o próprio continente com o Oriente Médio, Mediterrâneo e Índico, "teve um custo humano tão alto quanto o tráfico atlântico, que vitimou cerca de 12 milhões de pessoas entre os séculos XVI e XIX, e disseminou violência e escravização no continente africano". (FERREIRA, 2018, p. 51). No processo da chegada dos europeus à África, algumas regiões logo estabeleceram relações comerciais de escravos em troca de produtos; já outras, viram-se forçadas a vender escravizados aos negociantes da Europa. (FERREIRA, 2018).

De acordo com Elikia M'Bokolo, o tráfico entre africanos era anterior ao tráfico atlântico instituído pelos europeus. De início, a participação europeia foi menor e indireta, e se fez por intermédio dos seus vizinhos muçulmanos. Posteriormente, a partir do século XIV, os europeus, principalmente os ibéricos, esforçaram-se por abrir vias diretas com a África Atlântica.

10 Divergências dos tipos de escravos nas sociedades africanas da África Centro-Ocidental, especialmente em Angola, podem ser percebidas ao comparar os relatos elaborados pelos cronistas João António Cavazzi de Montecúccolo (1965) e António Cadornega (1942) no século XVII.

Primeiramente, com raptos violentos de negros efetuados na costa, depois por meio de comércio com as classes dirigentes de alguns africanos. Aos poucos, o tráfico atlântico organiza-se como um autêntico sistema orquestrado pelos estados europeus. (M'BOKOLO, 2012).

Em algumas partes da África, os europeus ficaram restritos à captura e/ou ao comércio de escravos no litoral. Porém, em outras partes, houve o adentramento no interior continental em busca de escravos. Segundo Roquinaldo Ferreira (2018, p. 54), a "África Central foi a única região onde os europeus conseguiram se embrenhar de forma sistemática pelo interior, estabelecendo bases comerciais que facilitaram o comércio interno de cativos". David Birmingham já havia chamado a atenção para isso. Segundo Birmingham (1974), na África, Portugal começou como outros países europeus por não entrar no interior e se limitar à compra de escravos fornecidos pelas guerras entre os reinos africanos. Contudo, especificamente em Angola, posteriormente os portugueses desencadearam as próprias campanhas de aquisição de escravos. Ainda de acordo com Birmingham, em Angola, a força militar portuguesa foi usada para capturar escravos diretamente e também para forçar os fornecedores africanos a vendê-los aos preços ditados. John Thornton (2004, p. 173-174) diz: "com certeza, as exportações iniciais de escravos de Angola relacionavam-se às operações do exército português."

De acordo com Robert Slenes (2018), no processo do tráfico atlântico após a chegada dos portugueses, a historiografia identificou que muitos escravos foram capturados e transportados da África profunda, região essa que não fazia parte do controle português, como o Reino de Lunda, mais a leste de Angola. Em razão disso, até então, pensava-se que a fronteira do escravismo adentrava cada vez mais até chegar ao centro do continente. Contudo, estudos recentes comprovaram que os escravos, na grande maioria, continuavam sendo retirados das áreas da costa e dos núcleos coloniais inseridos nos sertões mais ou menos próximas a Luanda, principalmente entre os anos 1750 e 1850. Por exemplo, estima-se que a maior parte dos cativos traficados da África Centro-Ocidental (72%) falava dialetos kikongo, kimbundo ou umbundo até depois de 1830. Nesse caso, ainda em áreas de domínio e de influência portuguesa. (SLENES, 2018).

Ao analisar a escravidão em Luanda do século XVII, Arlindo Caldeira (2014, p. 26) chama a atenção para o fato de que,

> entre a multidão dos escravos negros, havia não só diferenças de ocupações mas de estatuto. A distinção fundamental a fazer (e que alguma historiografia nem sempre sublinha com o devido realce) é entre "escravos residentes" e os escravos em trânsito ou, na terminologia da época, "escravos do sertão" ou "escravos das armações".

Segundo Caldeira, estes últimos desciam pelas rotas terrestres acorrentados, em fila, e não eram falantes de kimbundu, pois provinham de regiões mais longínquas do interior; diferentemente dos "escravos residentes", estes falantes do kimbundu, e instalados em Luanda. Esses "residentes" estavam longe de formar um grupo homogêneo, sendo divididos em vários subgrupos, conforme observado na documentação coeva: a) escravos casados ou soltos; b) escravos dos arimos (das fazendas); c) escravos "de portas adentro" (domésticos); d) escravos pombeiros (participantes na condução dos escravos descidos do sertão para o Atlântico); e) escravos de guerra. (CALDEIRA, 2004).

No entanto, embora Caldeira foque especificamente nos "escravos residentes" em Luanda e arredores, certamente também havia "escravos residentes" nos enclaves coloniais dos sertões como Muxima, Icolo Massangano, Pedras (Freguesia de Nossa Senhora do Rosário e Santo Antonio), Cambambe, entre outros, não só durante o século XVII, mas também no XVIII. Salientamos, também, que todos esses "residentes" poderiam estar sujeitos a serem enviados para o tráfico atlântico, caso fosse do interesse dos seus senhores, como veremos mais adiante.

Apesar de os escravos terem como destino principal o Atlântico, a escravidão interna em Angola também era marcante. Na segunda metade do século XVIII, o cronista militar Elias Alexandre Corrêa dizia que o negro era o principal artigo do comércio exportado em Angola. Porém, segundo Corrêa (1937, p. 125), esses escravos também ocupavam um "não mediocre lugar, nos negocios domesticos". Em outras palavras, o comércio de escravos para uso dentro da própria colônia de Angola também tinha sua importância. Pelo que o cronista dá a entender, a prioridade era o comércio de exportação; contudo, sobre o resto dos escravos que não conseguiam ser vendidos para as remessas do tráfico atlântico, afirmava: "se espalha pelos moradores que não perdem a venda se a conveniência os convida". (CORRÊA, 1937, p. 126). Ou seja, eram vendidos internamente.

De fato, os escravos tinham um importante papel na sociedade colonial em Angola, não só em termos de comércio exportador, também para o comércio interno. Contudo, é preciso também pensar no escravo não somente na componente econômica, mas também como elemento que servia de base para a organização social da colônia. Privados de sua liberdade, esses homens, mulheres e crianças eram utilizados por seus senhores nas mais variadas atividades: agricultura, criação de animais, mineração, pesca, comércio, guerras, trabalhos domésticos, entre outras coisas.

Em Angola, a escravaria pertencente aos mais diversos moradores estava situada nos principais núcleos coloniais do litoral ou do interior. Em volta desses núcleos, havia propriedades rurais, chamadas de arimos, que abasteciam os povoados e vilas com seus diversos produtos agrícolas e de origem animal.[11] Por exemplo, em um documento que trata sobre a rematação dos Contratos dos Dízimos dos presídios (fortalezas) de Ambaca, Massangano, Cambambe, Muxima, entre outros, é possível perceber alguns produtos cultivados, extraídos e criados por brancos e pretos livres nos arimos dessas localidades dos sertões de Angola: frutos, gado, criações, pesca, farinha, ferro, entre outros.[12]

Nos mencionados lugares, militares, comerciantes, ajudantes, religiosos, viúvas, órfãos faziam uso do trabalho escravo em casa e na propriedade rural. A composição desses moradores e de suas escravaturas não era homogênea tanto na origem quanto nas funções que desempenhavam e na forma como estavam inseridos nas sociedades daqueles sertões de Angola. Exemplos

---

11 Segundo Aida Freudenthal, os arimos se configuravam como propriedades de terra geralmente concentradas junto dos rios Quanza, Bengo e Dande, em lugares não muito distantes dos núcleos coloniais do interior e do litoral. O termo "arimo", no século XVIII, "significava campo cultivado, plantação, lavra, horta, ou quinta de dimensões muito variáveis". Durante o século XIX, o significado manteve-se idêntico: terras que produziam alimentos básicos – "a mandioca, o feijão e o milho, como legumes, frutas e dendém, além da criação de animais domésticos" (FREUDENTHAL, 1989, p. 90).

12 Sobre os produtos em Angola ver: AHTC (Arquivo Histórico do Tribunal de Contas, doravante AHTC) - Cod. 4254. Livro de Registro das Condições dos Contratos Reais da Repartição da África Ocidental, Maranhão e Baía, 1753 a 1804. Fls. 41 a 62.

dessa composição podem ser vistos no documento intitulado "Notícia das igrejas do bispado de Angola e relação das gentes que tem cada freguesia, ano 1704."[13]

Cabia aos escravos a maior parte dos trabalhos realizados nos arimos. No século XVIII, alguns dos maiores arimos chegavam a abrigar 200 escravos. Os donos exploravam diretamente, ou por intermédio de feitores brancos ou negros, todo esse contingente. Além de homens de negócios, boa parte desses proprietários de escravos desempenhava funções militares ou burocráticas na sociedade colonial. Esses donos dos arimos geralmente adquiriam seus escravos por meio do tráfico interno que ocorria no território de Angola. Dessa forma, os fazendeiros procuravam abastecer-se de escravos oriundos de outras regiões, pois estes não estariam acostumados com as novas localidades, dificultando assim as tentativas de fuga. (FREUDENTHAL, 1989).

Em relação às características da escravaria de muitos dos moradores dos sertões de Angola, como dissemos anteriormente, podemos vislumbrar alguns detalhes sobre isso nas relações e nos mapas de habitantes elaborados ao longo do século XVIII. Por exemplo, em 1704, depois de pedidos feitos pelo bispo de Angola, dom Luiz Simões Brandão, os padres da colônia elaboraram relações com a descrição dos habitantes das jurisdições das respectivas freguesias.[14]

13 BPE (Biblioteca Pública de Évora, doravante BPE). Cod. CXVI/ 2-15 n.º 16. Notícia das Igrejas do Bispado de Angola e relação das gentes que tem cada Freguesia, ano 1704.

14 Esse conjunto de relações foi intitulado "Notícia das igrejas do bispado de Angola e relação das gentes que tem cada freguesia, ano 1704", conforme acima referido. BPE. Cod. CXVI/ 2-15 n.º 16.

Dentre essas gentes, além do grupo dos moradores, havia os grupos dos sobas e seus filhos, dos forros e dos escravos.[15] Desde já, nota-se o interesse de Portugal em realizar esforços para compilar informações a respeito de suas áreas coloniais, incluindo aí aquelas inseridas nos sertões de Angola. As relações que compõem o documento "Notícia das igrejas do bispado de Angola..." não têm o mesmo padrão, isto é, não foram feitas por um mesmo modelo.[16] Décadas mais tarde, já com as diretrizes

15 Naquele período havia uso restrito para o termo "morador". De início, o referido termo era aplicado a uma população "europeia" estabelecida em Angola. Essas pessoas, "além de desempenharem frequentemente cargos públicos remunerados, participavam no tráfico de escravos e eram, também eles, os principais proprietários de terras nos vales férteis dos rios Dande e Bengo". Contudo, "durante o século XVII, Luanda tinha, ainda assim, uma população 'europeia' muito reduzida, o que obrigou o município a alargar os critérios de definição de 'morador'." Incluindo, talvez, luso-africanos. Ao lado dos "moradores" havia também a "gente de guerra". "Alguns militares no fim de carreira, sobretudo os mais graduados, entretanto casados (muitas vezes com africanas), fixavam-se na capital e ganhavam o estatuto de moradores. Parte deles vinham a ocupar também, como proprietários ou em serventia, os poucos cargos da administração pública disponíveis na Fazenda ou na Justiça". (Caldeira, 2014, p. 17-18, 20).

16 O citado documento é formado por um número total de 11 "Relações". Cada "Relação" corresponde a uma ou mais paróquias e/ou freguesias existentes no litoral e sertões de Angola. São elas: 1) Relação feita pelo padre Joseph Nunes Broa da Freguesia de São Bartolomeu da Tambá. 2) Relação feita pelo capelão Rodrigo de Araújo da Igreja de São João Batista de Talamatumbo. 3) Relação feita pelo padre Paschoal Carvalho a respeito do presídio de Muxima e da sua igreja de Nossa Senhora da Conceição. 4) Relação feita pelo padre Fernando Vieira de Lima da Igreja de São Joseph e dos moradores da Barra do Dande. 5) Relação feita por Leandro Roiz Torrezão das gentes do distrito todo de Icollo. 6) Relação feita pelo capelão e padre Sebastião de Vitória das gentes do Distrito das Pedras, Freguesia de Nossa Senhora do Rosário e Santo Antônio do Aire. 7) Relação feita pelo capelão padre António da

da administração pombalina, a partir da segunda metade do século XVIII, é que se ampliou a abrangência e uniformidade dessas informações. Com isso, mapas populacionais mais padronizados passaram a ser usados na contagem dessas pessoas em Angola a partir de 1750.[17] Depois dessa data, ao que parece, poucas variações ocorreram no formato de um documento para outro. Entretanto, se por um lado a uniformização das listas da segunda metade do século XVIII organizou melhor as informações sobre a classificação dos habitantes, por outro suprimiu alguns detalhes sobre esses indivíduos que, por vezes, apareciam nas relações elaboradas na primeira metade do referido século. Apesar de pequenos, escassos e aparentemente sem importância, esses tais detalhes revelam ricos aspectos do cotidiano da população, como o nome de escravos e forros, forros inseridos

Costa de Lima da Igreja da Nossa Senhora do Desterro em Golungo. 8) Relação feita pelo padre João Rebello da Igreja da Nossa Senhora da Conceição, do presídio e fortaleza de Caconda 9) Relação feita pelo padre Nicolau Varella da Igreja de São João Batista da Cazanga, Ilha da Cazanga na cidade de São Paulo de Assunção. 10) Relação dos Dembos. 11) Relação feita pelo reverendo padre Garcia da Victória, dos moradores, sobados da guarnição do presídio de Ambaca e mais pessoas que alguns anos se acha nele de assistência às suas necessidades. Ver: BPE. Cod. CXVI/ 2-15 n.º 16. "Notícia das Igrejas do Bispado de Angola e relação das gentes que tem cada Freguesia, ano 1704".

17 AHU-Angola, cx. 62, doc. 67. "Mappa de todos os moradores e habitantes deste Reino de Angola, e suas conquistas, tirado no fim do anno de 1778, em que entram todos os dembos, potentados, e Sovas Vassalos de Sua Majestade Fidelíssima." AHU-Angola, cx. 87, doc, 51-B. "Mappa das Pessoas Livres e Escravos [...] da Cidade de Sam Felippe de Benguela, no ano de 1797." AHU-Angola, cx. 64, doc. 63. "Relação dos habitantes desta cidade de São Paulo de Assunção do Reino de Angola no ano de 1781."

em rol de escravos, forros que tinham escravaria, estado civil de escravos, condição e qualidade.[18]

Desse modo, no documento "Notícia das igrejas do bispado de Angola..." de 1704, tomamos como exemplo três freguesias inseridas nos sertões de Angola: as de Muxima, Icolo e Pedras (Freguesia de Nossa Senhora do Rosário e Santo Antonio). Além dos moradores, as relações trazem em seu rol a presença de "escravos", "forros" e "forros filhos" de cada uma dessas localidades. Em termos desses três últimos, contabilizamos os números no Quadro 1:

18 Atualmente, alguns historiadores chamam a atenção para a importância de se analisar as condições e qualidades dos escravos e forros nas vastas áreas do Império Português. Eduardo França Paiva (2012), entre outros, discute as categorias de distinção e grupos sociais no universo ibero-americano. Na documentação colonial, está presente o uso dos termos "condição" e "qualidade". Segundo Paiva, nas sociedades escravistas e profundamente mescladas, biológica e culturalmente, "qualidades" identificavam, distinguiam e hierarquizavam indivíduos e grupos. Podemos dizer que condição e qualidade também estavam presentes na documentação colonial da sociedade luso-africana. De acordo com Roberto Guedes (2012), a partir de meados do século XVIII, a condição jurídica (livre, liberto/forro e escravo), qualidades e seu registro foram cada vez mais influenciados pela escravidão e pelos comércios africano e atlântico de cativos. Segundo Guedes, assim como na América portuguesa, qualidades também eram encontradas nos enclaves portugueses em Luanda e Benguela. Assim como Paiva se refere ao mundo ibero-americano, Guedes diz para a África Centro-Ocidental: qualidades hierarquizavam e classificavam indivíduos. Sobre condição e qualidade no Brasil e em Angola, ver: Ivo, Paiva e Amantino (2016); Paiva (2012); Paiva, Chaves e Pérez Garcia (2016).

Quadro 1 - População de escravos, forros e forros filhos em três freguesias dos sertões de Angola

Localidade	Escravos	%	Forros	%	Forros Filhos	%	TOTAL	%
Muxima	839	43,07	374	19,20	735	37,73	1.948	100
Icollo	1.738	81,60	345	16,20	47	2,20	2.130	100
Pedras[19]	+ de 106	6,53	+ de 19	1,17	+ de 1.500	92,30	+ de 1.625	100
TOTAL	+2.683		+738		+ de 2.282		+ de 5.703	

Fonte: Biblioteca Pública de Évora (BPE). Cod. CXVI/ 2-15 n.º 16. *Notícia das Igrejas do Bispado de Angola e relação das gentes que tem cada Freguesia, ano 1704.*

Nessas três freguesias dos sertões de Angola havia mais de 2.683 escravos, forros 738 e forros filhos 2.282.[20] Contudo, ao falarmos de "forros", é necessário termos prudência, pois esse termo tinha alguns significados diferentes daquele que era utilizado comumente no Brasil. De acordo com Arlindo Caldeira, do ponto de vista do estatuto social do século XVII, em Angola, entende-se "por forros não só os 'alforriados' (escravos libertados por decisão do proprietário) como os africanos livres (por vezes designados por 'forros de nascença')". (CALDEIRA, 2014, p. 25). Assim, na documentação coeva, muitas vezes, é difícil

19 O número de indivíduos no presídio das Pedras é bem maior do que consta no quadro acima. Nem sempre o padre que elaborou a Relação das Pedras quantificou exatamente os escravos, forros, filhos forros. Por vezes ele só citava a existência dessas pessoas de forma vaga. Sendo assim, aquilo que somamos foi a partir de alguns dos números que ele quantificou.

20 Pela falta de uniformidade entre as relações que compõem o documento, tivemos grande dificuldade não só em contabilizar, mas também em identificar e classificar determinadas pessoas aos respectivos grupos sociais. Portanto, é necessário ter imensa cautela com os números que extraímos acima.

sabermos se o vocábulo está a se referir sobre escravos libertados por decisão do proprietário, ou se está a se referir aos forros de nascença, isto é, que nunca tiveram a mácula da escravidão. Nesse sentido, a melhor forma de tentar aproximar-nos sobre quem era quem entre os forros ocorre na análise de pequenos vestígios, principalmente no contexto em que essas pessoas aparecem postas na documentação.

Por exemplo, na relação das gentes de Muxima, dos 374 forros, apareceram como pertencentes ao "rol de escravos" de determinados proprietários 333 deles, o que pode sugerir que se tratava de ex-escravos, ou seja, alforriados que continuavam com algum tipo de vínculo com seu antigo proprietário. Já outros 41 forros, apareceram em rol próprio, ou seja, não fizeram parte do rol de escravos de proprietários, o que pode sugerir que fossem os tais "forros de nascença"; em outras palavras, que nunca foram escravos. Em outros róis da referida freguesia, apareceram 735 indivíduos descritos como "forros filhos" dos sobas, dos quimbares, dos fumos, entre outros.[21] Nesse caso, esses "forros filhos" tratava-se de pessoas livres, súditos de chefes

21 Sobre o significado desses termos, no dicionário de Frei Bernardo de Cannecatim, de 1804, tem-se o seguinte: "sova" = "fidalgo"; "quimbar" = "feitor de fazenda". (CANNECATTIM, 1804. p. 412, 416). Já no dicionário de Antonio Assis Júnior consta: "Soba: Nome genérico de representante da autoridade gentílica em determinada região". "Quimbares" (kimbaris), Feitor; mordomo, caseiro; empregado rural. "Fumu": "amo, senho; dono da casa ou da terra (com relação aos criados ou súbditos) Fidalgo; soba (no Congo"). (ASSIS JUNIOR, 1941. p. 129, 37 e 357). Por sua vez, Selma Pantoja e Ainda Freudenthal identificaram na obra do militar e cronista Antonio Cadornega, que viveu em Angola durante o século XVII, que kimbari/quimbar "são forros e servem nas guerras"; "são lavradores que do que recolhem de suas searas pagam o dízimo, como fazem também todos os sobas [...]". (FREUDENTHAL e PANTOJA, 2013, p. 35).

africanos, que não nasceram escravos nem nunca foram escravizados até então.[22]

Este esquema propicia perceber exemplo de como os 333 forros estavam inseridos no rol de escravos de alguns dos moradores de Muxima:

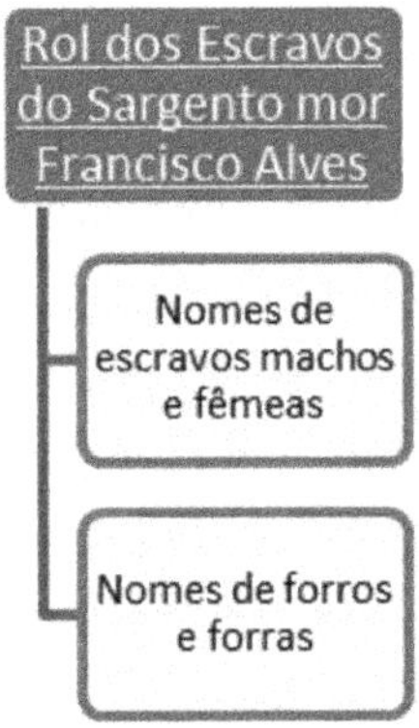

Fonte: BPE. Cod. CXVI/ 2-15 n.º 16. *Notícia... ano 1704.*

Dessa forma, em Muxima, o rol de escravos de alguns moradores era composto por escravos e forros. O exemplo acima se sucede sobre outros róis de escravos de moradores de Muxima. Possivelmente, era o mesmo em relação às outras localidades inseridas nos sertões de Angola; porém, a forma menos detalhada

22 Sobre "forros filhos", de acordo com as investigações da historiadora Flávia Carvalho, o termo "forro" em Angola era amplamente utilizado para definir a população local dispersa nos sobados. Essas pessoas chegavam a ser centenas ou milhares de indivíduos. Já em relação ao uso do conceito de "filho", este não está vinculado somente a parentesco sanguíneo, mas sim a pessoas que viviam sob a autoridade de um mesmo chefe, que lhe prestavam obediência e fidelidade. (CARVALHO, 2013, p. 234-235). Essas definições identificadas por Carvalho parecem encontrar consonância com aquilo que observamos no documento "Notícia... ano 1704".

como as demais relações foram elaboradas não nos permitiu obter esse mesmo tipo de indício.[23] Esse tipo de formação de escravaria (escravos + forros) não é de se estranhar. Em alguns documentos elaborados ao longo do século XVIII, por exemplo, é possível perceber que escravos e muitos forros faziam parte das escravaturas dos moradores em Angola. Roberto Guedes e Carolina Pontes, ao analisarem mapas populacionais de 1797, já haviam chamado a atenção para a ocorrência disso referente a finais do século XVIII no presídio de Caconda. Segundo eles, tanto escravos quanto forros apareceram nos documentos como integrantes da escravatura (GUEDES; PONTES, 2013). Nesse sentido, assim como Guedes e Pontes fizeram para Caconda, também consideramos os 333 forros do presídio de Muxima como integrantes da escravatura tal como aparecem no documento original.

Sendo esse o caso, em relação a Muxima, então podemos supor que muitos escravos ganhavam alforria ao longo dos anos, embora mantivessem uma espécie de vínculo com seu proprietário.[24] Há possibilidades de que parte desses forros fos-

23 Em Muxima, havia 235 pessoas distribuídas entre gente branca, soldados, viúvas, meninos, forros, forras, gente da igreja. Dessas 235, somente 39 possuíam em seus plantéis os 1.172 indivíduos (escravos e forros). Sendo assim, isso nos mostra que havia uma grande concentração de escravatura nas mãos de poucos moradores nessa freguesia dos sertões de Angola.

24 Ao analisarem os forros e escravos no presídio de Caconda em 1797, Guedes e Pontes também observaram que o alto número de forros como integrantes da escravatura dos moradores do citado presídio sugere uma intensa prática de alforria, mas também não descartam a possibilidade de variadas formas de dependência terem sido "traduzidas" como alforrias (GUEDES; PONTES, 2012, p. 168). Alguns historiadores vêm observando essa tendência de quantidades significativas de alforrias nas colônias que faziam parte do Império Português. O conjunto desses estudos demonstra a existência de uma alforria mas-

sem filhos dos senhores com as escravas, ou seja, os filhos do quintal/senzala libertados por seus pais/senhores.[25] Nesse caso, mesmo aparecendo dentro da escravaria dos senhores, os indivíduos forros tinham algo que os escravos não tinham: a liberdade. Porém, na prática, esses forros deveriam realizar para os senhores as mesmas atividades desempenhadas por escravos: atividades domésticas, agropastoris, comerciais, entre outros.[26]

---

siva na sociedade escravista do Antigo Regime. Segundo João Fragoso e Nuno Monteiro (2017, p. 24), a alforria sublinha o poder de alguns concederem a "dádiva" da vida/liberdade a outros. Essas alforrias massivas criaram o forro como segmento marcado por uma ascensão social, pois passavam a ser ex-cativos.

25 Segundo José Venâncio, em Angola, normalmente os homens (europeu, euroafricano ou africano com posse) mantinham relacionamento com mais de uma mulher (mestiça ou africana). "A segunda e terceira mulher eram geralmente escravas (mocambas) que faziam companhia à primeira mulher. Os filhos destas 'ilícitas' relações sexuais continuavam em casa do pai e tinham, em princípio, os mesmos direitos dos filhos legítimos." (VENÂNCIO, 1996, p. 53).

26 Exemplos do processo de concessão de alforrias para escravos podem ser vistos em alguns testamentos de moradores que morreram no território de Angola, ao longo do século XVIII e século XIX. Geralmente era concedida a liberdade a alguns escravos em razão de alguns fatores alegados pelos proprietários: bons serviços e amor a Deus estavam entre esses fatores. Por exemplo, em 1780, foi elaborado em Benguela o testamento de José de Souza. Ele negociava diversos tipos de fazendas sertão adentro. Em seu testamento, José de Souza declarou possuir vários escravos machos e fêmeas, e a muitos deles passou Carta de Alforria pelos bons serviços prestados por essas pessoas. ANTT (Arquivo Nacional da Torre do Tombo, doravante ANTT). Feitos Findos, Juízo da Índia e Mina, Justificações Ultramarinas, África, Mc. 21, n.º 12, cx. 38. PT/TT/JIM-JJU/001/0021/00012. Outros exemplos, inclusive com alforrias de filhos, podem ser vistos em: ANTT. Feitos Findos, Juízo da Índia e Mina, Justificações Ultramarinas, África, mç. 2, n.º 3, cx. 4. PT/TT/JIM-JJU/001/0002/00003; ANTT. Feitos Findos, Juízo da Índia e Mina, Justificações Ultramarinas, África, mç. 7, n.º 13, cx. 15. PT/

No que concerne à divisão por sexo na escravatura de Muxima, computamos que havia 191 forros, forras 142, escravos 375 e escravas 464. Aqui podemos inferir algumas coisas: o número de escravos de ambos os sexos era superior ao número de forros e forras; em termos de forros e forras, havia mais homens do que mulheres; em compensação, em termos de escravos e escravas, havia mais mulheres que homens.[27] Isso sugere que em Muxima as alforrias eram mais acessíveis aos homens do que às mulheres. Contudo, não podemos descartar que a menor presença de escravos do que de escravas pudesse também estar ligada à predileção em se extrair escravos homens para o tráfico em direção ao Brasil. Roberto Guedes e Caroline Pontes (2012), ao analisarem o presídio de Caconda para o fim do século XVIII, chegaram aos números de que na escravatura dessa localidade havia maioria feminina diante da masculina; ou seja, 2.055 escravas para 1.566 escravos. Portanto, a realidade de Caconda em 1797 assemelhava-se à realidade de Muxima em 1704, o que talvez possa indicar que, ao longo do século XVIII, havia mais escravas do que escravos nos sertões de Angola.

Na sociedade escravista do Antigo Regime, havia casos de forros ou descendentes de forros que adquiriram escravos para si. Na relação das gentes de Muxima, em 1704, um fato nos chamou a atenção: a existência de militares moradores, casados, cujos membros de suas escravarias eram parentes da própria esposa. Foi o caso, por exemplo, do alferes de nome Manuel da

TT/JIM-JJU/001/0007/00013; ANTT. Feitos Findos, Juízo da Índia e Mina, Justificações Ultramarinas, África, mç. 1, n.º 1-A, cx. 2. PT/TT-JIM-JJU/001/0001/00016; ANTT. Feitos Findos, Juízo da Índia e Mina, Justificações Ultramarinas, África, mç. 2, n.º 3A, cx. 4. PT/TT/JIM-JJU/001/002/00009.

27 BPE. Cod. CXVI/ 2-15 n.º 16. "Notícia... ano 1704".

Rosa Tavares, casado, proprietário de escravaria, em cujo plantel havia alguns escravos descritos como "parentes de sua consorte". Em outras palavras, o casal tinha escravos, dentre eles, Thomázia e Igrásia, que eram parentes da mulher de Manuel. Em razão disso, podemos suspeitar que, alçada à condição de consorte do alferes Manuel, a antiga escrava ascendeu socialmente e passou não somente a ser mulher de um proprietário de escravos, mas também se tornou senhora de escravos, alguns deles membros de sua família.[28] Casos de forros que tinham escravos também havia no Brasil, inclusive nos sertões de Pernambuco.[29]

Como pode ser observado acima, o documento "Notícia..." traz nomes de algumas pessoas, não só de proprietários, mas também de forros e escravos, principalmente as relações de Muxima e Pedras. De certa forma, a análise sobre esses nomes nos proporcionou alguns dados relativos à identidade e origem dessas pessoas, principalmente dos escravos e forros. Os padres que elaboraram algumas das listas das gentes das freguesias de Angola deixaram informes sobre o trabalho de batismo que eles e seus antecessores realizaram em alguns lugares dos sertões.

---

28 Sobre esses exemplos em Muxima ver: BPE. Cod. CXVI/ 2-15 n.º 16. *Notícia... ano 1704.*

29 Roberto Guedes, por exemplo, analisou um complexo caso envolvendo parentesco, escravidão e liberdade na capitania de São Paulo, Brasil. Segundo ele, a perpetuação da condição senhorial de uma família forra dependia da continuidade da escravidão de uma família escrava, e ambas as famílias (forra e escrava) tinham laços de parentesco uma com a outra. Sendo assim, esse caso é um dos exemplos que ocorriam em diferentes e distantes regiões do Império Português de pessoas forras que detinham a posse de parentes escravos (GUEDES, 2011). A respeito dos sertões de Pernambuco, recentemente analisamos fragmentos da trajetória de vida da liberta Lauriana Rodrigues, que recebeu de sua antiga senhora escravos para servi-la. (MARQUES, 2019).

Conforme pode ser visto, batizar habitantes (moradores e seus escravos e forros) que ficavam nas freguesias fazia parte do trabalho dos padres. Havia problema quando era para batizar os habitantes (geralmente os filhos forros dos sobas) avassalados que moravam nas áreas periféricas da jurisdição da freguesia, ou seja, a léguas de distância das paróquias. Era algo comum os religiosos dizerem que alguns dos filhos forros dos sobas nunca haviam sido batizados, enquanto outros, apesar de iniciados nos ritos católicos, voltavam a praticar o "gentilismo" ou a viver sob as "leis da natureza". Já os escravos e forros pertencentes às escravarias dos moradores (militares, religiosos, donas, entre outros) eram mais fáceis serem batizados, pois estavam mais próximos das paróquias. Uma vez batizados, esses indivíduos oficialmente portavam um nome cristão/português.

Em relação aos nomes de escravos e forros presentes nas relações que compõem o documento "Notícia...", aparecem configurados da seguinte forma: há aqueles que contêm somente um nome, sendo escrito em português. Exemplo: Antonio, Maria, Francisco e Joana. Já outros, são formados por um primeiro nome em português acompanhado de um segundo nome que pode ser em português ou no idioma kimbundu, por exemplo: Lourenço de Josepha, Anna de Antonio, Paulo Cambamba, Simão â Calunga, entre outros. Em contrapartida, não há no documento nenhum escravo/forro que tivesse o primeiro nome em kimbundu.

Dito isso, aqui analisamos alguns dos membros das escravarias que possuíam especificamente o primeiro nome em português atrelado a um segundo nome em português ou kimbundu. A presença de um segundo nome em kimbundu nas listas de habitantes nos mostra claramente uma mestiçagem cultural, em que um mesmo indivíduo possuía um primeiro nome em português seguido de um segundo em africano. Esses segundos nomes podem ajudar a compreender um pouco sobre a qualidade dos escravos, por exemplo, ofícios, cor da pele, lugares, regiões ou povos a que pertenciam. Contudo, cabe aqui uma ressalva, o fato de uma pessoa possuir um nome cujo significado seja igual ao nome de algum lugar, de uma etnia, ou ofício, não necessariamente significa que essa pessoa fosse originária desse lugar ou pertencesse a determinado povo ou realizasse determinado trabalho. Afinal, alguns desses nomes das listas podiam tratar-se simplesmente de nomes próprios.[30]

A presença do termo "parda"/"pardita" ao lado do nome de quatro escravas constantes na relação de Muxima sugere que se tratava da qualidade dessas mulheres.[31] Nesses casos, essas cativas seriam fruto do relacionamento de uma pessoa branca com uma pessoa negra.[32] Interessante notar que dentre dos 1.172 membros das escravaturas da freguesia de Muxima, somente essas quatro escravas foram descritas como pardas. Isso chama a atenção, pois a mestiçagem entre portugueses e africanos remonta desde os primórdios da colonização em Angola. Sendo assim, pode ser que uma explicação para essa baixa presença da descrição de pardos

30 Por exemplo: se nos basearmos em nossa sociedade atual, o fato de uma pessoa ter o nome de Maria Luiza Leite não significa que essa pessoa tenha obrigatoriamente algum tipo de vínculo com o alimento leite. Sendo assim, o nome Leite aqui está exercendo somente a função de nome próprio.

31 BPE. Cod. CXVI/ 2-15 nº 16. "Notícia...".

32 Nos dicionários de Raphael Bluteau e Moraes Silva, o termo "pardo" aparece como um sinônimo de mulato. BLUTEAU, 1712-1728, v. 6. p. 265; SILVA, 1813, v. 2, p. 398. Por sua vez, "mulato" significa Filha e filho de branco e negra, ou de negro e de mulher branca." BLUTEAU, 1712-1728, v. 5, p. 628. Ou, então: "Filho ou filha de homem preto com mulher branca, ou de mulher preta com homem branco, ou de mulato com branca até certo grau." (SILVA, 1813, v. 2, p. 327).

nas relações das gentes de Angola de 1704 fosse a pouca preocupação em designar a cor da tez dos escravos, pois, diferentemente da passagem para o século XIX, isso ainda não estava totalmente consolidado no início do século XVIII.

Por outro lado, um número maior de escravos parece ter tido suas qualidades associadas não à cor da pele, mas sim ao lugar de origem ou ao ofício que exerciam, entre outras coisas. Ao cruzarmos as relações do documento "Notícia..." com alguns dicionários português-kimbundu, percebemos que os segundos nomes dos escravos e forros pertencentes às escravaturas de Muxima e Pedras tinham mais de um sentido, podendo vir associados, ao mesmo tempo, a nome de animais, de plantas, de relevos, de constelação, de crenças, de costumes, de lugares, de práticas religiosas, de objetos, de ofícios.[33] Foi o caso, por exemplo, de um escravo chamado João de Samba, cujo termo kimbundu "samba" significa: "ente supremo, orar, rezar"

---

33 Em anos passados, historiadores realizaram trabalhos com dicionários para identificar nomes em kimbundu presentes em diversos tipos de documentos. No livro "Poder político e parentesco", Joseph Miller (1995) identificou e analisou o significado de alguns nomes em kimbundu nas tradições orais e nos mais diversos tipos de documentos. Aida Freudenthal e Selma Pantoja (2013) elaboraram um glossário kinbundo-português e um índice toponímico baseados no "Livro dos Baculamentos", produzido em 1630. Ao nos inspirarmos nesses historiadores, também resolvemos ir atrás de dicionários que nos pudessem dar pistas a respeito do significado dos nomes em kimbundu com os quais deparamos nas relações das freguesias de Muxima e Pedras, presentes no documento "Notícia..." Sendo assim, fizemos uso das obras de Bernardo Maria Cannecattin, publicada em 1804, José Pereira do Nascimento, publicada em 1907, e Assis Júnior, sem data, mas publicada na primeira metade do século XX (1941). Já que as relações de Muxima e Pedra foram escritas no início do século XVIII, compreendemos que alguns sentidos de determinadas palavras podem ter ou não sofrido modificações entre um século e outro. Entretanto, pela fal-

(NASCIMENTO, 1907, p. 42, 77, 93); "charneca", "savana"; "pessoa que vive na intimidade de alguém ou faz parte da sua família"; "doença que faz urinar sangue"; "divindade protectora dos caçadores"; "constelação do zodíaco: as três estrelas centrais da constelação de Órion"; "boldrié" [correia de couro] e "planta família das combretáceas". (ASSIS, 1941, p. 354). É interessante dizer que, em umbundu, o vocábulo "samba" significa: "bater as mãos, aplaudir, decapitar". (NASCIMENTO, 1894, p. 48). Sendo assim, não é difícil encontrar pessoas cujo nome pudesse significar, em simultâneo, um elemento da natureza, uma crença, um costume, um lugar ou um trabalho por exemplo.

Entretanto, por essa variedade de significados dos nomes, resolvemos nos concentrar mais naqueles que podiam estar associados a lugares de onde os membros das escravarias eram provenientes. Por exemplo, o nome "angola" referente a determinados indivíduos foi um dos que mais se configuraram nas relações de Muxima e Pedras. Para Joseph Miller (1995), "angola" originara-se aproximadamente nas regiões planálticas próximas das nascentes do rio Lukala, onde produziu mudanças na estrutura social dos Mbundu. Por sua vez, "samba" é um povo, um grupo étnico que manteve algum tipo de relacionamento com os Mbundu. O nome "samba" apareceu na área do alto Lukala até o século XIX. (MILLER, 1995, p. 65).

Sendo assim, nas relações das gentes de Muxima e Pedras, selecionamos os seguintes exemplos de escravos e forros: João de Samba, Domingos Angola, Manuel Aquipiri, Bastião Congo,

---

ta de fontes mais precisas sobre significados dessas palavras do século XVIII, consideramos que os tais dicionários português-kimbundo dos séculos XIX e XX podem ser úteis, no mínimo, para nos aproximar de alguns dos significados.

Maria Anganga, Simão â Calunga, Paschoal Cazanga, Antônia Búngu, Leonor Casinge, Manuel â Caculo, Magdanela Pambala, Manuel Cambullú, Simão Cabanga, Cristovão Dala, Maria Nhangue, Luzia quilombo. Ao cruzarmos esses nomes com alguns dos já referidos dicionários, identificamos os possíveis significados (Quadro 2):

Quadro 2 Significado de nomes

Nome	Significado
Samba	Samba: "charneca, savana; povoado próximo a Ambaca, Kwanza norte" (1)
Angola	Angola: "natural ou pertencente ás terras de 'Ngola (Angola)" (2)
Aquipiri	Possivelmente "Kipiri": "monte na margem esquerda do rio Dande" (3)
Congo	Kongo: "vasto território do antigo reino deste nome" (4); "da terra, potentado" (5); "Muchi-Congo: nação" (6)
Ânganga	Nganga: "lagoa de água salgada" (7); "salina; lugar à beira do mar onde se fabrica o sal" (8)
Calunga	Kalunga: "mar, potentado" (9); afluente da margem esquerda do rio Capororo, em Benguela (10); "mar, praia, coisa marinha" (11)
Cazanga	Kázanga: "porção de terra no meio de uma baía. Ilha ao Sul da cidade de Luanda, conhecida por S. João de Cazanga, freg. de S. João Batista, entre as terras de Mussulo e Cabolombo" (12)
Búngu	Mbúngu: povoado da Dambi, distr. do Congo, prov. de Luanda (13)
Casimge	[Possivelmente] Kasínga: lugar circunvizinho das Ganguelas, Huíla (14)
Caculo	Caculo: lugar da qual faz parte Cazengo, a margens do rio Lucala (15)
Pambala	Pambala: povoação em Moçâmedes (16)

Cambullú	"Kambulu": "lugar em Golungo Alto, circunvizinho de Cazengo, onde se supôs a existência de minas de ouro e ferro (17)
Cabanga	Kabanga: povoação em Ambaca, margem direita do rio Lucala, Quanza-Norte (18)
Dala	Possivelmente "Ndala": povoação circunvizinho de Saurimo, de Malanje (19)
Nhangue	"Nhange": povoação vizinha de Cambambe, margem do rio Quanza, no caminho que vai do Dondo para Pungo-Andongo (20)
Quilombo	Kilómbo sub. Conjunto de forças militares. ' Arraial \ \ Lugar de reunião ou sanzala de trabalhadores (21).

Fonte: Elaboração própria.
(1)-(4) Assis Junior, 1941, p. 354, 43, 137, 154; (5) Nascimento, 1907, p. 97; (6) Cannecattim, 1804, p. 528; (7) Nascimento, 1907, p. 61; (8) Assis Junior, 1941, p. 39; (9) Nascimento, 1907, p. 66, 84; (10) Assis Junior, 1941, p. 89; (11) Cannecattim, 1804, p. 507-508; (12) Assis Junior, 1941, p. 107; (13-14); Assis Junior, 1941, p. 27, 102; (15-16) Assis Junior, 1941, p. 97, 332; (17-18) Assis Junior, 1941, p. 91, 78; (19-20-21) Assis Junior, 1941, p. 29, 329, 127.

Caso realmente tenham sido derivados de lugares, esses nomes nos mostram a diversidade de espaços de onde esses escravos de Muxima e Pedras eram oriundos. Alguns deles vinham do litoral, das áreas de salinas, próximos ao mar. Já outros eram provenientes de savanas, de montes, das margens dos rios que corriam pelo interior do continente. Tudo isso pode sugerir a existência de trânsito interno de escravos de variadas localidades (Congo, Benguela, Ambaca, Luanda, entre outras) pelos sertões de Angola. Certamente essas localidades tanto forneciam quanto recebiam escravos do tráfico, o que configurava uma circulação desses indivíduos de diversas qualidades pelos espaços situados entre o litoral e o sertão de influência portuguesa. Afinal, os escravos existentes nas áreas de influência portuguesa não eram exclusivamente originados dos sertões mais distantes fora do jugo português.

Em Angola, os escravos exerciam variados ofícios nas propriedades de seus senhores. Havia os encarregados de trabalho doméstico, assim como existiam também os escravos voltados para os trabalhos agrícolas, para o comércio, entre os demais ofícios. Mais uma vez, tomando como exemplo alguns escravos de Muxima e Pedras, percebemos que alguns dos nomes em kimbundu poderiam sugerir algumas atividades/alguns ofícios realizados por eles.

Foi o caso, por exemplo, de Francisco Quimbundo (kimbundu). Esse segundo nome é dado à "língua dos naturais de Angola"; "esclarecer, língua de Angola". (NASCIMENTO, 1907, p. 43, 63). Levantamos a possibilidade de se tratar de um membro da escravaria que possuísse a função de realizar traduções entre o português e o kimbundu. Afinal, ter um escravo capaz de traduzir seria interessante para um colono recém-chegado de Portugal ou do Brasil que não dominava esse idioma africano; ou, então, seria de extrema valia para ensinar os escravos vindos das mais distantes regiões, que ainda não entendiam bem as ordens em português. Havia também um Francisco Gunza, possivelmente "ngunza", que significa "mensageiro", "mandado" (ASSIS JUNIOR, 1941, p. 47), ou seja, poderia ser uma pessoa encarregada de transmitir informações emanadas por seu dono. Em propriedades mais isoladas, esse tipo de escravo seria interessante para levar e trazer notícias emanadas dos principais núcleos coloniais.

Existia uma escrava de nome Igrasia Gumba, possivelmente "ngumba ou ngumbe", que significa "oleiro" (NASCIMENTO, 1907, 76); "que trabalha, que faz obras, pedreiro, operário que trabalha em barro ou argamassa". (ASSIS JUNIOR, 1941, p. 46). Caso essa seja realmente a função exercida por Igrasia Gumba, resta saber se seriam trabalhos em termos de produção de utilitários, como panelas e vasilhas de barro, ou se englobava também algo maior, por exemplo, construção de casas de taipa. Havia também uma escrava de nome Esperança Gombe, provavelmente "ngombe", associado a "boi" (NASCIMENTO, 1907, p. 16); "da família dos bovídeos destinado a carga e alimentação do homem", "conjunto de bois, vacas, bezerros" (ASSIS JUNIOR, 1941, p. 43, 73), ou seja, possivelmente alguém que tratava desses tipos de animal. Já em relação à agricultura, temos, por exemplo, um membro de uma escravaria de nome Antonia Camasa, cujo vocábulo "Kamása" corresponde a "do milho, ou a ele relativo", o que pode indicar trabalho específico nas plantações de milho nos arimos dos moradores. (ASSIS JUNIOR, 1941, p. 90). A presença desses três últimos nomes em kimbundu na escravaria de algumas localidades faz muito sentido, pois a olaria, a criação de gado e a plantação de milho eram atividades constantes nos arimos dos moradores nos enclaves dos sertões de Angola.

Por fim, havia também os escravos pertencentes ao capitão-mor Manuel Simões, casado e morador na cidade de Luanda. Embora não lhes tenham sido atribuído nomes, esses escravos foram descritos como vinculados à cidade e aos arimos, já outros andavam em negócios a mando desse capitão, espalhados pelo sertão da freguesia das Pedras. Consequentemente, uma parte dos escravos trabalhava na cidade, outra parte nas propriedades rurais, e outra parte pelos caminhos dos sertões a realizar negócios para seu dono. Esse e todos os outros breves exemplos vistos acima nos mostram as diversas atividades que os escravos poderiam desempenhar em Angola.

Por outro lado, muitos desses escravos residentes não necessariamente passavam toda a vida a trabalhar nas propriedades rurais e na residência dos moradores de Angola. Pelo fato de serem bens, e, como tais, passíveis de serem negociados, certamente havia casos de escravos que trabalhavam nos enclaves coloniais, que, em determinado momento de sua vida de escravidão, foram vendidos ou barganhados por seus senhores indo parar no tráfico transatlântico. Em outras palavras, esses escravos residentes poderiam ser vendidos para o tráfico atlântico, assim como eram vendidos os escravos em trânsito. Portanto, diferentemente desses últimos, capturados em distantes regiões de pouca ou nenhuma presença portuguesa, os residentes que trabalhavam para moradores da sociedade colonial de Angola já carregavam consigo algumas experiências da escravidão colonial em solo africano e, querendo ou não, levavam essas experiências para o outro lado do Atlântico ao serem embarcados nos navios negreiros.[34]

Além disso, não eram somente escravos inseridos na cultura luso-africana que podiam ser vendidos para o tráfico atlântico com escravos capturados nas áreas fora do domínio português em Angola. Havia casos também de indivíduos livres que habitavam as áreas de dominação portuguesa, no litoral e sertões próximos, e em determinados momentos foram ilegalmente reduzidos à escravidão. Segundo a historiadora Mariana Cândido (2006, 2013), em algumas épocas do século XVIII, diante da grande demanda por escravos, alguns habitantes livres dos núcleos coloniais, tanto do litoral quanto do interior, eram

34 Em meados do século XVII, por exemplo, o missionário italiano Cavazzi de Montecúccolo informava sobre escravos que serviam a portugueses estabelecidos na África Centro-Ocidental, mas em determinado momento, foram vendidos por seus senhores e remetidos para o circuito atlântico. (CAVAZZI DE MONTECÚCCOLO, 1965, p. 160).

reduzidos à condição de cativos e negociados como escravos. Em consequência, as fronteiras da escravização tornavam-se fluidas. Dessa forma, indivíduos livres que estavam em territórios sob a autoridade portuguesa, e em tese estariam protegidos do cativeiro, passaram a ser submetidos à escravidão e traficados internamente ou pelo Atlântico.

Em suma, conforme, analisado, a presença interna de escravos na sociedade colonial de Angola era marcante. No rol de escravos das freguesias de Muxima e Pedras (enclaves portugueses nos sertões angolanos), havia cativos das mais diversas qualidades compondo as escravaturas dos moradores desses dois lugares: eram os escravos angolas, congos, cabangas, cambulus, calungas, cazangas, pambalas, dalas, nhangues, entre outros, o que demonstra a existência de uma diversidade de qualidades de escravos pelo território daquela colônia. Esses homens e mulheres cativos trabalhavam compulsoriamente em solo africano nas atividades agrícolas, pecuárias, domésticas, comerciais, entre outras. Quando necessário, uma parte desses escravos poderia tomar outro destino. Eram os escravos que viviam nos núcleos coloniais em Angola e, por negócios de seus senhores, acabaram sendo vendidos para o tráfico atlântico. Estamos a falar não só de pessoas saídas de Luanda e Benguela, ambas situadas no litoral, mas também de enclaves no interior do continente, estabelecidos pelos portugueses ao longo dos séculos XVI, XVII e XVIII, como Muxima, Massangano, Icolo, Cambambe, Ambaca, Pedras, entre outros. Essas pessoas nasceram e/ou viveram determinado tempo em locais de Angola cuja mestiçagem das culturas entre portugueses, mbundos e ovimbundos já estava bastante consolidada há séculos. Todos eles deveriam falar tanto o português quanto o kimbundo e outros idiomas bantos.

Bibliografia

AMADO, Janaína. Região, sertão, nação. *Estudos Históricos*, Rio de Janeiro, v. 8, n. 15, p. 145-151, 1995.

ASSIS JUNIOR, Antonio de. *Dicionário kimbundu-português*: linguístico, botânico, histórico e corográfico. Luanda: Argente, Santos e Cia., 1941.

BIRMINGHAM, David. *A conquista portuguesa de Angola*. Tradução de Altino Ribeiro e Sérgio Moutinho. Porto: A Regra do Jogo, 1974.

BLUTEAU, Raphael. *Vocabulario portuguez & latino*: aulico, anatomico, architectonico... Coimbra: Collegio das Artes da Companhia de Jesus, 1712-1728.

BRÁSIO, António Duarte, Padre. Lembrança de João Roiz Roxo (1618?). *In*: BRÁSIO, António Duarte, Padre. *Monumenta missionaria africana*: África Ocidental, 1611-1621. Coligida e anotada pelo padre António Duarte Brásio. Lisboa: Agência Geral do Ultramar, 1955. v. 6, p. 344-350. Disponível em: MMA_completo_Vol_6.pdf. Acesso em: 11 out. 2018.

CADORNEGA, António de Oliveira. *História geral das guerras angolanas, 1681*. Anotado e corrigido por Manuel Alves da Cunha. [Lisboa]: Divisão de Publicações e Biblioteca/ Agência Geral das Colónias, 1942. t. 3.

CALDEIRA, Arlindo. Formação de uma cidade afro-atlântica: Luanda no século XVII. *Revista Tempo, Espaço, Linguagem*, v. 5, n. 3, p. 12-39, set./dez. 2014.

CÂNDIDO, Mariana. *Enslaving frontiers*: slavery, trade and identity in Benguela, 1780-1850. Orientador: Paul E Lovejoy. 2006. Thesis (Ph.D Doctorate in History) – York University, Toronto, 2006.

CÂNDIDO, Mariana Pinho. O limite tênue entre liberdade e escravidão em Benguela durante a era do comércio transatlântico. *Revista Afro-Ásia*, Salvador, n. 47, p. 239-268, 2013.

CANNECATTIM, Bernardo Maria de. *Diccionário da Língua Bunda, ou angolense explicada na portugueza e latina.* Lisboa: Impressão Régia, 1804.

CARVALHO, Flávia Maria de. *Os homens do rei em Angola*: sobas, governadores e capitães mores, séculos XVII e XVIII. Tese (Doutorado em História) – Instituto de Ciências Humanas e Filosofia, Universidade Federal Fluminense, Niterói, 2013.

CAVAZZI DE MONTECÚCCOLO, João António. *Descrição histórica dos três reinos do Congo, Matamba e Angola.* Lisboa: Junta de Investigações do Ultramar, 1965. v. 1.

CORRÊA, Elias Alexandre da Silva. *História de Angola.* Lisboa: Editorial Ática, 1937. (Colecção dos Clássicos da Expansão Portuguesa. Série E, Império Africano).

FERREIRA, Roquinaldo. África durante o comércio negreiro. *In:* SCHWARCZ, Lilia Moritz; GOMES, Flávio (org.). *Dicionário da escravidão e liberdade*: 50 textos críticos. São Paulo: Companhia das Letras, 2018.

FRAGOSO, João; MONTEIRO, Gonçalo Nuno (org.). *Um reino e suas repúblicas no Atlântico*: comunicações políticas entre Portugal e Brasil e Angola nos séculos XVII e XVIII. Rio de Janeiro: Civilização Brasileira, 2017.

FREUDENTHAL, Aida. *Arimos e fazendas*: a transição agrária em Angola 1850-1875. Dissertação (Mestrado em História Contemporânea) – Faculdade de Ciências Sociais e Humanas, Universidade Nova de Lisboa, Lisboa, 1989.

FREUDENTHAL, Aida. *A recusa da escravidão*: quilombos de Angola no século XIX. Luanda: Ministério da Educação e Cultura, 1999.

FREUDENTHAL, Aida; PANTOJA, Selma (org.). *Livro dos Baculamentos que os sobas deste reino de Angola pagam a Sua Majestade, 1630*. Luanda: Arquivo Nacional de Angola, D. L.; Lisboa: Publito, 2013.

GUEDES, Roberto. Parentesco, escravidão e liberdade: Porto Feliz, São Paulo, século XIX. *Revista Vária História*, Belo Horizonte, v. 27, n. 45, p. 233-263, jan./jun. 2011.

GUEDES, Roberto. Exóticas denominações: manipulações e dissimulações de qualidades de cor no reino de Angola na segunda metade do século XVIII. In: ALMEIDA, Suely Creuza Cordeiro de; SILVA, Gian Carlo de Melo; RIBEIRO, Marília de Azambuja. *Cultura e sociabilidades no Mundo Atlântico*. Recife: Ed. Universitária da UFPE, 2012. p. 369-398.

GUEDES, Roberto; PONTES, Caroline. *Notícias do presídio de Caconda, 1797: moradores, escravatura, tutores e órfãos*. In: PAIVA, Eduardo França; SANTOS, Vanicléia Silva (org.). África e Brasil no mundo moderno. São Paulo: Annablume; Belo Horizonte: Programa de Pós-Graduação em História, UFMG, 2013.

HEINTZE, Beatrix. *Angola nos séculos XVI e XVII*: estudos sobre fontes, métodos e história. Luanda: Organiazções Kilombelombe, 2007.

JABOATÃO, Antonio de Santa Maria. *Novo orbe serafico brasilico, ou, chronica dos frades menores da provincia do Brasil*. Rio de Janeiro: Tipografia Brasiliense de Maximiniano Gomes Ribeiro, 1858.

IVO, Isnara Pereira; PAIVA, Eduardo França; AMANTINO, Márcia. *Religiões e religiosidades, escravidão e mestiçagens*. São Paulo: Intermeios, 2016.

KOSTER, Henry. *Travels in Brazil*. London: Longman, Hurst, Rees, Orme and Brown, Paternoster-Row, 1816.

M'BOKOLO, Elikia. África Negra: história e civilizações até ao século XVIII. 2. ed. Lisboa: Edições Colibri, 2012. t. 1.

MARQUES, Alexandre B. L. Poder, família, escravidão: o intrincado caso da liberta Lauriana Rodrigues no sertão da Capitania de Pernambuco, América Portuguesa, em meados do século XVIII. In: ROCHA-CUNHA, Silvério da; MANSO, Maria de Deus. (Coord.). Poder e tempo mundial: conjecturas e eixos problemáticos. V. N. Famalicão: Edições Húmus, 2019

MENZ, Maximiliano M; LOPES, Gustavo Acioli. A população do Reino de Angola durante a era do tráfico de escravos: um exercício de estimativa e interpretação, c.1700-1850. *Revista de História*, São Paulo, n. 177, a08216, 2018. Disponível em: http://www.revistas.usp.br/revhistoria/article/view/122490/140178. Acesso em: 9 jan. 2019.

MILLER Joseph C. *Poder político e parentesco*: os antigos estados Mbundu em Angola. Luanda: Arquivo Histórico Nacional. Ministério da Cultura, 1995.

MORAES, Antonio Carlos Robert. O sertão: um "outro" geográfico. *Terra Brasilis,* Nova Série, n. 4-5, p. 1-8, 2012. Disponível em: http://terrabrasilis.revues.org/341. Acesso em: 26 mar. 2018.

NASCIMENTO, José Pereira. *Dicionário português-kimbundu.* Huilla: Typographia da Missão, 1907.

NEVES, Erivaldo Fagundes. Sertão recôndito, polissêmico e controvertido. *In*: KURY, Lorelai Brilhante (org.). *Sertões adentro*: viagens nas caatingas, séculos XVI a XIX. Rio de Janeiro: Andrea Jakobsson Estúdio, 2012.

PAIVA, Eduardo França. *Dar nome ao novo*: uma história lexical das Américas portuguesa e espanhola, entre os séculos XVI e XVIII: as dinâmicas de mestiçagem e o mundo do trabalho. Tese (Professor Titular em História do Brasil) –

Departamento de História, Universidade Federal de Minas Gerais, Belo Horizonte, 2012.

PAIVA, Eduardo França. Escravo e mestiço: do que estamos efetivamente falando? *In*: PAIVA, Eduardo França; CHAVES, Manuel F. Fernández; PÉREZ GARCÍA, Rafael M. (Org.). *De que estamos falando?*: antigos conceitos e modernos anacronismos: escravidão e mestiçagens. Rio de Janeiro: Garamond, 2016.

PAIVA, Eduardo França; CHAVES, Manuel F. Fernández; PÉREZ GARCIA, Rafael M. (org.). *De que estamos falando?*: antigos conceitos e modernos anacronismos: escravidão e mestiçagens. Rio de Janeiro: Garamond, 2016.

SILVA, Alberto da Costa e. A enxada e a lança: a África antes dos portugueses. 5. ed. Rio de Janeiro: Nova Fronteira, 2011.

SILVA, Antonio de Moraes. *Diccionario da lingua portugueza:* recompilado dos vocabularios impressos ate agora, e nesta segunda edição novamente emendado e muito acrescentado. *Lisboa: Typographia Lacerdina, 1813. v. 2.*

SLENES, Robert W. Africanos centrais. *In*: SCHWARCZ, Lilia Moritz; GOMES, Flávio (org.). *Dicionário da escravidão e liberdade*: 50 textos críticos. São Paulo: Companhia das Letras, 2018.

TELES, Gilberto Mendonça. O lu(g)ar dos sertões. *Verbo de Minas: Revista do Programa de Mestrado em Letras do Centro de Ensino Superior*, Juiz de Fora, v. 8, n. 16, p.71-108, jul./dez. 2009.

THORNTON, John Kelly. *A África e os africanos na formação do Mundo Atlântico, 1400-1800*. Rio de Janeiro: Elsevier, 2004.

VENÂNCIO, José Carlos. *A economia de Luanda e hinterland no século XVIII*: um estudo de sociologia histórica. Lisboa: Stampa, 1996.

O papel do Senado da Câmara na promoção das festas cívico-religiosas e no controle das sociabilidades negras no espaço urbano (Salvador, séculos XVIII-XIX)

Avanete Pereira Sousa[1]

A festa, em suas mais diferentes dimensões, tem sido apreendida pela historiografia como importante meio para se compreender comportamentos e atitudes coletivas e individuais, conflitos e identidades. Analisada em sua dinâmica e em diferentes perspectivas, é possível trazer à luz seus significados, suas estruturas formais, permanências e mudanças ao longo da história.

Vem de longe a relação entre os poderes estabelecidos e as sociabilidades festivas e culturais dos mais diferentes povos; não raro, patrocinadas por esses próprios poderes, conforme afirma Ana Teresa Marques Gonçalves (2008, p.29), referindo-se ao papel político e de consolidação dos instrumentos de mando das cerimônias e festas públicas da Roma antiga.

Esta relação também está presente na historiografia que se propõe a analisar o(s) lugar(es) das festas e ritos no Brasil colonial e o seu papel em um espaço geograficamente disper-

1 Professora da Universidade Estadual do Sudoeste da Bahia (UESB). Este artigo é fruto de pesquisas realizadas no âmbito do Projeto Resistance. Rebelião e resistência nos impérios ibéricos, séculos XVI-XIX. Sediado e liderado pela Universidade de Évora (Portugal). Abarca sete universidades em Portugal, Espanha e Alemanha, mais seis universidades em outros países (Chile, Argentina, Brasil, Cabo Verde, México e EUA).

so, economicamente instável e fluído do ponto de vista da sedimentação social. As festividades religiosas, cortejos, procissões, constituíram-se na mais importante atividade da vida coletiva. Garantidoras da participação e presença dos mais diferentes segmentos sociais nos espaços públicos atenderam a finalidades diversas: da teatralização da conquista portuguesa, a fim de transfigurar "simbolicamente a violência dos contatos em processos de tradução e interação cultural entre o Velho e o Novo Mundo", "à exaltação da Vitória", representada pelas "alegorias dos Triunfos Cristãos" das festas de *Corpus Christi.* No entanto, uma de suas ações mais contundentes consistiu na capacidade de fixar as "estruturas de poder local na América". Com efeito, senados de câmaras, bispados, ordens religiosas, misericórdias e irmandades impunham à população o exercício da festividade sacra (JANCKSO; KANTOR, 2001, p.10-11) e cobrava-lhe intensa participação:

> Inseridas na lógica da cultura política do Antigo regime, as pessoas recebiam, davam e retribuíam nas ocasiões festivas, pondo em circulação solidariedades, mercadorias, os costumes e as regras que orientavam a vida social.

De diversas e diferentes maneiras, "[...] a festa barroca luso-americana procurava impor uma ordem formal a um mundo aparentemente instável [...]". À precariedade do viver em colônia segue o enquadramento a um modelo europeu; resultando em "complexas formas de sociabilidade" que expressavam tanto "os limites da eficácia dos paradigmas metropolitanos" como a necessidade de fazer uso daqueles "paradigmas" como "recurso insubstituível para conferir consistência aos fundamentos ideológicos da colonização". (JANCSO; KANTOR, 2001, p.11). De fato,

> [...] a prática da etiqueta nas cerimônias e festas públicas suscitava a ilusão de ordenamento, de sedimentação social, numa sociedade em que as distâncias intra-estamentais ainda eram tênues e estavam por ser fixadas. Assim, os diferentes rituais da vida pública ajudavam a formalizar os poderes instituídos, num recurso de enraizamento da ordem jurídica metropolitana naquele meio socialmente diversificado. (KANTOR, 2001, p. 169).

Daí a apropriação dos rituais festivos pelos poderes locais, através de sua promoção e regulamentação. Como afirma Pedro Cardim (2001, p.97), referindo-se a Portugal e ao "mundo colonial brasileiro dos séculos XVI e XVII",

> [...] grande número de festividades demonstra bem que as autoridades estavam a interessar-se pelo impacto de tais eventos na luta política numa época em que a reputação e a representação simbólica do poderio desempenhavam papel de cada vez mais importância.

Com efeito, as festividades eram parte de um espetáculo político e de uma representação social que se encaixava perfeitamente aos propósitos dos poderes constituídos. Os gastos excessivos com a promoção de festas cívicas e religiosas, conforme aponta ampla historiografia sobre o tema, indicam a adoção de um "mosaico de atitudes culturais" que corroboravam o poder absoluto do Antigo Regime. (SANTIAGO, 2001, p.488).

A aculturação sócio-religiosa precisava estar envolta em práticas litúrgicas capazes de penetrar no cotidiano de forma coletiva e pública, fazendo aparentar uma espontaneidade celebrativa, mediante a adesão maciça da população aos atos de fé cristãos. Na sociedade portuguesa, traduziam-se na ritualização externa da religiosidade, na elevação do simbólico e do figurado, em detrimento do puramente espiritual, na preferência pelas manifestações coletivas, missas e procissões, em vez da crença solitária, interna e não manifesta. No dizer de Oliveira Marques (1981, p.170), resultaria em um "cristianismo de fachada", cuja principal característica seria a publicização da fé, rematada nas dezenas de missas diárias, celebradas por inúmeros padres e animadas por coros e bandas, e nos cortejos luxuosos eivados de ornamentos e alegorias. (REIS, 1992, p.49).

Extensivos aos territórios conquistados por Portugal, os rituais e as celebrações públicas ampliavam os marcos civilizatórios da colonização luso-americana, atuavam como instrumento de consolidação dos poderes instituídos e da ordem jurídica metropolitana em territórios coloniais ao tempo que, nos colonos, imprimiam o sentimento de pertencimento e inserção no universo imperial português. Ainda que assim o fosse, as cerimônias públicas não deixavam de retratar a preeminência da metrópole sobre a colônia, reforçando a naturalidade de tal domínio. (KANTOR, 2001, p. 170).

A festa era uma das formas do rei fazer-se representar em toda a extensão do seu império e às câmaras, na condição de institutos da administração local na América portuguesa, cabia o exercício de ações específicas para sua realização. (SANTIAGO, 2001, p. 489). Na realidade, o papel desempenhado pelo poder local camarário era bem mais amplo. As câmaras coloniais eram responsáveis pela organização e gerenciamento dos espaços urbanos. Das mais diferentes formas, deveriam estabelecer uma espécie de ordem político-administrativa capaz de manter, *a priori*, a principal função a elas destinada pelo poder metropolitano, o bom governo econômico das vilas e cidades, o que era feito através de Posturas, uma ampla legislação regulamentar que afirmava as diferenças locais e o direito das câmaras de elaborarem suas próprias leis. Previstas nas Ordenações do Reino, não emanavam diretamente do rei, mas eram por ele autorizadas e feitas em acordo com o regimento camarário. Nas posturas concentrava-se quase toda a legislação econômica referente à cidade e sua circunscrição territorial. Fazer este tipo de lei era uma das mais importantes prerrogativas das câmaras, visto incidir diretamente sobre questões fundamentais da vida das comunidades, indicando o grau de autonomia do direito local face ao direito geral do reino. (HESPANHA, 1994, p.448-492). Não podiam ser revogadas nem pelos Corregedores das comarcas, nem pelas Relações ou por qualquer outra autoridade régia e delas só cabia recurso diretamente à coroa. De lei geral e régia nos séculos XIII e XIV, as posturas tornaram-se sinônimo dos costumes e práticas de cada território e se integraram na hierarquia das disposições legislativas que regulamentavam as relações sociais, conferindo às municipalidades ingerências nos aspectos mais comezinhos vida cotidiana. (VIDIGAL, 1989, p.52-53). O que incluía, entre outras coisas, zelar pela difusão da fé católica entre a população das cidades e vilas do império e participar das festas e procissões religiosas, sendo, inclusive, obrigadas a realizar, por conta própria, algumas delas A desobediência ao disposto nas posturas era contravenção, quase crime.[2]

No que diz respeito especificamente à cidade de Salvador, "despertar no povo o fervor religioso" era não apenas competência do poder eclesiástico, mas, também, do poder local. Rezava o costume que nas festividades religiosas às quais a Câmara era

2 Fundação Calouste Gulbenkian. *Ordenações Filipinas.* Fac-simile da edição feita por Cândido Mendes de Almeida. Rio de Janeiro, 1870; Lisboa, 1985. L. I. T.66.

obrigada a realizar, o cabido (os membros do corpo da igreja, isto é, padres, bispos, cônegos etc.) fosse convidado, através de ofício, a ocupar lugar especial no templo. O mesmo valia em relação às comemorações da igreja, nas quais a municipalidade tinha lugar de destaque e as primeiras vênias ficavam a cargo dos vereadores. (RUY, 1953, p. 22-24, 166-167).

Pelo disposto nas Ordenações,[3] cabia às câmaras "fazer despesa", organizar e promover três procissões, denominadas reais ou d'el rei: a de Corpus Christi, a da Visitação de Nossa Senhora, em 2 de julho, e a do Anjo da Guarda, no 3º domingo de julho. Entretanto, com o tempo, o Senado da Câmara de Salvador passou a concorrer com a realização de muitas outras, instituídas para rememorar acontecimentos que marcaram profundamente a cidade, ou por tendência e costume no reino.

Já nas primeiras décadas do século XVII, além das datas a que era obrigada, por lei, a comemorar, a Câmara despendeu recursos para a realização de várias outras festividades: as de São Felipe e São Tiago, introduzidas em maio de 1625 para celebrar a libertação de Salvador do jugo dos holandeses; a de Santo Antônio, que passou a ocorrer depois da expulsão definitiva dos holandeses do nordeste; e, em 1686, a procissão em homenagem a São Francisco Xavier, eleito padroeiro da cidade, em cumprimento à promessa feita contra o "mal da bicha"(febre amarela). É que os atingidos pela epidemia, como lembrou Rocha Pita (1976, p.196-199), "desiludidos da ciência dos homens, voltaram-se para os céus, implorando a proteção" deste santo. Já as festas de reverência a São Sebastião e a São João Batista foram instituídas seguindo o exemplo das câmaras

3 *Idem. Ibidem.*

do reino.[4] No decorrer do século XVIII, a Câmara passou ainda a realizar procissões em homenagem a Nossa Senhora das Candeias, e a Santa Isabel.[5]

Assim, no final do Setecentos a Câmara de Salvador tinha sob sua incumbência os festejos de dez procissões; três delas pesavam muito aos cofres públicos pela pompa com que eram realizadas. Segundo Vilhena (1969, p. 75-77), a de Corpus Christi custava à Câmara mais de 642 mil réis; a de São Francisco Xavier saía em torno de 248 mil réis; e os gastos com a de Santo Antônio passavam de 234 mil réis. Ademais, a Câmara auxiliava, ainda, na realização de festejos religiosos cuja responsabilidade era da própria Igreja, como, por exemplo, a festa de Nossa Senhora das Graças, para a qual concorria sempre com "uma arroba de cera para a iluminação".[6] Em estudo sobre os gastos da câmara de Vila Rica com festas, Santiago (2001, p.491-492) faz alusão a como o Senado da Câmara passou do patrocínio exclusivo de apenas duas festividades religiosas, *Corpus Christi* e São Sebastião, para quatro; incluindo aí Santa Isabel e Anjo Custódio do Reino, a partir de 1749. Este exemplo é revelador do compromisso das câmaras coloniais com a promoção de instrumentos que, consoante a uma ação catequizante e pastoral, auxiliassem na gestão e acomodação das populações locais.

As procissões da Câmara eram suntuosas e obedeciam a um ritual, geralmente, exposto nas posturas, para que todo o povo dele tomasse conhecimento. Assim, exigia-se dos moradores por onde o cortejo devia transitar "que enfeitassem o peitoril

4 Arquivo Público Municipal de Salvador, doravante APMS. *Cartas do Senado,* 1638-73, v. 1; *Atas da Câmara,* 1669-1684, v. 5.

5 APMS. *Portarias,* 1710-1725, fls.3-8.

6 APMS. *Atas da Câmara, 1787-1801*, fl.14.

das janelas das casas com toalhas de rendas, vasos de flores e luminárias nas paredes", além da responsabilidade de varrer ruas e testadas; dos ofícios mecânicos embandeirados requeria-se o acompanhamento do desfile, com as respectivas bandeiras hasteadas.[7] Por vezes, o próprio rei dispunha acerca da forma como o Senado da Câmara devia organizar as procissões, relembrando um ou outro detalhe que deveria ser cumprido para que se preservasse o estilo, como a "permanência do estandarte sempre diante dos almotacés, cobrindo todo o corpo da nobreza" e o cumprimento da hierarquia clero, nobreza e povo, indicando que a ordem econômico-social devia ser também observada nos momentos de notoriedade da fé.[8]

Às festividades religiosas, antecediam várias manifestações populares como as cavalhadas, na Praça do Terreiro de Jesus; as fogueiras e rodas de cantorias por toda a cidade, quase sempre à revelia e sob a contestação dos próprios poderes locais; e a apresentação de comédias em palcos armados para esse fim, ou no próprio recinto camarário. Porém, era o momento da procissão o mais solene e esta transcorria num cenário de "praças e ruas enramadas... andores... frades antoninos, carmelitas, terésios, agostinianos e capuchinhos... padres de São Felipe de Neri e de Santo Inácio, clérigos do hábito de São Pedro... corpo da Câmara com seu estandarte de seda encarnada... tropa... juízes e oficiais de ofício... povo. Muito povo". (CAMPOS, 1941, p.122-124).

A tudo o que descreve acima João da Silva Campos, havia ainda que acrescentar as inúmeras danças e máscaras, que animavam a celebração, realizadas por homens e mulheres do povo e para a qual "concorriam todos os vendeiros e padeiros da

7 APMS. *Posturas, 1716-1742* s/no. fl.

8 APMS. *Cartas de Sua Majestade ao Senado, 1710-1745*, fl. 49.

cidade com 320 réis cada um".[9] Há muito abolido no reino, este costume contrariava o disposto nas Ordenações,[10] que proibiam aos vereadores "consentir nas procissões a representação de coisas profanas e máscaras". No entanto, persistiu em Salvador por quase todo o século XVIII, mesmo depois de 1750 quando a Câmara suprimiu a tradição alegando "já ter sido extinta em Portugal, por ser indecente e não provocarem mais devoção e sim ridicularizavam as procissões e penalizavam os vendeiros", que arcavam com os custos. O interessante é que a lei local extinguindo as danças e máscaras, ao contrário do que se esperava, não isentava os padeiros e vendeiros de Salvador de contribuírem com a quantia costumada, mas a destinava para "os gastos miúdos do Conselho, como a pintura das varas, carregadas pelos vereadores nas festividades, e o concerto de chaves dos cômodos da Câmara".[11]

As Ordenações impunham ainda a obrigatoriedade em participar das festividades das câmaras a todos os que morassem a menos de uma légua do lugar onde se daria a celebração.[12] Entretanto, o que a documentação deixa entrever é que em Salvador setecentista tal obrigação incorreu, especialmente, sobre os cidadãos nobres da cidade e sobre os oficiais mecânicos, principalmente, os embandeirados.[13] Ainda assim, pregões públicos e posturas apresentaram-se insuficientes para impedir

9 APMS. *Atas da Câmara, 1765-177,* fl. 54.

10 Ordenações Filipinas, L. 1. T. 66. *Op. Cit.*

11 APMS. *Atas da Câmara, 1731-1750,* fl.374; *Atas da Câmara, 1765-1776,* fl. 129; Arquivo Público do Estado da Bahia (APEB). *Cartas do Senado, 1742-1823, fl. 42-44.*

12 Ordenações Filipinas, L.1. T. 66. *Op. Cit.*

13 APMS. *Condenações do Senado, 1703-1805,* fl. 101.

o descumprimento da lei. O infrator estava sujeito a penalidades: 6 mil réis de multa e quarenta dias de prisão domiciliar ou na própria cadeia da Câmara, a depender do caso.[14] Ao longo do século XVIII, cerca de 20 a 30 pessoas eram anualmente multadas em decorrência do descumprimento das posturas relativas à presença em procissões e festas públicas.[15] Intimadas a explicar à Câmara o motivo da ausência, a maioria nem sequer comparecia sujeitando-se a ser condenada à revelia. Algumas lançavam mão de "escusas frívolas e impróprias", no dizer de um vereador, razões como a do almotacé André Avelino de Azevedo que justificou a sua ausência na procissão de Nossa Senhora das Candeias, em 1743, pelo fato de "não ter calção preto", traje exigido aos nobres naquele ano.[16] Uma vez incorrido em pena de postura e sem que houvesse a devida justificativa, restava ao condenado cumprir a determinação prevista ou suplicar a isenção da multa à Câmara, o que quase nunca era concedida.[17]

Ao calendário festivo religioso juntavam-se, sob a responsabilidade da Câmara, as comemorações cívicas e reverenciais, feitas, geralmente, no mesmo estilo das demais. No século XVIII e no princípio do XIX, festejavam-se na cidade de Salvador acontecimentos importantes em todo o império: a vitória sobre os franceses, no Rio de Janeiro; a vitória de Mombaça, na África; a aclamação de D. Pedro II e D. João V; nascimentos de príncipes e princesas de Portugal; a aclamação de D. Maria ao

---

14 APMS. *Posturas, 1716-1742*, s/nº fl.; *Condenações do Senado, 1703-1805*, fl.101.

15 APMS. *Atas da Câmara, 1731-1750; 1750-1765; 1765-1776*; *Condenações do Senado, 1703-1805*, s/nº fl.; *Acórdãos, 1711-1828*, s/nº. fl..

16 APMS. *Condenações do Senado, 1703-1805*, s/nº fl..

17 APMS. *Ofícios ao Governo, 1712-1737*, fl. 269.

trono português e outros fatos.[18] Todas essas festas impunham a presença maciça da população que, no caso de aclamações de reis e rainhas, era obrigada a por luminárias nas janelas durante três dias consecutivos, sob pena de pagar 6 mil réis de multa e reclusão de trinta dias na cadeia local.[19] Por seu turno a Câmara, nessas ocasiões, além das procissões de ação de graças, solicitadas ao cabido, proporcionava ao povo outras formas de divertimento, a exemplo de comédias e óperas apresentadas, geralmente, em praça pública e, a partir de 1760, na Casa da Ópera.[20]

No Rio de Janeiro, a municipalidade, também ela promotora de várias procissões, passou, com a vinda da corte para o Brasil, a atuar também na regulamentação de praticamente todos os tipos de festividades. Ação que se intensificou após a independência. Agora, na condição de capital do Império, o Rio de Janeiro era "símbolo e vitrine", portanto, deveria revelar o nível de civilidade do Brasil. Diante da multiplicação das formas de sociabilidades da população, muitas das quais se chocavam com antigas práticas religiosas, medidas foram adotadas com o objetivo de intensificar o controle sobre o espaço público. O código de posturas de 1830 impunha a necessidade de autorização da Câmara, bem como o pagamento de taxas, para a realização de espetáculos. Nem mesmo as festas das irmandades ficaram de fora de tal determinação. (OLIVEIRA, 2000, p. 26). A solicitação de licença para a realização da festa do Divino Espírito Santo era a mais recorrente, indicando a sua popularidade.

18 APMS. *Portarias, 1710-1725*, fl.10, 39, 24; *Atas da Câmara, 1776-1787*, fl. 28; *Atas da Câmara, 1787-1801*, fl.133.

19 APMS. *Portarias, 1710*-1725, fl.24.

20 APMS. *Cartas do Senado ao* Eclesiástico, *1685-1804*, fl.12; *Atas da Câmara, 1776-1787*, fl. 28 ss..

Dentre os "pedidos de particulares, feitos por pessoas comuns, a "pombinha"" só perdia para "os populares Santo Antônio e São João", destaca Marta Abreu (1996, p. 17).

Ainda no Rio de Janeiro, os códigos de posturas subsequentes a 1832 dão conta da ampliação de medidas que tinham como objetivo regulamentar ou mesmo impedir determinadas manifestações que ocorriam no rastro das festividades religiosas: vozerias, alaridos e gritos nas ruas, ajuntamento do povo em barracas e bebidas; o que levou a municipalidade e outras autoridades locais a ser mais criteriosos ao liberar o estabelecimento de barracas que vendiam comida e bebida durante as celebrações religiosas. (ABREU, 1996, p. 168).

Aos olhos de um observador distante, os festejos cívico-religiosos podem parecer dissimuladores dos poderes instituídos na sociedade colonial. Entretanto, é a partir de gestos cotidianos, de normas que entrelaçam os indivíduos às instituições religiosas e governativas que se manifestava o segredo da fé e da crença. Era importante cimentar o conjunto dos corpos sociais, integrados por diferentes agentes, em torno de práticas cotidianas interativas, comumente partilhadas por todos, fazendo aparentar certo grau de solidariedade e de comunidade de interesses. As festividades cívico/religiosas conformavam o ponto-chave desse encontro público e das manifestações coletivas. Através delas, celebravam-se também o poder terreno e a unidade entre o Estado e a Igreja. Ambos pretendiam mostrar-se aos indivíduos não como organismos que lhes eram alheios e exteriores, mas como instrumentos de viabilização do atendimento de suas necessidades espirituais, lúdicas, e de afirmação de pertencimento a uma sociedade relativamente homogênea. A Câmara e a Igreja, fundindo componentes sagrados com laicos, dissimulavam as estratégias abertas de compulsão social e agiam de forma a obter maior consenso e legitimação perante a sociedade. Em suma, os ritos e as festividades cívico-religiosas marcavam, de forma expressiva, a vida cotidiana dos moradores das vilas e cidades; celebrações destoantes quase não tinham espaço na sociedade colonial, sobretudo as que envolviam corpos negros, escravos ou não. Objeto de constante vigília, dos negros havia que se controlar não apenas as sociabilidades festivas, mas todos os espaços, lugares, fazeres que possibilitassem o seu agrupamento, a sua reunião. É sobre isso que trataremos a seguir, a partir da lógica do poder local e do seu código de Posturas, a principal legislação municipal.

O controle dos espaços, ritos e sociabilidades negras

Nas vilas e cidades da América portuguesa, sobretudo nas mais importantes e populosas, era comum a existência de um grande número de negros, escravos e libertos, transitando pelos logradouros públicos. Assim como acontecia com as áreas rurais onde, no dizer de Antonil (1982, p.89), os escravos eram "as mãos e os pés do senhor de engenho", o meio urbano também dependia profunda e extensamente do trabalho de cativos e de homens de cor livres. A multiplicidade de papéis econômicos que lhes eram destinados atesta bem o grau desta dependência. Eram eles os principais responsáveis por uma vasta rede de serviços que garantiam o andamento da vida urbana. Entre suas inúmeras atividades estavam o transporte de pessoas e de mercadorias, o fornecimento de água potável, obtida em fontes e chafarizes, e a manutenção de um ruidoso comércio ambulante que provia os habitantes das cidades de tudo o necessário para a sobrevivência.

Porém, da mesma forma que eram necessários para movimentar as engrenagens do dia-a-dia urbano, esses segmentos também se tornavam uma fonte permanente de preocupação para as autoridades municipais. Aí é que entra o velho recurso da edição de posturas na tentativa de controlar, a todo custo, e quase sempre sem o sucesso esperado, os passos da população africana e afro-descendente.

Ações incisivas da municipalidade, a fim de fiscalizar e, se possível, evitar as demonstrações sócio-festivas e ritualísticas de escravos e libertos, transcorriam de diferentes maneiras e nos mais diversos espaços, inclusive naqueles onde estes indivíduos desenvolviam sua labuta diária, de forma coercitiva ou não. Afetavam, em especial, os libertos, posto não estarem "submetidos às pressões do cativeiro e às suas formas senhoriais de controle social", como afirma Luiz Geraldo Silva (2001, p.314) em estudo sobre etnia e controle social na América portuguesa.

Em Salvador, os códigos de Posturas vigentes ao longo do século XVIII já indicava o endurecimento das normas que regulamentavam as manifestações festivas negras. A uma postura genérica em que se "proibia o uso de atabaques e marimbas[21] na cidade" seguiu-se a deliberação de que "qualquer pessoa do povo podia prender o escravo" que não a observasse.[22] Estas leis persistiram em diferentes momentos do século XIX e foram, reiteradamente, reeditadas; agora sob a forma explicita de proibição de "batuques",[23] "de danças e ajuntamentos de escravos em

21 Marimba, atualmente denominado Berimbau, na definição de Moraes (1922, p.270), era um instrumento musical usado pelos negros, formado por "cabaços de diversa grandeza e diâmetro, sobre os quaes estão umas taboinhas de pouca grossura, e estas, feridas com uma espécie de vaquetas, fazem o som".

22 APMS. *Posturas*, L. 115.1 fl. 24; L. 119.1, fl. 08, 75, 103, 133.

23 Nome genérico para todas as manifestações lúdicas negras, danças e cantos, acompanhados de percussão de atabaques. Ver discussão acerca do termo "batuque" em Martha Abreu (1996, p. 275-278).

qualquer hora e lugar (ainda que em propriedades particulares), sob pena de oito dias de prisão"[24]. Ações semelhantes podem ser observadas por todo o território português na América. Na capitania de Pernambuco, em finais do século XVIII, o governador havia recebido ordens explícitas para proibir e reprovar determinadas danças dos negros tidas como "supersticiosas e gentílicas". Ao mesmo tempo, deveria "ir desterrando pouco a pouco" outras "pouco inocentes, ainda que não [...] dignas de total reprovação", e que o fizesse usando "de todos os meios suaves que sua prudência lhe sugerir". O capitão-mor de Goiana foi então orientado pelo governador a extinguir os batuques dos pretos para cessar "as desordens que destes resultam". (SILVA, 2001, p.327).

Sobre os "batuques" e outras formas de sociabilidades negras, João José Reis (1989, p.37-38), em estudo sobre a Bahia do início do século XIX, chegou à conclusão que a postura dos agentes do Estado, "dos mais altos governantes às autoridades policiais mais miúdas", bem como dos senhores proprietários de escravos, constituía-se em um misto de proibição e condescendência. Nesse caso, o plano para um efetivo controle, ou para se impedir o "mal pior", consistia em "reprimir ou tolerar", a depender da "hora e das circunstâncias".

Vem de longe a associação das festas negras à barbárie e desordem. Segundo Ramos Tinhorão, na Bahia do século XVII, o diplomata português D. Francisco Manuel de Melo descrevem-nas como "bayles de Bárbaros"; os calundus, ainda que de caráter religioso, eram tidos pelo poeta Gregório de Matos como "danças em que Satanás anda metido" e, Nuno Marques Pereira, no Compendio Narrativo do Peregrino da América, refere-se aos sons do calundu como "[...] horrendo alarido, que se

24 APMS. *Posturas*, L. 119.5, fl. 37, 65.

me representou a confusão do Inferno [...] que parece que nos quer o Demônio mandar tocar triunfo ao som destes infernais instrumentos". (*Apud* TINHORÃO, 1988, p. 30-38).

Em artigo denominado "Viajantes em meio ao império das festas", Schwarcz (2001, p.613-614) observa que o olhar estrangeiro sobre as manifestações festivas dos negros era quase sempre de desprezo e desdém. Ao descrever um batuque que ocorrera em um casamento entre negros no Rio Grande do Sul, Carl Seidler usa expressões como "danças lascivas", canções "imorais e até mesmo obscenas", "negros e mulatos, em geral enfeitados de trapos multicolores [...]" e "de bugigangas" e "máscaras negras", "requebros das pernas e braços seminus", "saltos", "saias esvoaçantes", "a mímica mais nojenta, em que se revelava a mais crua volúpia carnal" [...]. (*Apud* SCHWARCZ, 2001, p. 613).

De fato, seja imersos em rituais de uma religiosidade diferente do catolicismo consensual e vigente, seja deleitando-se em festividades próprias, escravos e libertos estavam sujeitos a olhares distorcidos e à mercê de diversas e diferentes estratégias discursivas que, comumente, apreendiam as singularidades negras como deformantes e desviantes, devendo, portanto, ser monitoradas; quer pelos poderes políticos, quer eclesiásticos.

Inúmeras posturas regulamentavam a circulação e permanência de negros e escravos nas fontes; nas feiras; nos "cantos"; nestes últimos, permitida apenas em horários estabelecidos; nos locais de venda e comercialização de peixes, como nas cabanas fora das portas da cidade, destinadas a tal finalidade; nas portas das vendas e tabernas etc. A orientação geral era a de que a permanência desses homens e mulheres de cor nas fontes, nas feiras, nas vendas e tabernas deveria se limitar ao tempo necessário para atender ao mandado do seu senhor, evitando-se, assim, que, ao estarem juntos, se aproveitassem desses momentos e espaços para "certas distrações", "danças e algazarras"[25]. No século XIX, aos "donos de tendas, botequins e tavernas e mais casas de mercado público que consentissem algazarras, jogos e a demora de escravos" nestes estabelecimentos era aplicada multa de 800 réis ou quatro dias de cadeia[26]. Esse conjunto de posturas, específico ao fazer cotidiano, à faina do dia-a-dia de negros ganhadores e ganhadoras que circulavam pela cidade e aos que prestavam serviços diversos, tinham como objetivo regulamentar as suas atividades e cercear, de forma deliberada, os espaços e as manifestações de sociabilidades étnicas e profissionais da população negra, quer escrava, quer liberta.[27]

Nos "cantos", nos lugares onde havia ajuntamento de negros ganhadores e nas cabanas da praia, o controle se fazia mediante a figura de um capitão, denominado "capitão do canto" e de um capataz, no caso das cabanas e de lugares onde se aglomeravam ganhadeiras e ganhadores.[28] Esses indivíduos tinham duplo papel, além de fiscalizar as atividades comerciais exercidas nestes espaços por cativos e negros livres, estavam ali para evitar qualquer tipo de aglomeração de homens de cor, posto que, "ajuntados", eram certas as "bebedeiras, as algazarras, os batuques, as danças e vozerias", conforme se expressara um vereador na época.[29] Scarano (2001, p. 480), em artigo sobre a bebida alcoólica na sociedade colonial, reconhece a cachaça como fator de solidariedade grupal e, consequentemente, como fun-

25 APMS. *Posturas*, 1650-1787; *Posturas*, L. 119.1, fl. 24, 103, 133, 08, 75.

26 APMS. *Posturas*, L. 119.5, fl. 37, 65.

27 APMS. *Posturas*, L. 119.5, fl. 37v, 65.

28 APMS. *Posturas*, L. 119. 1, fl. 132, 29, 122v, 04.

29 APMS. *Atas da Câmara*, 1776-1787, fl. 28 ss.

damental nos encontros, festas e comemorações, religiosas ou não, da população escrava; não deixa, entretanto, de observar que reunidos, não importa sob que pretexto, e sob o efeito do álcool, esses grupos "constituíam fontes de problemas para proprietários e autoridades [...]".

É certo o desconforto que as cantorias, as danças e os festejos dos negros causavam nas autoridades e população branca local. Entretanto, o maior medo residia, talvez, no caráter dual dessas manifestações: momentos de divertimento e descontração, mas também de resistência, podendo esta assumir formas e cores diversas, avivando, sobretudo a partir da primeira metade do século XIX, o medo branco de uma grande rebelião negra. Conforme afirma Luiz Geraldo Silva (2001, p. 326-328) em relação à capitania de Pernambuco, mas extensivo a toda a colônia, se em diversos momentos as manifestações negras, sobretudo as que não destoavam das representações religiosas do catolicismo, acabavam por ser toleradas pelos poderes constituídos sob a alegação da natureza política de tal permissão, nos finais dos Setecentos e princípios dos Oitocentos, os "parâmetros "ilustrados" referentes à religião e ao controle social sobre as camadas populares não demoraram a deitar raízes na América portuguesa" e tornavam basilar evitar os "ajuntamentos de pretos" em um "país de escravos e de poucas luzes", como escrevera o governador Caetano Pinto de Miranda Montenegro, em 1811.

Ou seja, os espaços de trabalho e de circulação da população negra constituíam-se em território privilegiado de manifestações de sociabilidades e identidades étnicas; portanto, lugares a ser cotidianamente vigiados. De acordo com Juliana da Silva Henrique (2014, p.67-68) é inegável a vigilância do Estado colonial sobre todos os ramos e setores produtivos, mas havia de ser intensificado sobre o trabalho exercido por "homens e mulheres em situação de cativeiro" no sentido "de garantir o mínimo de normatização social" e "doutrinamento dos corpos". Afinal, como bem esclarece João Reis (2001, p. 340),

> [...] a festa foi referência básica de identidade étnica e também escrava, desde que se entenda que identidade não é um ponto fixo da experiência de um grupo, como não é do indivíduo. Identidade também muda e é múltipla. O que permanece é seu sentido de alteridade e frequentemente de oposição conflituosa. Daí porque toda festa negra, embora umas mais que outras, constituíram um meio de expressão da resistência escrava e negra, e portanto motivo de preocupação branca.

A conjuntura pós-independência leva à intensificação das ações das municipalidades no controle deste grupo social. O governo imperial impunha às câmaras - através das Assembleias Provinciais, que aprovavam os códigos de postura, podendo fazer-lhes alterações - controle mais rígido e intenso sobre essa esfera da população, sobre sua mobilidade urbana, seus espaços, costumes e rituais. Para tanto, as câmaras podiam agora contar com aparato policial mais efetivo, quais sejam, o corpo de polícia e a guarda nacional; diferentemente do período colonial quando a vigilância dos espaços urbanos ficava a cargo de quadrilheiros; ou seja, dos próprios moradores das localidades que sem poder de polícia, mas apenas de denúncia, revezavam na função. (SOUSA, 2012, p.76).

Em número cada vez mais crescente nas cidades e vilas, os escravos e a população de cor, em geral, imprimiam medo aos habitantes e, consequentemente, requeria maior vigilância por parte das autoridades locais, sobretudo após as revoltas negras de 1835. Medidas mais enérgicas passaram a ocorrer, não apenas na capital, centro político-administrativo e econômico. Por toda a Província, quer no litoral quer no sertão, eclodiam medidas repressivas de toda e qualquer manifestação pública envolvendo negros libertos e cativos. Em Caetité, no alto sertão da Bahia, os escravos estavam proibidos de se envolver em jogos, bem como de transitar pelas ruas depois das 9 da noite;[30] Em Carinhanha, nas margens do rio São Francisco, não era permitido a escravos e forros promoverem batuques e obscenidades";[31] Em Inhambupe, Sento Sé, Xique-Xique e Monte Santo, não se permitia "batuques, danças e vozerias", independentemente do local e hora;[32] proibição semelhante nas áreas litorâneas, como Valença, Canavieiras e Itaparica. Em Valença, andar ébrio pelas ruas, ainda que tal embriaguez não estivesse relacionada à participação em batuques, vozerias e algazarras, era motivo para punição. Pena de 4 mil réis ou 4 dias de cadeira.[33]

A pressão pela regulamentação local das festas e, nomeadamente, das manifestações festivas de negros livres e escravos impunha-se à câmara de Salvador até mesmo por parte do poder eclesiástico, posto que, como afirma Laura de Melo e Souza (2001, p. 187, 195), "[...] no mundo de Antigo Regime, a sociedade e a religião não constituíam instâncias separadas". Complexas, as festas serviam ao Estado e à Igreja, "ritualizaram as diferenças" e, ao mesmo tempo, neutralizavam, momentaneamente, os conflitos e as clivagens sociais.

30 APMS. *Posturas,* L. 119.1 fl. 6v, 47; L. 119.6, fl. 7, 51.

31 APMS. *Posturas,* L. 119.6, fl. 06, 11v.

32 APMS. *Posturas,* L. 119.6, fl. 86v, 95v, 15, 124v, 14, 17.

33 APMS. *Posturas,* L. 119.6, fl. 23, 29.

A interação Estado/Igreja no que diz respeito ao controle social de negros, escravos e livres, se dava em momentos distintos, mas, sobretudo, no que se refere aos festejos cívico-religiosos, ou seja, às procissões e comemorações cívicas que estavam sob o encargo da câmara. Esses eram certamente momentos de reafirmação do poder dessas duas esferas. Portanto, a sua relação era permeada de cobranças e disputas. A orientação geral era a de que se observassem a ordem e hierarquia dos festejos - e nesse aspecto havia forte cobrança do cabido sobre a municipalidade - cabendo aos escravos apenas o último lugar, a rabeira dos cortejos. Ademais, a preocupação central era a de que o aglomerado de cor que se formava no final da procissão pudesse dar vazão a tumultos e desordens. Nesse sentido, a preocupação tanto da municipalidade como da igreja era a de tentar evitar, ou, no mínimo fiscalizar, a presença de escravos nas festas, jogos e brincadeiras que, geralmente, aconteciam em seguida às procissões. Orientação semelhante era verificada no que dizia respeito aos festejos cívicos.[34]

Naturalmente, o sentido de tais observações reside no fato de que, não esporadicamente, homens de cor, quer escravos, quer libertos, aproveitavam-se das festividades cívico-religiosas como espaços propícios à recriação de seus mitos, emblemas e sinais, ressignificação de hierarquias tribais e de uma religiosidade própria, desafiando o Estado, no que diz respeito à ordem estabelecida, e à igreja, em suas tentativas de uniformização das almas sobre um mesmo credo e uma mesma forma de professar a fé. Não por acaso, havia que se controlar e normatizar as festas (posto não ser inteligente proibi-las), a fim de se evitar comportamentos desregrados, contrários à lei de Deus e à "civilidade"

34 APMS. *Cartas do Senado ao Eclesiástico, 1685-1804*, fl. 15.

que se procurava impor à colônia. O mesmo princípio estava na proibição e desestímulo às festividades noturnas fossem festas cívicas ou procissões religiosas sob o encargo da câmara.

Em Salvador, em vários momentos, o cabido solicitou à câmara que tomasse providências no que dizia respeito à forma ostentatória/chamativa como certas escravas se vestiam durante as procissões e festas cívicas, patrocinadas por seus senhores e senhoras.[35] Tais preceitos iam ao encontro de certa legislação régia que procurava impor termos aos moradores da colônia, notadamente a negros e mulatos, no que diz respeito ao uso de roupas e ornamentos de luxo, sobretudo os adornados com ouro e prata, sob a alegação do "quanto lhes tem sido pernicioso o luxo que entre eles se tem introduzido algum tempo a esta parte". Várias leis faziam referências diretas aos trajes das mulheres negras de uma maneira geral, sendo que uma Carta Régia, de fevereiro de 1696, já proibira o uso, pelas escravas, de vestidos de seda, cambraias ou holandas, "nem também de guarnição alguma de ouro ou prata nos vestidos". (LARA, 2000, p. 208, 307-312).

Com efeito, roupas, tecidos, joias e diversos outros produtos manufaturados europeus eram sinônimo de riqueza, luxo e poder. Importa ressaltar que os festejos religiosos eram também espaços de disputas e de consolidação de hierarquias; caráter confirmado através da exibição de ricas vestimentas, de joias, de escravos e da quantidade de cera destinada às festas. Schwarcz (2001, p. 612) chama a atenção para o quão estranho parecia ser para os viajantes que estiveram na América portuguesa, em diferentes períodos, "além da mistura de camadas sociais", a "ostentação das roupas e gestos, a sensualidade e a alegria" durante festas cívicas e religiosas, supondo-se que inexistia "sentimento

35 APMS. *Cartas do Senado ao Eclesiástico, 1685-1804*, fl. 56, 73v, 85.

religioso ou cívico" e que "as comemorações transformavam-se em pretexto para o exercício da sociabilidade". A autora cita, ainda, os viajantes Spix & Martius que, no princípio do século XIX, ao assistirem a uma procissão do Senhor do Bonfim na Bahia surpreenderam-se com "as particularidades das diferentes classes e raças que se manifestam [...]" com "o luxuoso préstito de numerosas irmandades de gente de todas as cores, que procuram exceder-se [...] com a riqueza de suas roupas, bandeiras e insígnias [...]". (SPIX & MARTIUS, 1981, P. 152. *Apud* SCHWARCZ, 2001, p. 611).

Para Julita Scarano (1992, p.58), em sua análise sobre a sociedade mineira no século XVIII, a indumentária "possui uma vertente simbólica". Quer as vestimentas fornecidas pelos senhores quer as usadas pelos próprios escravos em seus momentos festivos portavam uma série de significados dentre os quais se sobressaia "o papel social de separar e distinguir categorias". De fato, no contexto da sociedade escravista colonial, roupas e ornamentos exibidos por escravos nos espaços públicos apontavam o grau de poder e de distinção social de seus donos.

Festejos oficiais promovidos pela câmara, como comédias e outras apresentações teatrais eram vistos com certa reserva pela igreja que implicava tanto com o tipo/teor profano do que seria exibido como com a aglomeração que tais atividades provocavam. Sobretudo de determinados segmentos sociais que, ficando do lado de fora se aproveitavam da festa para "promoverem algazarras, batuques e vozeirias". Os jogos eram tratados pela igreja da mesma forma: "eram um vício de inspiração demoníaca".[36]

O que se pode concluir é que, para os homens de cor, os festejos cívico-religiosos tornavam-se um canal de comunica-

36 APMS. *Cartas do Senado ao Eclesiástico, 1685-1804*, fl. 56.

ção e espaços de sociabilidades, assim como as ruas, as praças, as fontes, as feiras e os mercados. Sua presença nesses espaços foi sempre objeto de regulamentação, com maior ou menor rigor em diferentes tempos e circunstâncias.

A normatização da festa teve nas manifestações encabeçadas pelos negros o maior alvo, é o que indica os códigos de Posturas de Salvador ao longo dos séculos XVIII e XIX. A tentativa é a de reverter o sentido desses divertimentos que seguiam em direção totalmente contrária ao que ocorria na Europa. Lá, durante as festividades, os instrumentos de corda, mais doces e melodiosos, voltados á elevação da alma, passaram gradativamente a substituir os de sopro, tido pelas autoridades religiosas como expressivos das paixões e desregramentos humanos. Aqui era o contrário, ganhavam espaço os atabaques, pandeiros, marimbas e todo tipo de instrumentos que sacudiam não apenas corpos negros, mas incitavam corpos de todas as condições sociais, indistintamente, a se tocarem sem pudor.[37] Assim, a ação "civilizatória", introduzida gradativamente nos códigos de Posturas ao longo dos tempos, indicava a preocupação das autoridades locais em estabelecer um marco regulatório capaz de por termos aos costumes populares que, permeados por tradições negras, abrutalhavam as ruas. De acordo com Martha Abreu (1996, p. 196), referindo-se ao Rio de Janeiro, "estavam em foco os desperdícios sociais e humanos presentes nos divertimentos indevidos", ligados ao "crime" e à "vadiagem"; no desleixo para com a cidade; "nos perigos para a vida e segurança [...]" "e, ainda, nos hábitos não "civilizados"". Entretanto, considerando que toda regra/norma traz implícita a sua subversão, pode-se dizer que a burla, as rebeldias e a inquietação são constitutivas e constituintes da liturgia que emoldurava

37 APMS. *Ofícios ao Governo, 1768-1807*, fls. 45-46.

"a festa" como parte significativa do cotidiano da população. Mas esta é outra história.

Bibliografia

ABREU, Martha Campos. *O Império do Divino: festas religiosas e cultura popular no Rio de Janeiro (1830-1900)*. São Paulo: Unicamp, 1996. Tese de Doutorado.

ANTONIL, André João. *Cultura e opulência do Brasil, por suas drogas e minas*. 3. ed. Belo Horizonte/São Paulo: Itatiaia/Edusp, 1982.

CAMPOS, João da Silva. *Procissões tradicionais da Bahia*. Salvador, Museu da Bahia, 1941.

Fundação Calouste Gulbenkian. *Ordenações Filipinas*. Fac-simile da edição feita por Cândido Mendes de Almeida. Rio de Janeiro, 1870; Lisboa, 1985.

GONÇALVES, Ana Teresa Marques. "As festas romanas". *Revistas de Estudos do Norte Goiano*. Vol.1, nº1, ano 2008, p.26-68.

HENRIQUE, Juliana da Silva. *A feira de Capuame: pecuária, territorialização e abastecimento (Bahia, século XVIII)*. São Paulo: USP, 2014. Dissertação de Mestrado.

HESPANHA, António Manuel. Ás vésperas do Leviathan. Instituições e poder político, Portugal, século XVII, Coimbra: Almedina, 1994.

JANCSO, Istvan; KANTOR, Iris (orgs.). *Cultura e sociabilidade na América portuguesa*. São Paulo: Hucitec: Editora Universidade de São Paulo: Fapesb: Imprensa Oficial, 2001. 2 vols.

KANTOR, Iris. "Entradas episcopais na capitania de Minas Gerais (1743-1748): a transgressão formalizada". In JANCSO, Istvan; KANTOR, Iris(orgs.). *Cultura e sociabilidade na América portuguesa*. São Paulo: Hucitec: Editora Universidade de São Paulo: Fapesb: Imprensa Oficial, 2001. 2 vols.

LARA, Silvia H."Legislação sobre escravos africanos na América portuguesa". In: ANDRÉS-GALLEGO, José (coord.). *Nuevas Aportaciones a la Historia Jurídica de Iberoamérica*. Colección Proyectos Históricos Tavera, Madrid, 2000.

MARQUES. A. H. Oliveira. *A sociedade medieval portuguesa*. Lisboa: Sá da Costa, 1981.

OLIVEIRA, Anderson José Machado. "Festas, irmandades e resistência cultural no Rio de Janeiro Imperial". *História Social*, Campinas, SP, n.7, 2000.

PITA, Sebastião da Rocha. *História da América portuguesa*. Belo Horizonte: Itatiaia; São Paulo: Ed. da Universidade de São Paulo, 1976.

REIS, João José. "Batuque negro: repressão e permissão na Bahia oitocentista". In: JANCSO, Istvan; KANTOR, Iris(orgs.). *Cultura e sociabilidade na América portuguesa*. São Paulo: Hucitec: Editora Universidade de São Paulo: Fapesb: Imprensa Oficial, 2001. 2 vols.

REIS, João José. *A morte é uma festa: ritos fúnebres e revolta popular no Brasil no século XIX*. São Paulo: Companhia das Letras, 1992.

REIS, João José; SILVA, Eduardo. *Negociação e conflito*. São Paulo, Companhia das Letras, 1989.

SCARANO, Julita. "Bebida alcoólica e sociedade colonial". In: JANCSO, Istvan; KANTOR, Iris (orgs.). *Cultura e sociabilidade na América portuguesa*. São Paulo: Hucitec: Editora Universidade de São Paulo: Fapesb: Imprensa Oficial, 2001. 2 vols.

SCARANO, Julita. "Roupas de escravos e de forros". *Resgate, Revista de Cultura*, Campinas, n. 4, p. 51-61, 1992.

SCHWARCZ, Lilia Moritz. "Viajantes em maio ao império das festas". In: JANCSO,

Istvan; KANTOR, Iris(orgs.). *Cultura e sociabilidade na América portuguesa.* São Paulo: Hucitec: Editora Universidade de São Paulo: Fapesb: Imprensa Oficial, 2001. 2 vols.

SILVA, António de Morais. *Dicionário da língua portuguesa* (Facsímile da 2ª ed. de 1813). Rio de Janeiro: Officinas da Litho-Typografia Fluminense, 1922.

SOUSA, Avanete Pereira. *PA Bahia no século XVIII: poder político local e atividades econômicas.* São Paulo: Alameda, 2012.

SOUZA, Laura de Mello. "Festas barrocas e vida cotidiana em Minas Gerais". In: JANCSO, Istvan; KANTOR, Iris(orgs.). *Cultura e sociabilidade na América portuguesa.* São Paulo: Hucitec: Editora Universidade de São Paulo: Fapesb: Imprensa Oficial, 2001. 2 vols.

TINHORÃO, José Ramos. *Os sons dos negros no Brasil.* São Paulo: Art Editora, 1988.

VIDIGAL, Luís. *O municipalismo em Portugal no século XVIII*, Lisboa: Livros Horizonte, 1989.

VILHENA, Luiz dos Santos. *A Bahia no século XVIII.* Apresentação de Edson Carneiro, notas e comentários de Braz do Amaral. Salvador: Editora Itapuã, 1969, 3 v.

"Quem sai aos seus não degenera": Juliano Moreira e a teoria abrasileirada da degenerescência social

Isnara Pereira Ivo[1]
Evandra Viana de Freitas[2]

Introdução

Juliano Moreira nasceu em 6 de janeiro de 1872, em Salvador, na Freguesia da Sé, era mestiço livre de pele negra e sua mãe, Galdina Joaquina do Amaral, pobre livre, vivia de prestar serviços domésticos. Seu pai, Manuel do Carmo Moreira, era português e funcionário da inspetoria da iluminação pública. (LYRIO, 2012, p. 27-30). Juliano Moreira usufruiu da mobilidade proporcionada pelas relações estabelecidas por sua mãe e pelo reconhecimento paterno, em fase adulta. Encontrou na educação o caminho para sua ascensão social e integração à sociedade. Sob o apadrinhamento do renomado médico e professor da Faculdade Baiana de Medicina, Adriano Lima Gordilho, Barão de Itapuã, fez seus estudos iniciais no Colégio Pedro II, transferindo-se depois para o Liceu Provincial, ao mesmo tempo em que estudava medicina. Concluiu sua tese de doutoramento

1 Professora da Universidade Estadual do Sudoeste da Bahia (UESB).
Esta pesquisa contou com o apoio financeiro da Fundação de Amparo á Pesquisa no Estado da Bahia /FAPESB e do Conselho Nacional de Desenvolvimento Científico e Tecnológico (CNPq).

2 Mestre em Memória, Linguagem e Sociedade. Universidade Estadual do Sudoeste da Bahia.

em 1891,[3] quando tinha apenas 18 anos, o que já prenunciava a importância singular que teria no conhecimento científico e da realidade social do Brasil.

"Quem sai aos seus não degenera" foi um ditado popular de origem portuguesa que tornou-se expressão-símbolo do século XIX no seio das teorias deterministas raciais, especificamente quando relacionado ao inatismo e à hereditariedade. Arraigado no pensamento científico-positivista majoritário da elite intelectual brasileira, o adágio representava bem os princípios de hierarquização social da teoria da degeneração em razão da miscigenação. Os estudos sobre as degenerescências humanas, de Benedict August Morel, que resultaram no trabalho denominado *Traité des dégénérescences physiques, intelectuelles et morales de l'espèce humaine et les causes qui produisent ces variétés maladives* (1857), impactaram, visceralmente, as ideias de Juliano Moreira. Foi uma tese marcante no contexto científico, intelectual, político e social do final do século XIX e início do século XX, especialmente, em relação ao que se denomina teoria abrasileirada da degenerescência social.

Neste momento em que o Brasil era fortemente influenciado pelas ideias europeias de se estabelecer prognósticos e terapêuticas para serem utilizados em benefício da saúde pública, o pensamento de Morel (1857) era utilizado como fundamento para promoção do melhoramento da "raça"[4] brasileira, evitando

3 Chamada de Tese Inaugural, era um trabalho produzido ao final do curso de medicina para encerrar o ciclo formativo que habilitava o profissional, com o título de médico-cirurgião, sendo obrigatório para a obtenção da licença profissional.

4 Utiliza-se aspas para ressaltar que trata-se da representação de uma época da sociedade brasileira, de cunho mais político e social e ligado ao conceito de poligenia do século XIX, segundo a qual havia um

a degeneração, considerada iminente, em razão da miscigenação. Estas ideias não eram homogêneas e apresentavam divergências e rivalidades entre os especialistas da medicina e da antropologia. O que havia em comum entre elas era o fato de que o elemento negro e a mestiçagem biológica seriam danosos à composição do brasileiro, que deveria se orientar pelo modelo humano da Europa do Norte.

Médico, professor, historiador da medicina, "psicanalista"[5] e agente público, Juliano Moreira foi profissional da psiquiatria mundial e divulgador das ciências, para a população em geral. Durante muito tempo, seu nome foi apenas uma espécie de personificação do hospital psiquiátrico em Narandiba, Salvador,[6] ou da colônia para enfermos mentais, em Jacarepaguá, no Rio de Janeiro.[7]

A historiografia sobre a psiquiatria, em particular, com seus conceitos e métodos, auxilia a interpretação das fontes pesquisadas sobre Juliano Moreira e permite que a análise se apro-

---

ancestral comum na pré-história, mas a espécie humana se separara a tempo suficiente para configurar heranças e aptidões diversas, gerando raças distintas e hierarquizadas, sem ligação com o que a ciência biológica atual estabelece sobre a questão.

5 Conforme Neldson Marcolin (2006, p. 10), de forma pioneira, Juliano Moreira trouxe ao conhecimento dos intelectuais da época, entre 1899 e 1903, o trabalho de Sigmund Freud, traduzindo direto do alemão, uma das línguas que dominava, tornando-se também o precursor da psicanálise no Brasil, em reconhecimento *post-mortem*.

6 "Aquele ali deve ter fugido do Juliano" é uma frase comumente utilizada pela população de Salvador para indicar que alguém aparenta ter transtornos mentais ou age regularmente como se os tivesse (LYRIO, 2012, p. 21).

7 Juliano Moreira é o único médico psiquiatra brasileiro a constar no Dicionário Biográfico PSI, do francês Pierre Morel, que relaciona psiquiatras, psicólogos e psicanalistas de importância internacional.

xime do conceito de arquivo de Ricoeur (2014, p. 177),[8] que o define como um termo que comporta, não apenas os lugares físicos, que abrigam todos os rastros, cuidadosamente, distinguidos e sistematizados pela historiografia, mas também outras pistas, como livros, fotografias, notícias em jornais, obituários, dentre outras formas de apreensão do passado. Assim, memória, história e historiografia constroem retrospectivas sob fundamentos diferentes, mas, umbilicalmente, ligados: a primeira busca, de forma pretensiosa, sobretudo, a fidelidade ao fato narrado, enquanto as duas últimas são movidas por uma finalidade veritativa que necessita de comprovações para certificar os seus resultados. De acordo com Ricoeur (2014), nenhuma das duas tem o monopólio da representação do passado. Se a história é tributária da memória, o contrário também é verdadeiro e esta é socializada pelo modo como a historiografia investiga e como as suas conclusões científicas são popularizadas.

Os estudos de Ricoeur (2014) acerca da memória, da história e do esquecimento e a sua teoria do "homem capaz"[9] ins-

8 Paul Ricoeur ficou conhecido como o "filosofo do diálogo". Seu pensamento revela as influências da fenomenologia de Husserl, do pensamento de Gabriel Marcel, de quem foi aluno, e da corrente personalista francesa dirigida por Emmanuel Mounier. A sua vasta e complexa obra reflete uma tentativa de conciliar criativamente algumas das correntes mais significativas da filosofia contemporânea: a fenomenologia, a hermenêutica, o existencialismo e a psicanálise. Também tratou da história, da memória e da narrativa. Sobre esta última, Ricoeur salientou o seu caráter "inventivo", em que a narração permite a compreensão de nós próprios numa dimensão temporal. O filósofo desenvolveu o conceito do "agir ético". O sentido dos trabalhos de Ricoeur parece ser o da construção da pessoa humana e da ética.

9 Teoria desenvolvida por Ricoeur quanto à subjetividade, na qual a sua reflexão é sobre a pessoa como "sujeito capaz", dotado de capacidades, potencialidades e disposições, cuja realização só pode ser alcançada em nível intersubjetivo e institucional (PIVA, 1999, p. 204).

pira a análise da trajetória de Juliano Moreira, em face da teoria das degenerações e de seu pensamento sobre a mestiçagem biológica do brasileiro, a sífilis e a degeneração humana.[10]

Na historiografia, destaca-se Gilberto Freyre (1980, 2004) que analisou a miscigenação, a sífilis e a conformação da sociedade brasileira entre 1870 e o fim da segunda década do século XX. Intrigante foi a omissão que fez sobre as pesquisas de Juliano Moreira quando resumiu-se a destacar os estudos de Afrânio Peixoto, Sylvio Roméro e Nina Rodrigues, dentre outros, fazendo àquele uma breve menção nos seguintes termos: "e não devemos nos esquecer dos baianos Pirajá da Silva, Juliano Moreira e Oscar Freire, que também alcançaram renome europeu pelas suas pesquisas médicas". (FREYRE, 2016, p. 915).

Igualmente, não há referência aos trabalhos de Juliano Moreira no aclamado "Tributo a Vênus: a luta contra a sífilis no Brasil, na passagem do século aos anos 40", de Sérgio Carrara.[11]

10 A tese de Juliano Moreira, intitulada "Etiologia da Syphilis Maligna Precoce", foi catalogada e encontra-se hoje no acervo da Biblioteca Gonçalo Moniz, da Universidade Federal da Bahia/UFBA, em Salvador, Bahia. Ela foi objeto de análise pelo professor Jacobina, resultando no premiado artigo: "Nem clima nem raça: a visão médico-social do acadêmico Juliano Moreira sobre a sífilis maligna precoce" (JACOBINA, 2014).

11 Sérgio Luís Carrara é antropólogo e professor adjunto do Programa de Pós-Graduação em Saúde Coletiva do Instituto de Medicina Social da Universidade do Estado do Rio de Janeiro, na área de psicanálise, psiquiatria e saúde coletiva. Reconhecido por suas pesquisas na área da Antropologia do Corpo e da Saúde, tem importantes trabalhos nas temáticas: gênero, homossexualidade, sexualidade, violência e Direitos Humanos. É autor das publicações: *Tributo a Vênus: a luta contra a sífilis no Brasil, da passagem do século aos anos 40* (1996), pela Fundação Osvaldo Cruz, e *Crime e loucura: o aparecimento do manicômio judiciário na passagem do século* (1998). Também é editor da Revista Sexualidade, Saúde e Sociedade (http://www.clam.org.br)

A provável razão para a omissão da pesquisa do médico baiano é que somente a partir 1980, com as discussões acerca da reforma psiquiátrica, seus trabalhos começaram a ser explorados com profundidade e sua tese tornou-se objeto de análise acadêmica. Em razão da importância do pensamento, da práxis de Juliano Moreira e do seu ostracismo teórico, verificado a partir de 1930, entende-se que há um dever de memória em relação a ele, que "é o dever de fazer justiça, pela lembrança" (RICOEUR, 2014, p. 101).

Uma filosofia do "homem capaz": memória, história e historiografia

Para Ricouer (2014), não se pode separar os valores e as ações privadas da necessária participação no mundo do social, da política e da economia. Essas dimensões são a face de um mesmo homem, que cuida de si, dos seus e se engaja nas questões sociais e políticas de sua comunidade. (DOSSE, 2012, p. 155-156). Assim como o fez Juliano Moreira, condição que permite falar dele como um "homem capaz" na acepção de Ricouer.

Mas como se daria esse comprometimento do indivíduo com a sociedade e a história? Segundo Ricoeur, por meio da palavra e da práxis. O trabalho não deve encerrar-se em si mesmo, mas a ele deve ser acrescentada a dimensão da palavra, que tem o poder de dar significado, na medida em que seu sentido deve ser comprometido com o que está sendo feito, o que, para ele, é a efetiva prática cidadã. Assim, o "homem capaz" tem esses atributos de agir, de falar e de se responsabilizar por si mesmo e pela sociedade da qual participa, atuando concretamente na vida social. De outro modo, os atos privados não podem destoar do discurso e das práxis social e institucional. Não há, no conceito, um juízo de valor quanto à palavra e os atos, pois o que importa no "homem capaz" é a consonância de seu discurso e suas ações, em prol da vida social e institucional que a todos interessa. (DOSSE, 2012, p. 159/167). Palavras que ilustram as ideias e práticas do médico baiano.

Junto com seus pares, Juliano Moreira fazia parte de um momento em que o poder do discurso médico e a experiência clínica se afirmavam para além dos consultórios; um momento em que se almejava normatizar, para o bem de todos, a vida social e institucional do Brasil. Entendia que era seu dever de ofício desenvolver pesquisas clínicas, realizar e propor ações que subsidiassem os governos na promoção da defesa social, por meio de medidas terapêuticas e profiláticas gerais para população.

A atuação médica, no final do século XIX e início do século XX, ia além da clínica, pois o tratamento físico e moral disseminado na tese das degenerescências de Morel (1857) tornou-se, por quase meio século, a estratégia que permitiria mitigar o processo degenerativo causado pela miscigenação, considerada alma *mater* da extinção da população brasileira. Alguns, mais radicais, defendiam o não cruzamento biológico entre as "raças"; outros que as instituições deveriam atuar no sentido de controlar as misturas biológicas para se alcançar o branqueamento dos povos nascidos no Brasil.

Numa terceira via, para a qual não haveria diferença de natureza humana, mas somente de grau, estava Juliano Moreira que estendia seu olhar para a higiene e a educação como instrumentos de transformação de condutas que poderiam eliminar os desvios degenerativos e, por consequência, hereditários. À indicação de tratamentos profiláticos que atuassem, ao mesmo tempo, sobre as causas físicas e morais, e sobre o mecanismo hereditário da transmissão dos estados degenerativos, Juliano Moreira sugeriu que se deveriam adotar medidas de controle de quaisquer excessos, tais como, alimentícios, sexuais e ideológicos. De outra maneira, acreditava que a prática da ginástica, os passeios ao ar livre, o combate ao ócio e o hábito da boa alimentação seriam os principais aliados contra a degenerescência. Logo, o abuso do alcoolismo e das substâncias tóxicas, assim como os casamentos consanguíneos, também poderiam ser os responsáveis pelos problemas biológicos e pelas incidências de doenças como a tuberculose e a sífilis. (VASQUÉZ-VALENCIA, 2015, p. 133).

As ideias de existência de "raças" humanas diferenciadas e do escalonamento entre elas eram, amplamente, aceitas. As teorias evolucionistas e cientificistas surgidas na Europa Ocidental em meados do século XIX orientaram essa concepção, que pressupunha a superioridade dos brancos europeus em relação aos demais povos, fossem eles índios, negros ou mestiços. (SANTOS, 2016, p. 117).

Juliano Moreira, ainda no século XIX, utilizou o conhecimento científico e a clínica médica experimental para comprovar suas ideias e estabelecer sua posição contrária aos postulados assimilados acerca do determinismo racial e climático das degenerescências humanas. Estabelecendo profícuo trânsito científico com saberes produzidos em outras partes do Brasil e do mundo, suas ideias se consolidaram numa ampla revisão bibliográfica aliada à descrição de estudos de caso. Em sua tese, escrita em 1891, concluiu pelo não determinismo da "raça" nas degenerescências, provando que os fatores organicistas e ambientais eram, de fato, os causadores dos problemas médicos e sociais.

Apesar dos sistemas de identificação, classificação e hierarquização da população brasileira, a historiografia recente tem demonstrado que são muitos os casos que ilustram o movimento de pessoas que ultrapassaram as fronteiras sociais, políticas, ideológicas e até mesmo religiosas na América Ibérica, o que, sem dúvida, é um convite a refletir e perceber que o caráter das linhas que definem os grupos sociais não é estático e nem determinista. (IVO, 2005, p. 3). As relações entre mobilidade social e os trânsitos culturais, no âmbito dos estudos das mestiçagens, põem em xeque a visão dicotômica sobre os grupos sociais e dão conta de explicar as mobilidades sociais e a destacada trajetória científica de Juliano Moreira.

O conceito/termo/categoria "raça" já presente na península ibérica desde o período clássico[12] protagonizou os Estatutos de Limpeza de Sangue, surgidos na Espanha em meados do século XV, como o Estatuto do Toledo, de 1449, fruto de manifestações populares de ordem social e econômica dirigida aos judeus e cristãos-novos abastados que foram acusados de crimes contra a religião católica. De um lado, estavam os considerados brancos, cristãos-velhos; e do outro, aqueles marcados como "raça infecta": os judeus, os cristãos-novos e os mouros. (CALAINHO, 2006, p. 45-46). Entre os séculos XVI e XVIII, o mito de pureza de sangue foi ganhando progressivamente *status* legal, chegando a vigorar intensamente em Portugal, Espanha e nas suas respec-

12 Dentre os vários textos antigos, ver, principalmente: Aristóteles: *Fisiognomía*, Introducciones, traducciones y notas de Teresa Martinez Manzano y Carmen Calvio Delcán, Madrid, Editorial Gredos, 1999; Homero, A Ilíada. Rio de Janeiro, Editora Tecnoprint S. A; Pseudo Aristóteles: *Segredo dos segredos*, tradução portuguesa, segundo um manuscrito inédito do século XV, Lisboa, Faculdade de Letras, Universidade de Lisboa, 1960. Análise das permanências das categorias aristotélicas de distinção utilizadas no período colonial, ver: IVO, Isnara Pereira: Seria a cor, a qualidade, a condição ou o fenótipo? Uma proposta de revisão dos critérios de distinção, classificação e hierarquização nas sociedade ibero-americanas, em: IVO, Isnara Pereira & PAIVA, Eduardo França (Orgs.): *Dinâmicas de mestiçagens no mundo moderno: sociedades, culturas e trabalho*, Vitória da Conquista, Edições Uesb, 2016.

tivas colônias, onde foi utilizado como um importante elemento de distinção. Posteriormente, incluiu-se também os ciganos e os índios, a partir das Ordenações Manuelinas (1514/21), e negros e mulatos com as Ordenações Filipinas (1603).

Uma hipótese que se apresenta para explicar a generalização das teorias do racismo científico, em solo brasileiro na segunda metade do século XIX, é a de que permaneceu enraizado na sociedade brasileira um aparato simbólico – que remonta ao período da conquista portuguesa – de classificações e distinções das populações, que fez parte do processo histórico de constituição do Brasil. Esta estrutura, lastreada na memória, teria tido seu ápice no final do século XIX, momento de discussão da constituição do Estado Nacional Brasileiro. A elite e o governo justificavam a adesão e os remodelamentos das teorias racialistas na necessidade de se formar uma nação civilizada, forte, longeva e livre do fantasma do degeneracionismo. (RAMOS, 2002, p. 132).

O Brasil do final do século XIX já era reconhecido como um país miscigenado e isto se deve, também, à divulgação da monografia apresentada por C. F. von Martius ao Instituto Histórico e Geográfico Brasileiro (IHGB), em 1840, intitulada *Como se deve escrever a história do Brasil*. Nela, Martius (1845) expõe sua ideia de que a população brasileira seria formada pela mistura de três "raças", sendo este um dos primeiros registros acerca da composição multirracial como algo peculiar ao Brasil:

> São porem estes elementos de natureza muita diversa, tendo para a formação do homem convergido de um modo particular três raças, a saber: a de cor cobre ou americana, a branca ou a caucasiana, e enfim a preta ou etiópia. Do encontro, da mescla, das relações mútuas e mudanças dessas três raças, formou a atu-

> al população, cuja história por isso mesmo tem um cunho muito particular. (MARTIUS, 1845, p. 382).

A mestiçagem biológica era evidente para o naturalista, que, ao ter seu trabalhado consagrado como vencedor no concurso de monografia lançado pelo IHGB, consolida institucionalmente essa visão sobre a população brasileira:

> Não há dúvida de que o Brasil teria tido um desenvolvimento muito diferente sem a introdução dos escravos negros. *Se para o melhor ou para o pior, este problema se resolverá para o historiador*, depois de ter tido ocasião de ponderar todas as influências, que tiveram os escravos africanos no desenvolvimento civil, moral e político da presente população. (MARTIUS, 1845, p. 397, grifo nosso).

Outros intelectuais brasileiros, até mesmo abolicionistas, pensaram a mestiçagem biológica com preocupação. Para Sylvio Roméro (1894) seria possível utilizar a mescla biológica para branquear os brasileiros. Em "resposta" à questão posta por *von* Martius (1845), sugere que o negro tenha contribuído para o pior da formação da população, e seria necessário diluir seu sangue, incorporando novos elementos por meio da imigração de europeus. Seu contemporâneo, Joaquim Nabuco (1849-1910) defendeu essa mesma ideia do branqueamento, afirmando que

> um país onde todos sejam livres, onde, atraída pela franqueza de nossas instituições e pela liberdade do nosso regímen, *a imigração europeia traga, sem cessar, para os trópicos uma corrente de sangue caucásico vivaz, enérgico e sadio*, que possamos absorver sem perigo [...]; um país que de alguma forma trabalhe

> originalmente para a obra da humanidade e para o adiantamento da América do Sul. (NABUCO, 2000, p. 101, grifo nosso).

Nina Rodrigues, no início da carreira, já conhecedor da tese das degenerescências e das teorias eugenistas, preocupou-se em estudar as aptidões mórbidas de cada raça, a fim de comparar como se dá o adoecimento em cada uma delas. O problema apontado por ele era a precariedade dos critérios definidores das "raças" no Brasil, dado o perfil miscigenado da maior parte da população. (ODA, 2003, p. 226). Concordava com Sylvio Roméro nesse ponto, ao reafirmar a ideia de que "todo brasileiro é mestiço, se não no sangue, pelo menos nas ideias". (RODRIGUES, 2011, p. 31).

Nina Rodrigues, no final do século XIX, também respondeu à questão posta por Martius (1845) quanto à influência do negro na mescla biológica. Em vários trabalhos (2011, 2010) o médico maranhense deixa claro o seu posicionamento: os negros seriam uma "raça" inferior e sem possibilidade de alcançar o patamar evolutivo do branco europeu, em razão de sua constituição orgânica. Para ele, também, os mestiços estariam fadados à degeneração. (RODRIGUES, 2011, p. 12, 53-54).

Por defender essas ideias, Nina Rodrigues ganhou um crítico contemporâneo com quem convivia na Faculdade Baiana de Medicina: Juliano Moreira que era seu aluno no estudo de caso de um alienado com paranoia querelante – um tipo de patologia psiquiátrica. O objeto de seu estudo era filho de um italiano com uma negra baiana. O paciente era exatamente o típico "produto" da mestiçagem biológica tão temida: um "degenerado". O professor entendeu, então, que essa seria mais uma prova de que a mestiçagem seria um fator de degeneração. O aluno discordou do mestre, por entender que esta era uma maneira fácil e superficial de enxergar o problema, que certamente teria outras múltiplas causas não exploradas. Seus estudos se voltaram, então, para comprovar que a degeneração dos organismos não estava relacionada à "raça", mas em causas de natureza ambiental, comportamental e hereditária. Afirmava que o trabalho do médico não poderia ser influenciado por "ridículos preconceitos de cores ou castas", e que, na luta contra as degenerações, os inimigos a serem combatidos seriam o alcoolismo, a sífilis, as verminoses e as precárias condições sanitárias e educacionais no país (MOREIRA, 1922 *apud* DALGALARRONDO; ODA, 2000, p. 178). Atitude militante que alia teoria e prática, tal como um "homem capaz".

Assim, na esteira de uma releitura organicista da teoria das degenerescências de Benedict Morel (1857), Juliano Moreira tornou-se um dos precursores da mudança do discurso médico acerca da não influência das "raças" na degeneração da população brasileira, e também do movimento sanitarista que teria seu ápice nas primeiras décadas do século XX.

Os combates de Juliano Moreira: a sífilis

A interlocução de Juliano Moreira não se limitou aos intelectuais do seu tempo. No mundo clássico, encontrou subsídios para seus argumentos teóricos contra as teorias racialistas da classe médica. Com o objetivo de refutar a existência do determinismo racial e climático na degeneração da população brasileira, deslocou se olhar para a Grécia: "eu vejo que o meu tentamen tem tantos achaques que os leitores são capazes de tratal-o como a Laconia aos meninos que nasciam monstruosos". (MOREIRA, 1891, V). Platão e Aristóteles forneceram explicações para compreensão das deformações humanas pelas sociedades. Em *Leis*, no diálogo entre Clínias e o Ateniense, Platão (1999) demonstrou que a alma é superior ao corpo e o antecede e conforma. Assim, uma alma nobre é reconhecida num corpo equilibrado e saudável, sem excessos e sem faltas.

Os escritos de Platão (1996, 1999) traziam a ideia de que a condição física era importante para a ascenção da alma, e de que existia um corpo humano ideal, compendiado no estatuário grego; um padrão pré-estabelecido, a partir do qual se decidia sobre o que era conforme e o que era disforme. (Sullivan, 2001, p. 263). Aristóteles (2002) afirmou que o legislador deve cuidar, antes de tudo, da boa conformação do corpo dos cidadãos e, quando dispõe acerca da regulação dos casamentos e dos nascimentos, propõe a existência de uma lei que decida quais recém-nascidos seriam criados e quais seriam expostos,[13] considerando a perfeição do corpo. (ARISTÓTELES, 2002 p. 52). Esses pensamentos de que a degenerescência é o afastamento do modelo e de que há necessidade de se prescrever comportamentos preventivos e corretivos para evitá-la e combatê-la estão presentes na teoria de Morel (1857), e também se apresentam, textualmente, na tese de Juliano Moreira (1891).

Na concepção da teoria das degenerescências e suas proposições profiláticas, constata-se uma herança e transmutação de um sistema particular de valores éticos e estéticos da Grécia clássica, quanto à existência de um modelo e seus desvios. A

13 O termo *expostos* tem a origem na sociedade grega clássica, significando expor os recém-nascidos considerados defeituosos ou indesejados às interpéries, até que morressem de fome, frio ou devorados por animais selvagens. Foi usado até a modernidade, quando foi ressignifcado para designar o abandono de recém-nascidos em orfanatos, instituições religiosas ou casas particulares.

presença dos fundamentos gregos, constantes em *As Leis* (Platão, 1999) e em *Politica* (ARISTÓTELES, 2002), nas ideias cientificistas do século XIX, comprova que não se pode empreender uma análise de uma realidade local ou temporal de forma hermética, pois isto limita os horizontes e impossibilita verificar as configurações e conexões complexas entre elementos. (GRUZINSKI, 2003, p. 322-323).

Do ponto de vista individual, social e institucional, infere-se que a escolha do objeto da pesquisa teve um fator preponderante para Juliano Moreira. No final do século XIX, a epidemia de sífilis era um dos motivos de grande preocupação da classe médica e do governo brasileiro. A doença se traduzia na própria prova biológica da degeneração da "raça", e causaria o comprometimento do futuro da nação brasileira, situação que preocupava toda a classe médica.

Juliano Moreira concluiu que a doença e seu agravamento não seriam em função da miscigenação, mas que haveria um "agente" causador, o *vírus shphilo-microbio*,[14] depois, um "terreno" que seria o organismo e, por fim, os "ambientes" intrínsecos e extrínsecos nos quais estavam inseridos o indivíduo. (MOREIRA, 1891, p. 9). A articulação entre sífilis e degenerescência social instalou-se no pensamento científico brasileiro nas últimas décadas do século XIX, em meio a uma epidemia da doença. A historiografia demonstra que a identificação mais específica da sífilis ocorreu no final do século XV, mas não se tem

14 É importante ressaltar que, embora Juliano Moreira tenha assumido, *a priori*, que a etiologia da doença seria um micróbio, a descoberta do agente etiológico somente se deu no início do século XX, em 1905, quando os bacteriologistas Fritz Schaudinn (1871-1906) e Eric Hoffman (1868-1959) detectaram uma espiroqueta, o *Treponema pallidum*, como agente causador da sífilis.

um conhecimento cabal sobre o seu local de origem. Algumas teoria tentam explicar as origens da sífilis, mas duas delas se destacam. A primeira assevera que a doença é antiga no Velho Mundo. Os dados que fortalecem esta teoria são achados arqueológicos e documentos que indicam a possível existência de um caso de sífilis terciária, na Grécia Antiga, na cidade de Metaponto, há aproximadamente 600 a.C. A segunda teoria é a de que a sífilis, originária do continente americano, teria sido levada à Europa quando Cristóvão Colombo retornou ao velho continente com índios americanos. (JACOBINA, 2014).

É possível afirmar que inexistia uma caracterização médica própria para esta doença até o final do século XV e início do século XVI. Além disso, o fato de os europeus não apresentarem resistência imunológica[15] contra a doença gerou uma epidemia devastadora na Europa e se alastrou pela América, em razão do fluxo humano que se estabeleceu entre os continentes.

Sobre a causalidade da doença, as primeiras teorias eram místicas, pautadas em interpretações astrológicas e supersticiosas. A sífilis era considerada uma peste que infectava todo o organismo: o leite materno, o esperma, o suor, a saliva e, especialmente, o sangue, podendo ser transmitida por atingir tais fluidos e corromper o que se considerava mais nobre deles, o sangue. (CARRARA, 1996, p. 35). A doença adquirira o seu caráter estigmatizador e hereditário, pois acreditava-se que o sangue incorporava tanto as energias quanto as virtudes físicas e morais. Logo, o sangue tornava-se, também, o critério para se

15 Em termos médicos, não apresentar quaisquer resistências imunológicas significa dizer que o organismo não foi exposto ao agente infectante e, não reconhecendo a doença, é incapaz de neutralizá-la. É este mesmo princípio que fundamenta a medicina preventiva por meio da vacinação.

estabelecer, além das relações de parentesco, os lugares sociais de mestiços e negros, pois este portariam a condição *sine qua non* para a incidência degenerativa.

A disseminação da sífilis foi creditada a uma pseudossexualidade exacerbada do brasileiro mestiço. (CARRARA, 1996). Entendia-se que a presença de negros e o clima cálido favoreceria a puberdade precoce, a devassidão e a sensualidade determinadas pelos negros e seus descendentes. O sifilógrafo baiano Egas Moniz de Aragão[16] chegou a afirmar a existência de uma "lubricidade simiesca sem limites"[17] nos negros brasileiros, em razão dos diagnósticos de cancros extragenitais indicando o que era denominado "práticas perversas" do sexo. (CARRARA, 1996, p. 127-128).

Em estudo que impactou as reflexões sobre a sifilografia no Brasil, Freyre (1980) destacou, não apenas o caráter clínico-epidêmico da doença, mas, especialmente, a sua estigmatização. Ele tomou como base o fato da sífilis ter sido identificada como um problema que transcendia a saúde individual, transbordando para a família, a "raça" e a nação. O mal não seria autóctone, sendo trazido ao Brasil pelo colonizador; logo os indígenas, negros e mestiços não seriam promíscuos por natureza. Os europeus é que tinham mais malícia sensual e durante o degradante

16 Egas Moniz Barreto de Aragão nasceu no ano de 1870, em Salvador, na Bahia, e faleceu em 1924. Foi professor de História Natural Médica e autor de vasta bibliografia sobre dermatologia e sifilografia (BATISTA, 2015, p. 191).

17 Esta associação das habilidades humanas com os animais comprova a presença das ideias fisionômicas zoomórficas presentes nos primeiros tratados de Fisiognomia da antiguidade clássica (Aristóteles, 1960, 1999). No mundo Ocidental, o primeiro tratado mais completo sobre estas comparações, com marcante influência aristotélica, foi escrito no século XVI. Ver: PORTA, Giambattista Della: *De Humana Physiognomia libri III*, Nápoles, 1586.

sistema escravocrata e patriarcal da conquista portuguesa, teriam sido eles os responsáveis por criar um ambiente de precocidade da sexualidade e de propagação de doenças venéreas, como a sífilis. Segundo Freyre (1980), a doença se instalou nos primeiros contatos com os povoadores, ainda na fase de exploração costeira que antecedeu a verdadeira empresa colonial, assim, o início da miscigenação marcaria também o início da sifilização. (FREYRE, 1980, p. 47).

No final do século XIX e na primeira metade do século XX, havia a crença de que a gravidade da sífilis era superior em países de clima quente e de que a malignidade e a precocidade eram maiores nas pessoas da "raça negra", agravando-se em descendentes miscigenados. Carrara (1996) menciona que o sifilógrafo Alfred Fournier é o principal responsável por atribuir à sífilis a causa de quase todas as malformações e monstruosidades físicas, pois afirma ter sido, sem dúvida, "esta característica hereditária a que mais singularizou a sífilis perante todas as outras doenças infecciosas". (CARRARA, 1996, p. 40). Neste contexto, os brasileiros, por sua miscigenação biológica sem controle, e por viverem em clima quente, seriam "degenerados", tanto moral quanto racialmente.

Diante dessa espécie de etiologia social envolta em metafísica, preconceitos e superstições, a luta contra a sífilis era uma das dimensões de um embate maior contra as degenerações. Isto porque, nesse período, de 1870 às primeiras décadas do século XX, a partir de diagnósticos banalizados, ela se tornou uma doença da "raça", adquirindo um valor propriamente social, oferecendo-se como importante ponto de articulação dos discursos nacionalistas no Brasil.

Foi contra esse pensamento do determinismo racial e climático e de banalização do diagnóstico da sífilis que Juliano

Moreira rearticulou a tese das degenerescências de Morel (1857), usando a noção de causa de uma forma inovadora na sifilografia brasileira. Ocupou-se do estudo de uma etiologia microbiana: o agente. Apresentou uma multicausalidade que ampliou a discussão sobre sífilis, "raça" e degenerescência, culminando, cerca de três décadas mais tarde, no abandono da ideia de influência da "raça" em relação à sífilis e à degeneração.

Quando Juliano Moreira escreveu sua tese, a natureza contagiosa da sífilis já era deduzida. Na primeira parte da obra, intitulada *Influencia do syphilo-microbio*, ele discorre brevemente sobre esse possível agente etiológico, o qual somente foi descoberto em 1905. Conclui que tão importante quanto o vírus ou bactéria, termos que no dicionário médico da época eram considerados sinônimos, é o "terreno" – organismo – em que o mal se propaga e apresenta o seu posicionamento contrário ao determinismo racialista.

> Do que temos dito ja bem se evidencia que, com acreditarmos que a quantidade dos syphilos-microbios seja as mais das vezes a intimidade causal da gravidade e da malignidade, também não duvidamos que o terreno seja quasi sempre, sinão sempre, a causa productora da mais ou menos livre pollulação dos syphilos-microbios. (MOREIRA, 1891, p. 16).

Explica e consolida seu pensamento acerca do conceito de "terreno" e da importância do ambiente reforçando a ideia de que, nos casos de infecções, são dois os fatores a serem considerados: um agente infeccioso e um terreno ou meio propício à sua cultura. Sobre o agente infeccioso, como já fora visto, ele aderiu às teorias bacteriológicas que estavam em pleno desenvolvimento na medicina. Em relação ao que denominou meios propícios, citou a influência de inúmeras moléstias, a desnutrição crônica vinculada à miséria e, na esteira do pensamento de Morel (1857) e seus seguidores, destacou o significativo papel do alcoolismo. Mais do que apontar para um potente agravador do quadro sifilítico, ele combinou a degradação fisiológica, em razão da quantidade e da falsificação, ao apelo moral, quando condenou o abuso e o comportamento desregrado relacionado à bebida alcoólica: "o exagero de um uso abole-lhe os bons effeitos e origina às correlatas consequências do abuso" (MOREIRA, 1891, p. 20), tal qual fizera o francês Morel, em 1857.

Juliano Moreira não faz uma relação explícita de causa e efeito entre modernidade e degenerescências, mas, como sujeito ligado ao valor das instituições, propõe o que Carrara (1996, p. 128) designou "intervenção científica e social esclarecida", apresentando "fitos estratégicos que devem balizar a arena do combate á difusão da syphilis". (MOREIRA, 1891, p. 141). Sobre o abuso do álcool, Juliano Moeira conquiu que

> claro fica portanto que a syphilis nao podia ser senão exasperada em seus effeitos vindo enxertar-se em um organismo chronicamente alcoolisado.[...] Bastante conhecida é a influencia do alcoolismo sobre a produção das diversas nevropathias; portanto não é mais para duvidar-se que elle seja um dos mais frequentes factores das cerebro-syphiloses precoces asimm como das myelo-syphiloses. Muitas são as observações existentes nos annaes da sciencia em apoio a esta asserção. Nós cremos que no alcoolismo está a causa de muitos casos de syphilis maligna. (MOREIRA, 1891, p. 24).

Compreendeu a malária como causa extrínseca para o agravamento da sífilis no organismo e enfatizou três casos de pacientes acometidos por sífilis que se apresentaram à Santa Casa de Misericórdia entre os anos de 1889 e 1890: um homem qualificado como pardo no registro médico, oriundo da cidade de Feira de Santana; outro paciente da cidade de Entre Rios; e o último, baiano, porém sem nomear a cidade de origem. Juliano Moreira (1891, p. 27-29), ao examinar os casos, deixa claro seu diagnóstico à causa da infecção e do agravamento destes casos clínicos: todos foram, antes da sífilis, acometidos por malária, o que agravara o quadro sifilítico. Nestes estudos de casos relatados, mais uma vez, encontra-se íntima relação com as causas das degenerescências apontadas por Morel (1857, p. 47-63), que cita o paludismo como provocador da degradação humana.

Juliano Moreira enumera, ainda, vários outros agentes modificadores e agravadores da doença: escrófulo-tuberculose, escorbuto, diabetes, gotas, nephrismo (nefrites) e herpetismo, idades extremas (infância e velhice), gravidez e puerpério, abuso e insuficiência das funções, que seria o comportamento desviante que agride e debilita o organismo. Na verdade, ele amplia as causas ambientais presentes no tratado de Morel (1857), provavelmente em razão de releituras e rearticulações de pesquisadores da medicina alemã, à qual se filiara desde os tempos de estudante.[18]

Sobre abuso e insuficiência das funções, relaciona a fadiga resultante de uma superatividade laboral – manual ou intelectual – à sífilis cerebral, tal como consta em Morel (1857), que relacionou, dentre as causas degenerativas, o exercício de profissões

18 A Escola Tropicalista Baiana, cujas ideias eram veiculadas por meio da Gazeta Médica da Bahia, era a associação científica mais avançada do período, no Brasil, certamente em razão do trânsito de saberes

em situações adversas. Mas, assim como ocorreu na descrição do alcoolismo, aparece novamente o apelo moral tributário da teoria francesa. Denunciou as questões de higiene moral, ao se referir a outro tipo de fadiga, que descreveu como a de um "vasto exército de inativos" que, ao "cevarem-se de prazeres, funestam a vida". (MOREIRA, 1891, p. 75).

Na análise e descrição das multicausalidades, aponta a falta ou inadequação de tratamentos adequados como elemento agravador da sífilis maligna precoce. Para ele, a maioria dos casos de sífilis e seus efeitos posteriores decorriam de descuido ou ignorância dos próprios pacientes, demonstrando a diferença entre os indivíduos que frequentavam a clínica particular e que eram diagnosticados e submetidos às terapêuticas, e aqueles que iam aos hospitais filantrópicos somente em último caso, muitas vezes tardiamente, quando já apresentavam a sífilis maligna precoce.

Os conceitos de agente, terreno e ambiente explicados por Juliano Moreira auxiliaram na tentativa de negar a mestiçagem como fator degenerativo, apesar de não refutar a teoria das degenerescências, questionando apenas as *causae per se*, tais como a "raça" e o clima, sinalizando para uma degenerescência social e não racial.

médicos dos seus fundadores. Teve muita influência na formação dos acadêmicos da Faculdade de Medicina da Bahia. Nela, fazia-se a defesa da medicina social nas políticas públicas, conforme o pensamento do português John Ligertwood Paterson, e da medicina organicista e experimental alemãs nas pesquisas clínicas, seguindo os preceitos do médico Otto Edwards Henry Wucherer. Foi nesse ambiente científico, em profunda ligação com a medicina alemã, que nasceu a trajetória intelectual de Juliano Moreira. Ele viria a fazer parte da segunda geração da Escola Tropicalista e da Gazeta Médica de Medicina, inclusive dirigindo a redação do periódico médico (Jacobina, 2008).

As conclusões de Juliano Moreira

A influência climática e racial sobre a malignidade da doença era uma das princiapis hipóteses consideradas como provocadoras das degenerações humanas. Para refutá-las, Juliano Moreira examinou as ocorrências registradas na Alemanha, Rússia, Índia, Islândia, Holanda, Dinamarca, Inglaterra, França, Itália, Espanha, Escócia, Bélgica, Oceania, China, Japão, Argélia, Tunísia, Turquia, Afeganistão, Síria, México, Portugal, Ilha Maurícia, Estados Unidos da América, incluindo Honolulu e, por fim, no Brasil, especificamente na Amazônia e na Bahia.

Com base na análise do trabalho dos sifilógrafos de países de várias zonas isotérmicas, Juliano Moreira (1891, p. 88-131) realizou um estudo comparado demonstrando que, além de medicina, possuía conhecimento geográfico e histórico, o que pode ter decorrido, em especial, da leitura do tratado *Kosmos*, de Humboldt (1846). Sua pretensão era provar que o agravamento e a forma maligna e degenerativa da doença se davam mais em razão dos organismos, dos comportamentos individuais, dos valores sociais e das condições sanitárias, reforçando sempre a ideia de "terreno," ao invés do próprio agente transmissor. Logo, a degeneração explica-se mais por questões sociais que raciais. Analisando países de clima frio e temperado, afirmou que a malignidade ou benegnidade apurada ocorre em razão do grau de "civilização" desses povos: "a syphlis é benigna na Islândia porque os seus habitantes teem costumes correctos e regularisados [...] possue ainda na sua modestia a preeminencia dos povos em que quasi não existem analphabetos". (MOREIRA, 1891, p. 95). Conclui que os muitos casos de sífilis maligna na Rússia, na mesma zona climática da Islândia, deve-se ao grande consumo de bebidas alcoólicas: "Ahi analysamos toda uma zona climaterica e vimos differenças profundas que existem entre os povos que a habitam [...] Porque não é a syphilis mais frequente e grave ao norte que ao sul? Porque os casos graves vem antes a Transcaucasia que de Arkhangel?". (MOREIRA, 1891, p. 103).

Juliano Moreira apresentava um pensamento sofisticado na escrita dos seus trabalhos; além de utilizar sutis ironias e metáforas, confrontava os diversos pensadores, de forma que não expunha um entendimento antes de analisar e contrapor os vários prismas da questão. As explicações das degenerações por questões raciais advém de pensamentos tão rasos e mesquinhos que ele discorre apenas porque faz parte da discussão científica do período, e não porque tenham qualquer base científica, naquele momento da medicina: "Poderia ter feito, do estudo da influencia das raças, um capitulo a parte, mas não achando grande importancia nelle [...] reservei-lhe um lugar no meio do estudo do clima, onde elle estará tanto mais apropriado [...]". (MOREIRA, 1891, p. 135, grifos nossos).

Mais do que negar a influência de "raças" na degenerescência, ele também afirmava que não havia "raças" puras. No seu entender, os grupos étnicos são combinações, em proporções diversas, das muitas variações do gênero humano pelo mundo. Assim, "ha caucasianos tão pretos quanto ethiopes, ha ethiopes tão amarellos quanto mongolicos. [...] quão difficil é o estudo das variações physiologicas". (MOREIRA, 1891, p.136). Atualmente, os estudos genéticos demonstram que uma individualidade genômica humana apresentada como de uma pessoa da "raça negra", no nível do produto gênico – fenótipo –, pode ter, no DNA – genótipo -, a ancestralidade mais europeia do que africana. (JACOBINA, 2014, p. 459; Pena, 2002).

Quando a maior parte dos intelectuais brasileiros entendia que havia correlação entre a gravidade da sífilis, mestiçagem e degeneração, Juliano Moreira (1891, p. 138), categoricamente, contra-argumentava: "quando um tratamento conveniente é feito, a syphilis tem no indivíduo de côr preta a mesma benignidade que no de côr branca que tratar-se, guardadas as diferenças individuais de saúde". Ainda afirmava que os indivíduos são produtos do meio em que habitam e das condições do lugar habitado. (MOREIRA, 1891, p. 139). Explicações que formulam a ideia de degenerescência social, e não apenas produto das mestiçagens ou das origens "raciais" dos indivíduos e grupos sociais.

Em consonância com seu interlocutor privilegiado e as rearticulações higienistas que dela se seguiram, apresentou suas ideias acerca da necessidade de políticas públicas profiláticas no combate à degeneração no Brasil. Indica que "de facto ahi onde não há hygiene, onde há incúria, onde não há sã alimentação, onde não há conveniente tratamento, onde há um organismo assolado por propathias anemiantes é que a syphilis é grave". (MOREIRA, 1891, p. 140).

Refutou a tese de determinismo "racial" nas degenerações e, assim como Rousseau (2016), conectou o enfraquecimento do organismo e a degradação física e moral ao comportamento do indivíduo, ao ambiente desfavorável e, só então, à hereditariedade. Como Morel (1857), fundamentou-se em Rousseau (2016), além das escrituras sagradas cristãs, também o fez Juliano Moreira, acreditando que é "porque os homens se desviam na maneira de usar a coisas não naturais, porque eles estão errados em sua conduta, que a espécie se degenera". (DORON, 2013, p. 993). Portanto, as degenerações, para ele, não são naturais ou raciais, mas, acima de tudo, provenientes de um regime de vida que pode ser modificado, justamente para conservá-la. Infere-se que as conclusões de Juliano Moreira sintetizam para a degeneração social decorrente das condições sanitárias e higiênicas.

Referências

ARISTÓTELES. *A Política.* Texto integral, Martin Claret, 2002, Torrieri Guimarães.

BENETTI, Marcia; FREITAS, Camila. A fenomenologia da memória e o "homem capaz" do jornalismo. *Conexão – Comunicação e Cultura,* UCS, Caxias do Sul – v. 14, n. 28, jul./dez. 2015, p. 167-185.

CALAINHO, Daniela Buono. *Agentes da fé:* familiares da Inquisição portuguesa no Brasil Colonial. Bauru, SP: Edusc, 2006.

CARRARA, Sérgio. *Tributo a Vênus:* a luta contra a sífilis no Brasil, na passagem do século aos anos 40. Rio de Janeiro: FIOCRUZ, 1996.

CATROGA, Fernando. *Memória, história e historiografia.* Rio de Janeiro: Editora FGV, 2015.

DORON, Claude-Olivier. *Races et dégénérescence.* L'émergence des savoirs sur l'homme anormal. Histoire, Philosophie et Sociologie des sciences. Université Paris-Diderot, 2011. 1521f. Tese [Doutorado em Filosofia] Paris VII, Français. Disponível em: https://tel.archives-ouvertes.fr/tel-00876157/document>. Acesso em: 23 set. 2018.

DOSSE, François. *Paul Ricoeur:* um filósofo em seu século. Rio de Janeiro: Editora FGV, 2017.

FOUCAULT, Michel. *Os anormais.* Curso no Collège de France (1974-1975). São Paulo: Martins Fontes, 2001.

FREYRE, Gilberto. *Casa Grande & Senzala.* 20. ed. São Paulo: Círculo do Livro, 1980.

GRUZINSKI, Serge. O historiador, o macaco e a centaura: a "história cultural" no novo Milênio. Conferência feita pelo autor no Auditório do Departamento de Antropologia da FLCHUSP em 15 de setembro de 2002. Revista pelo autor. *Estudos Avançados* 17 (49), 2003. Disponível em: <http://www.scielo.br/pdf/ea/v17n49/18412.pdf>. Acesso em: 28 jun. 2018.

GUEDES, Roberto. De ex-escravo à elite escravista: a trajetória de ascensão social do pardo alferes Joaquim Barbosa Neves (Porto Feliz, São Paulo, Século XIX). In: FRAGOSO; João; ALMEIDA, Carla Maria Carvalho de; SAMPAIO Antônio Carlos Jucá (org.). *Conquistadores e negociantes:* história de elites no Antigo Regime nos trópicos, América Lusa, Séculos XVI a XVIII. Rio de Janeiro: Civilização Brasileira, 2007.

IVO, Isnara Pereira. A conquista do sertão da Bahia do Século XVIII: Mediação cultural e aventura e um preto forro no Império Português. Londrina: *ANPUH - XXIII* Simpósio Nacional de História, 2005.

IVO, Isnara Pereira. *Dinâmicas de mestiçagens no mundo moderno:* sociedades, culturas e trabalho. Vitória da Conquista: Edições Uesb, 2016.

IVO, Isnara Pereira e SANTOS, Ocerlan. Mestiçagens e distinções sociais nos sertões da Bahia do século XIX. *Revista de história regional*, 21(1), 2016, p. 110-129. Disponível em:http://www.revistas2.uepg.br;index.php.rhr>. Acesso em: 12 jan. 2018.

JACOBINA, Ronaldo Ribeiro et al. Nina Rodrigues, Psiquiatra: Contribuições de Nina Rodrigues nos campos da psiquiatria Clínica, Forense e Social. *Gazeta Médica da Bahia,* 2006; 78: suplemento 2: S11-S12.

JACOBINA, Ronaldo Ribeiro. A "Escola Tropicalista" e a Faculdade de Medicina da Bahia. *Gazeta Médica da Bahia.* 78 (2), 2008; pp. 86-93.

JACOBINA, Ronaldo Ribeiro. Nem clima nem raça: a visão médico-social do acadêmico Juliano Moreira sobre a sífilis maligna precoce. *Revista Baiana de Saúde Pública,* v. 38, n. 2, abr./jun. 2014, p.432-465.

LYRIO, Alexandre. *Juliano Moreira:* o terapeuta do afeto. Salvador: Edições Alba, 2012.

MARCOLIN, Neldson. O alienista. *Revista Pesquisa Fapesp*. Edição 124, jun., 2006. Disponível em: <http://revistapesquisa.fapesp.br/2006/06/01/o-alienista/>. Acesso em: 20 jun. 2016.

MARTIUS, Karl Friedrich Von. Como se deve escrever a história do Brasil. *Revista Trimestral do Instituto histórico e geographico brasileiro,* vol. 06, n. 24, 1845, p. 381- 403. Disponível em: <http://brasilindependente.weebly.com/uploads/1/7/7/1/17711783/von_martius_como_se_deve_escrever_a_historia_do_brasil_1845.pdf>. Acesso em: 25 jul. 2018.

MATTOS, Hebe Maria. *Escravidão e cidadania no Brasil monárquico.* Rio de Janeiro: Jorge Zahar, ed., 2000.

MOREIRA, Juliano. *Etiologia da Syphilis Maligna Precoce*. 1891. Tese (Doutoramento em Medicina) – Faculdade de Medicina de Bahia, Salvador, 1891.

MOREL, Benedict-Ausgust. *Traité des dégénérescences physiques, intelectuelles et morales de l'espèce humaine et les causes qui produisent ces variétés maladives.* Paris: Baillière, 1857. Disponível em: <https://archive.org/details/traitdesdg57more/page/n9>. Acesso em: 06 out. 2018.

NABUCO, Joaquim. *O Abolicionismo*. São Paulo: Publifolha, 2000. (Grandes nomes do pensamento brasileiro da Folha de São Paulo). Disponível em: <http://www.dominiopublico.gov.br/download/texto/bv000127.pdf>. Acesso em: 30 maio 2018.

ODA, Ana Maria Galdini Raimundo. *Alienação Mental e Raça* – a psicopatologia comparada dos negros e mestiços brasileiros da obra de Raimundo Nina Rodrigues. 2003. 438f. Tese (Doutoramento em Ciências Medicas-Saúde Mental) – UNICAMP, São Paulo, 2003. Disponível em: <http//www.polbr.med.br/arquivo/wall201.htm>. Acesso em: 14 ago. 2018.

OLIVEIRA, Jane Souto de. *"Brasil mostra a tua cara"*: imagens da população brasileira nos censos demográficos de 1872 a 2000. Rio de Janeiro: Escola Nacional de Ciências Estatísticas, 2003. Disponível em: https://biblioteca.ibge.gov.br/visualizacao/livros/liv2434.pdf>. Acesso em: 01 maio 2018.

PAIVA, Eduardo França. *Dar nome ao novo:* uma história lexical da Ibero-América entre os séculos XVI e XVIII (as dinâmicas de mestiçagens e o mundo do trabalho). Belo Horizonte: Autêntica, 2015.

PAIVA, Eduardo França; BORGES, Eduardo José Santos; FLEXOR, Maria Helena Ochi; SEVERES, Suzana Maria de S.S. *Poderes, Identidades e Sociedades na América Portuguesa (Séculos XVI a XVIII).* 1. ed. São Paulo: Alameda, 2017.

PENA, Sergio D. J. (org.). *Homo brasilis:* aspectos genéticos, linguísticos, históricos e socioantropológicos da formação do povo brasileiro. São Paulo: FUNPEC-RP, 2002.

PIVA, Edgar Antônio. A questão do Sujeito em Paul Ricoeur. *Síntese,* Belo Horizonte, v. 26, n. 85, 1999, p. 205-237.

PLATÃO (427-347 a.C.). *Diálogos III* – A República. Tradução de Leonel Vallandro. Rio de Janeiro, Ediouro, 1996.

______. *Leis.* Trad. Edson Bini. São Paulo: Edipro, 1999.

PORTOCARRERO, Vera. Arquivos da loucura: Juliano Moreira e a descontinuidade histórica da psiquiatria [online]. Rio de Janeiro: Editora FIOCRUZ, 2002. *Loucura & Civilização collection,* v. 4. Disponível em: <http://books.scielo.org>. Acesso em: 01 maio 2018.

PSEUDO ARISTÓTELES. *Fisiognomía.* Introducción, Traducción y Notas de Teresa Martínez Manzano y Carmen Calvo Delcán. Madrid: Editorial Gredos, 1999.

PSEUDO ARISTÓTELES. *Segredo dos segredos.* Tradução Portuguesa, segundo um manuscrito Inédito do Século XV. Lisboa: Faculdade de Letras, 1960.

RAMOS, Jair Souza. O Brasil sob o Paradigma Racial: Sociologia Histórica de uma Representação. In: PENA. D.J. (org.). *Homo brasilis*: aspectos genéticos, linguísticos, históricos e socioantropológicos da formação do povo brasileiro. São Paulo: FUNPEC-RP, 2002.

RICOEUR, Paul. *A memória, a história, o esquecimento*. Trad. Alain François [et al.]. – Campinas, SP: Editora Unicamp, 2014.

RODRIGUES, Nina. *Os Africanos no Brasil* [online]. Rio de Janeiro: Centro Edelstein de Pesquisa Sociais, 2010. Disponível em: <http://books.scielo.org>. Acesso em: 12 jun. 2018.

RODRIGUES, Nina. *As Raças Humanas e Responsabilidade Penal do Brasil* [online]. Rio de Janeiro: Centro Edelstein de Pesquisa Social, 2011. Disponível em: <https://static.scielo.org/scielobooks/h53wj/pdf/rodrigues-9788579820755.pdf>. Acesso em: 12 jun. 2018.

SKIDMORE, Thomas E. *Uma História do Brasil.* Rio de Janeiro: Editora Paz e Terra, 1998.

SULLIVAN, Richard. *Deformity* – A modern Western prejudice with ancient origins. Proc R Coll Physicians Edinb. 31. 2001, p. 262-266.

VÁSQUEZ-VALENCIA, Maria Fernanda. *Degenerados, Criminosos e alienados*: para a história de um conceito de degeneração na Colômbia – 1888-1950. 2015, 422f. Tese (Doutoramento em filosofia e ciências humanas) – Universidade Federal do Santa Catarina, Florianópolis, 2015.

VENANCIO, Ana Teresa A. Doença Mental, Raça e Sexualidade nas Teorias Psiquiatras de Juliano Moreira. *PHYSIS: Rev. Saúde Coletiva*, Rio de Janeiro, 14 (2), 2004, p. 281-305.

VENANCIO, Renato Pinto; SOUSA, Maria José Ferro de; PEREIRA, Maria Tereza Gonçalves. O Compadre Governador: redes de compadrio em Vila Rica de fins do século XVIII. *Revista Brasileira de História*. São Paulo, v. 26, n. 52, 2006, p. 273-294. Disponível em: < http://www.scielo.br/pdf/rbh/v26n52/a12v2652.pdf>. Acesso em: 12 out. 2018.

Clara Gonçalves: a mulher de fronteira e o ocultamento da cultura africana nos sertões baianos. Século XVIII

Marcos Profeta Ribeiro[1]

Este artigo objetiva evidenciar o trabalho da cabo-verdiana Clara Gonçalves na estruturação das fazendas de gado dos sertões baianos,[2] na primeira metade do século XVIII, identificando os seus liames culturais. A trajetória desta mulher, que indiretamente esteve ligada às raízes históricas do município de Vitória da Conquista (BA), sofreu ao longo de muitos anos um nítido processo de ocultamento de suas raízes culturais, ocorrido à revelia de suas ações, cujas origens remontam às tradições africanas. O esforço de priorizar as ações de Clara Gonçalves segue a premissa, proposta por Dias, de "não aceitar totalidades universais" (DIAS, 1992, p. 40), que insistem na prescrição normativa dos papeis de gênero e relegam às mulheres um aspecto

---

1 Professor da Universidade Estadual da Bahia (UNEB), campus de Caetité. O presente trabalho foi realizado com apoio da Coordenação de Aperfeiçoamento de Pessoal de Nível Superior - Brasil (CAPES).

2 Agradeço ao estudante da Universidade Estadual do Sudoeste da Bahia (UESB), Tiago José Soares Silva, pelo valioso auxílio de identificar a certidão de casamento de Clara Gonçalves, bem como na transcrição do inventário dela, além de outros documentos. Agradeço também às professoras Napolitana Santana, da Universidade Federal do Oeste da Bahia (UFOB) e Gabriela Amorim Nogueira, da rede estadual de ensino, pelo acesso às certidões contidas no "Livros de Registros de Casamentos da Freguesia de Santo Antonio do "Orubu de Sima" (atual município de Paratinga - Ba).

a-histórico no processo de povoamento e expansão da colonização. Dessa forma, "a despeito dos condicionamentos culturais", que determinaram papeis específicos aos gêneros nas frentes de povoamento, nosso desafio visa enxergar as mulheres como "agentes de si mesmas" (DIAS, 1992, p. 41) nesse processo.

Assim, evidenciaremos o trabalho de Clara Gonçalves na formação da fazenda Brejo das Carnaíbas, no atual município de Guanambi (BA), local para onde foi levada, após ser traficada de Cabo Verde, África. Ao mesmo tempo, analisaremos suas táticas para abrandar o estigma de "preta forra" no contexto social das fazendas em formação nos sertões baianos, bem como o ocultamento destas ações levado a cabo pelos sujeitos envolvidos no processo histórico. Nesta perspectiva, consideramos a atuação desta mulher como um dado cultural, forjado com base na experiência anterior, aprendida na dura faina do viver cotidiano das fazendas pioneiras e transmitido para as gerações seguintes.

Personagens e cenário histórico: a fazenda de gado sertaneja

Na manhã de 15 de agosto de 1738, na fazenda Brejo das Carnaíbas, de propriedade de Pedro Leolino Mariz, localizada no atual município de Guanambi-Ba, Clara Gonçalves contraiu casamento com o português Mathias João da Costa.[3] Não fosse as implicações históricas do envolvimento destas três personagens, este consorte poderia ser considerado apenas um em meio

3 Informações retiradas do Livros de Registros de Casamentos da Freguesia de Santo Antonio do "Orubu de Sima", n.º 2, 1721-1758. Casamento de Mathias João da Costa e Clara Gonçalves, 15/08/1738. Folha não numerada. Arquivo da Cúria Diocesana de Bom Jesus da Lapa – Bahia. (Doravante, Livro de Casamento, S.A.U, nº. 2, 1721-1758. Mathias e Clara, 15/08/1738. ACD Bom Jesus da Lapa).

a tantos outros ocorridos nas fazendas sertanejas localizadas entre as freguesias de Santo Antônio do Urubu de Cima[4] e Rio de Contas.[5] Vale destacar, contudo, que apenas a trajetória dos homens ocupou atenção da historiografia baiana. Ao passo que, o proprietário daquela fazenda, Pedro Leolino Mariz,[6] foi destacado como desbravador de vasta área dos sertões baianos e mineiros, na primeira metade do Setecentos. O nubente, Mathias João da Costa, por sua vez, é citado em textos de autores que o associam, de certo modo, às raízes históricas da cidade de Vitória da Conquista, na Bahia.

Iniciando nossa análise pelo local do casamento, temos as seguintes informações, contidas na obra de Felisbello Freire. Segundo este autor,

> do arraial do Bom Jardim seguia estrada, passando por diversas fazendas de gado, até galgar o rio Paramirim, cujo curso segue ela até suas cabeceiras, de onde dirigia-se para a fazenda do Brejo das Carnaíbas, propriedade do mestre de Campo Pedro Leolino Mariz. No trecho da estrada na bacia do Paramirim existiam alguns engenhos para a fabricação de aguardente, rapadura e açúcar. Em toda a extensão da estrada é essa a primeira zona de produ-

---

4 Atual município de Paratinga (BA). Surgiu a partir de uma fazenda, atribuída no Roteiro de Quaresma Delgado como pertencente à Joana Guedes de Brito. Segundo Nogueira (2011. p. 50), "Sendo localizada em ponto estratégico dos "caminhos dos sertões", logo tornou-se local de passagem de boiadores e tropeiros que conduziam suas boiadas e mantimentos para a região das Minas e da Bahia de Todos os Santos."

5 Segundo Almeida (2012, p. 26), "as minas do Rio das Contas foram oficialmente abertas por Carta Régia de 31 de outubro de 1721" e a criação da vila de N. S.do Livramento de Rio de Contas, ocorreu em 1725.

6 Sobre este sertanista, ver Ivo, 2012; Santos, 2010.

> ção agrícola. A pouca distância da fazenda daquele mestre de campo, fica a fazenda das Barrocas, onde encontrava-se a estrada que vai da Bahia a Minas Novas. (FREIRE, 1906, p. 850).

Dentre as várias informações acima, interessa-nos a de que a fazenda Brejo das Carnaíbas constitui-se, assim como muitas outras da região, em uma unidade de "produção agrícola" e criação de gado *vacum*,[7] inserida no amplo complexo agropastoril dos sertões baianos. Além disso, a referência a Pedro Leolino Mariz como proprietário sugere considerar essas fazendas sertanejas como uma "unidade básica de exploração [que] poderia ser uma área arrendada como um sítio, uma situação ou uma fazenda do próprio sesmeiro". (SILVA, 1997, p. 1). Segundo Teixeira da Silva, mesmo no caso dos potentados, como o dos Guedes de Brito por exemplo, não se explorava a totalidade das terras doadas. Nesses casos, de acordo com o mesmo historiador,

> muitos sesmeiros, é verdade, mandavam prepostos, livres ou escravos, para montarem currais no Sertão. Continuamos, neste caso, face a uma forma de exploração direta. Mas, a maioria preferia (...) arrendar as terras recebidas ou recém-conquistadas. Este era o objetivo básico dos desbravadores ao lutar por imensas sesmarias: arrendar as terras recebidas. Cabe aqui, portanto, uma distinção fundamental no

7 Os estudos de Felisbello Freire foram amplamente baseados no Roteiro de Quaresma Delgado (Delgado, J. Q.): "Derrota das cabeceiras do rio Verde até sua barra e daí ao arraial dos Morrinhos e dele correndo o rio de S. Francisco até a barra do Paramirim acima até a fazenda do Riacho de S. Apolônia e da fazenda correndo a parte direita a oeste até buscar a serra e por ela acima até o Brejo das Carnaíbas e deste sair na estrada da Bahia na fazenda das Barrocas." (FREIRE, 1906, p. 509).

> regime de terras. Imensos tratos de terras não implicavam em grandes explorações. (SILVA, 1997, p. 1).

Para o caso da fazenda Brejo das Carnaíbas,[8] a documentação coeva indica que tenha sido este o caso das terras conquistadas por Pedro Leolino Mariz, cuja trajetória se confunde com o processo de expansão das fronteiras sertanejas nos Setecentos. Segundo Ivo, este sertanista protagonizou "grandes feitos aos olhos da Coroa portuguesa nos primeiros anos setecentistas. Ele foi o responsável pela descoberta de uma das minas de salitre da serra de Montes Altos, no alto sertão da Bahia". (IVO, 2012, p. 27). A dinâmica econômica e social destas áreas conquistadas, bem como os trânsitos dos sujeitos entre localidades próximas e distantes, pode ser verificada mediante análise de outros documentos, dentre os quais um que atesta a ligação entre o proprietário da fazenda Brejo das Carnaíbas, Pedro Leolino Mariz, e Mathias João da Costa, nosso segundo personagem nesta análise:

> outros iguais inconvenientes consideram na picada que por ordem do Mestre de Campo Pedro Leolino Mariz vinha abrindo Mathias João seguindo o Rio das Contas, em que além das muitas cachoeiras, cruza naquela campanha grande número de gentio bravo, circunstância esta muito suficiente para que os condutores do Salitre se não queiram sujeitar a seguir semelhante estrada pelo justo receio de que poderão encontrar nela os tristes acontecimentos que de ordinário de experimentam em Pais frequentado pelo mesmo gentio.[9]

---

8 Localizada entre os atuais municípios de Guanambi e Igaporã (BA).

9 "Ofício do Vice-Rei Conde dos Arcos para Thomé Joaquim da C. Corte Real transmitindo as informações que recebera da comissão envia-

A ligação de Pedro Leolino Mariz e Mathias João evidencia convívios mútuos entre estes homens, fato este garantiu benesses ao segundo, pelos serviços prestados ao primeiro. Entre as possíveis benesses, certamente esteve o arrendamento das terras conquistadas por Pedro Leolino Mariz. Na obra de Felisbello Freire (1906, p. 113), consta um dos possíveis ganhos, referenciado em nota de rodapé, de um alvará de terras concedido a Mathias João da Costa, datado de 26 de junho de 1732, "com 1 légua de largo e 3 de comprido. No sítio das catingas do rio Pardo". Além desta, constam ainda, segundo o inventário de Mathias João, analisado por Neves (2013), o sítio Nossa Senhora da Vitória, e as fazendas Ressaca e Vereda.[10]

Atestada a ligação entre os dois sertanistas, cumpre agora inserir Clara Gonçalves nesta trama e evidenciar sua importância histórica na formação das fazendas que, tradicionalmente, estão associadas às ações masculinas.

Aspectos encobertos da trajetória de Clara Gonçalves

Voltando à fazenda Brejo das Carnaíbas, naquela manhã do dia 15 de agosto de 1738, podemos agora analisar as minúcias do casamento ocorrido na localidade. Conforme consta no "Livro de Registros de Casamentos da Freguesia de Santo Antonio do "Orubu de Sima", n.º 2", Clara Gonçalves, "preta forra natural de

da à Serra dos Montes Altos para proceder a exploração do salitre e estudar o caminho mãos fácil e econômico para transportar. Bahia, 15 de setembro de 1758". Projeto Resgate - Bahia. Eduardo de Castro Almeida. Arquivo Histórico Ultramarino (AHU), cx. 19, doc. 3587.

10 O sítio Nossa Senhora da Vitória, compreende o atual município de Vitória da Conquista; a fazenda Ressaca, "à margem direita do riacho do mesmo nome, no atual município de Piripá." (NEVES, 2013, p. 300 e 391).

Cabo Verde, escrava que foi do superintendente Pedro Leolino Mariz",[11] casou-se com o português Mathias João da Costa.

Esta informação, referente à naturalidade e condição social de Clara Gonçalves, até o presente momento, não havia sido registrada pela historiografia baiana. Desta forma, torna-se fundamental analisar alguns aspectos da trajetória desta mulher que, por longos anos, estiveram encobertos pela historiografia, ao ponto de ter sido retratada apenas como esposa do português Mathias José da Costa.

Certamente, o primeiro aspecto refere-se à mobilidade social implícita no excerto da certidão, ou seja, Clara Gonçalves foi traficada como escrava, nesta condição permaneceu por algum tempo e, após alguns anos, tornou-se "preta forra" e proprietária de terras e escravos. Dessa forma, objetiva-se destacar sua inscrição, inicialmente forçada, no "universo cultural" (PAIVA, 2001. p. 32) das fazendas sertanejas e suas táticas de sobrevivência diante de tal condição;[12] as possíveis inflexões históricas que a descoberta da origem étnica pode acarretar; assim como o ocultamento de sua ancestralidade e rompimento do vínculo cultural original.

O trabalho de Clara Gonçalves: inflexões e ressignificações históricas

Através de certo exercício de imaginação histórica, fundamentado em alguns fragmentos de fontes e estudos apro-

11 Livro de Casamento, S.A.U, nº. 2, 1721-1758. Mathias e Clara, 15/08/1738. ACD Bom Jesus da Lapa.

12 "Universo cultural" significa, um "amplo conjunto de diferentes e diferenças, em movimento constante, misturando-se, mas também chocando-se, superpondo-se, em ritmos que as vezes são velozes, de maneira harmoniosa e/ou conflituosa, dependendo de épocas e de regiões, dos protagonistas e de seus objetivos." (PAIVA, 2001. p. 32).

ximados, podemos balizar a trajetória da preta forra, Clara Gonçalves. De saída, nossa primeira pista é o fato dela ter sido escrava de Pedro Leolino Mariz. Segundo Ivo, no contexto de adentramento dos sertões, iniciado entre os séculos XVII e XVIII, este sertanista

> firmou-se como um homem de fronteira, permanecendo no norte de Minas, mantendo, porém, contato administrativo constante com a serra de Montes Altos, na Bahia, e com o sertão dos rios São Mateus e Doce, em Minas Gerais. (IVO, 2012, p. 27).

Esta ligação de Mariz com a capitania de Minas Gerais pode ser atestada por vários documentos e eventos, dentre os quais uma "Carta de Dom Lourenço de Almeida [governador da capitania de Minas Gerais] ao rei", informando sobre "os descobrimentos da comarca de Serro do Frio". Esta carta, datada de 30 de setembro de 1728, informa também ao rei as ordens dadas pelo Vice rei, Vasco Fernandes Cesar, para tomar "posse das Minas ou faisqueiras novamente descobertas na comarca de Serro do Frio" [...] enviando, para o cumprimento destas e demais ordens, o superintendente Pedro Leolino Mariz.[13] Mais do que o conteúdo deste documento, cujas minúcias revelam indícios do esforço da Coroa em controlar a extração e circulação do ouro descoberto, interessa-nos a datação do mesmo, que constata a circulação de Pedro Leolino Mariz pelos sertões baianos e mineiros. Para os fins deste estudo, trata-se de marcações

13 Cf. IVO, 2012, p. 27. Nota de rodapé nº 2. Consultamos a referida transcrição, publicada na Revista do Arquivo Público Mineiro (RAPM) e verificamos que a carta foi escrita em 30.09.1728. Disponível em http://

úteis que podem informar, com relativa segurança, certos pontos de intersecções de trajetórias dos sujeitos aqui analisados.

No inventário de Clara Gonçalves, aberto pelo viúvo Mathias João da Costa, consta a relação dos filhos herdeiros e suas respectivas idades.[14] Tomando como parâmetro a data aproximada da morte de Clara (1741) e a idade do filho mais velho, Roberto (19 anos), podemos recuar a relação do casal para o ano de 1722, aproximadamente. Nota-se, portanto, a manutenção do concubinato entre Matias João da Costa e Clara Gonçalves desde o referido ano de 1722, quando ela certamente ainda se encontrava na condição de escrava do mestre de campo, até a efetivação do sacramento, em 1738, quando então tornou-se proprietária de terras e escravos. Desta forma, não cabe aqui discutir se tal relação ocorreu por consentimento ou subjugação em face das relações desiguais entre os gêneros, mas sim como Clara Gonçalves viu "seu infortúnio ou estratégia recompensados pela conquista da liberdade." (FARIA, 2000, p. 74).

A fim de buscar possíveis respostas, convém retomar o ponto de interseção das trajetórias de Clara, Matias João e Pedro Leolino Mariz, que certamente encontra-se na comprovada li-

www.siaapm.cultura.mg.gov.br/acervo/rapm_pdf/1898.pdf. Acesso em 3 de março, 2019. p. 246-248.

14 Embora quase totalmente deteriorado, foi possível aferir o nome e a idade de todos e todas: Roberto (19), Antônio (17), Leonardo (16), Lucinda (14), Paulo e Timóteo (10), Joana (8), Manoel (9), Maria (6), Rozaura (4) e Joasepha (2). Arquivo Municipal de Rio de Contas (doravante AMRC). Seção Judiciário. Série Inventários. Id: Clara Gonçalves. Cx. 3, mç. 7, doc. 46. 1741-1755. Auto com 81 fls. A informação da relação dos herdeiros, porém sem a menção às idades, pode ser confirmada no testamento de Mathias João da Costa, incluso no inventário deste. AMRC. Seção Judiciário. Série Inventários. Id: Matias Joao da Costa. Cx. 13, mç. 25, doc. 122. 1758-1765. Auto com 137 fls. (incompleto).

gação destes dois homens. O reinol Mathias João da Costa, sob o comando do mestre de campo, incursionou nas diversas empreitadas pelos sertões, tanto nas de Serro do Frio, em 1728, quanto na da Serra de Monte Alto, região na qual se localiza a citada fazenda Brejo das Carnaíbas. Conforme assinalado por Ivo (2012), indivíduos como Mariz e Matias João foram "homens de fronteira", mantendo circulação rotineira pelos sertões entre os séculos XVII e XVIII. Na mesma perspectiva, Santos afirmou que, neste período,

> centenas de homens [fronteiriços] se movimentaram pelos espaços interiores do centro e do norte da América portuguesa, guerreando e preando grupos indígenas, buscando minerais, estabelecendo fazendas de gado e arraiais; formando aos poucos, enfim, um território luso-brasileiro descontínuo e vazado, no qual os enclaves pioneiros subsistiam duramente em meio aos espaços de povoamento tapuia. (SANTOS, 2010, p. 146).

Na retaguarda deste processo, sobretudo no tocante à instalação das fazendas de gado, seja plantando víveres para alimentação de vaqueiros e homens de tropa, seja administrando suas propriedades, estiveram as mulheres de fronteira, tais como a preta forra, Clara Gonçalves. Nos enclaves pioneiros esteve o trabalho feminino, promovendo a dura subsistência, informada por este historiador. Contudo, dada a sua condição de mulher traficada como escrava, de Cabo Verde aos sertões mineiros e baianos, e assim mantida por alguns anos, não podemos perder de vista sua forçada presença neste processo e, sobretudo, suas táticas de sobrevivência diante de tal situação.

Conforme os trânsitos do sertanista, enquanto "homem fronteiriço", é plausível supor que a compra de Clara Gonçalves, por Mariz, tenha ocorrido em alguma praça de comércio mineiro de escravizados, no início da década de 1720, sobretudo devido à proximidade de sua fazenda com estrada da Bahia para Minas. Em seu relato, Quaresma Delgado nos informou a distância até a estrada, bem como das fazendas vizinhas:

> Do Hospício ao Brejo das Carnaíbas do mestre de campo Pedro Leolino Mariz onde há roçaria e engenho de cana, há de estrada 2 léguas e de distância 2; (...) Daqui do Brejo virei para trás a buscar outra vez a fazenda do Hospício e dela daqui o caminho que vai sair na estrada da Bahia, meia légua boa para a parte do norte das Barrocas, caminhos em parte fragosos. Não falta água no caminho. (DELGADO, 1906, p. 509).

Esta estrada, portanto, que ligava Minas à Bahia, serviu para os deslocamentos dos sujeitos aqui pesquisados, corroborando para nossa perspectiva do possível local de aquisição de Clara Gonçalves por Pedro Leolino Mariz. Neste contexto, tanto o tráfico, quanto sua aquisição em tais praças, devem estar associados ao aumento de demanda de escravos ocorrida por conta da descoberta dos veios auríferos. Segundo Mattoso,

> mesmo por volta da metade do século, quando a exploração aurífera alcança seu cume, 40% dos escravos importados são destinados à agricultura. As minas são, porém, quase tão exigentes de mão de obra como a cana de açúcar, mas não conseguem atrair senão cerca de 20% do tráfico negreiro marítimo. Outros escravos são adquiridos para o cultivo

> do algodão e do arroz, a colheita de especiarias, os serviços domésticos, são alugados por seus senhores como assalariados ou servem como artesãos. (MATTOSO, 1990, p. 23).

Evidencia-se que Clara Gonçalves, quando escravizada por Pedro Leolino Mariz, trabalhou em cultivos agrícolas, tais como os informados por Mattoso. Fragmentos do testamento dela trazem indícios também de experiência com manejo de gado e agricultura autóctone, quando declarou possuir, entre outros bens, "quatro vacas nesta fazenda (...) uma rocinha de mandioca". Além desta rocinha, no inventário da preta forra estão listados outros itens, tais como "dois alqueires de milho; alqueires de feijão; alqueires de farinha; cento e cinquenta rapaduras".[15] Não seriam todos estes produtos utilizados para o comércio em praças mineiras, ou ainda para alimentar os escravos da fazenda e os integrantes do terço de Pedro Leolino Mariz? Trata-se de possibilidades plausíveis no contexto dos trânsitos comerciais entre Minas e Bahia. (IVO, 2012).

Depreende-se que, entre a aquisição de Clara Gonçalves enquanto peça, e a abertura do inventário em 1741, vai grande distância, marcada, sobretudo, por táticas visando sua promoção, assim como a dos filhos e filhas. Segundo Júnia Furtado, indivíduos como esta africana, natural de Cabo Verde,

> uma vez inseridos nesta sociedade, sem possibilidades de retorno, a única alternativa possível para diminuírem a desclassificação social que lhes era originária, e os estigmatizava frente à sociedade lo-

15 ARMC. Seção Judiciário. Série Inventários. Id: Clara Gonçalves. Cx. 3, mç. 7, doc. 46. 1741-1755. Auto com 81 fls.

> cal, era imitá-la e alcançar os mecanismos de sobrevivência e promoção social, afastando-se do mundo do trabalho. (FURTADO, 2002, p. 505).

Em certa medida, a trajetória de Clara Gonçalves se assemelha ao quadro analisado pela autora acima citada, sobretudo no tocante à distinção social. Tomando por base a relação de Clara Gonçalves com Mathias João, iniciada por volta de 1720, e sacramentada pelo matrimônio, em 1738, evidencia-se a primeira tática eficaz de Clara Gonçalves em busca do afastamento do estigma da escravidão e do "mundo trabalho". Inegavelmente, a concubinagem lhe rendeu benesses e maior autonomia de movimentos no cenário sertanejo, sobretudo na provável aquisição de algum pecúlio a compra de sua alforria.

Infelizmente não dispomos de estudos específicos referentes às relações de concubinagem nas áreas de fazenda do sertão baiano no século XVIII. Contudo, a relação de Clara Gonçalves com Mathias João não deve ser considerada fato isolado, ocorrido no amplo cenário agropastoril dos sertões baianos. Na fazenda Barrocas, vizinha a do Brejo das Carnaíbas, o proprietário, Inácio da Cruz Prates, na condição de homem solteiro, manteve relações com escravas suas, com as quais teve filhos. Com o intuito de reconhecer os filhos como seus herdeiros legítimos, requereu, junto ao rei D. João V, carta de perfilhação, informando que,

> sendo ele solteiro, como sempre fora até o presente, como homem olhara para duas escravas suas, uma por nome de Úrsula de nação Angola a quem teve um filho por nome Francisco; e a outra por nome Rosa, nação de Guiné, de quem teve três filhos, Maria, Theodorio, Manoel, as quais no tempo em que conceberam e pariram, eram e também são

> ainda hoje solteiras, que com certeza eram seus filhos, e por tais os reconheço (...).[16]

Certamente, Clara Gonçalves, dada as relações de vizinhança entre os moradores das fazendas, conheceu as escravas Úrsula (Angola) e Rosa (Guiné), as seguidas concubinas de Prates. Este último, devido aos convívios rotineiros estabelecidos nos trânsitos entre moradores das duas fazendas, foi escolhido por Clara Gonçalves como um dos testamenteiros dela.[17]

Apesar destas evidentes informações referentes à concubinagem, as aproximações com outras áreas coloniais versarão apenas no tocante à aquisição do pecúlio, visto nessa discussão especificamente como resultante dos movimentos e da autonomia de Clara e de seu concubinato com Mathias João. Assim, não muito distante da fazenda Brejo das Carnaíbas, havia ações de compra de alforrias mediante pecúlio, realizadas por mulheres. Na fazenda de Ana Francisca da Silva, no Brejo do Campo Sêco, termo de Rio de Contas, encontramos várias anotações desta prática, assim descritas por Santos Filho: em 1809 uma escrava do fazendeiro, a "cabra Inês", tratou de obter a sua liber-

16 "Requerimento do tenente coronel Inácio da Cruz Prates ao rei [D. João V] solicitando carta de perfilhação para os seus quatro filhos naturais a fim de que possam lhe suceder nos seus bens." Projeto Resgate. AHU, Bahia avulsos (1604-1828), Cx. 70, doc. 5929.

17 A informação referente a Inácio da Cruz Prates ter sido escolhido com testamenteiro de Clara Gonçalves foi retirada do trecho do testamento dela. Embora de modo aproximado e dedutivo devido às rasuras, foi possível ler o seguinte trecho: "[...] testamenteiros em primeiro lu[...] em segundo [...] Prates em terceiro a meu compadre [...] de Carvalho moradores nas Barrocas [...]. AMRC. Seção Judiciário. Série Inventários. Id: Clara Gonçalves. Cx. 3, mç. 7, doc. 46. 1741-1755. Auto com 81 fls.

dade. Entregou ao senhor dinheiro, ouro, prata e mais "efeitos." (SANTOS FILHO, 1956, p. 120).[18]

Em área mais distantes, porém dentro do contexto de circulação dos sujeitos citados neste artigo, evidencia-se a mesma prática. No "extenso território mineiro", logo nas primeiras décadas do século XVIII, segundo França Paiva, houve intensa descentralização urbana, diversificação econômica e fixação de "enormes levas de aventureiros" que "decretaram a entrada frenética de escravos africanos e crioulos". Neste cenário, conforme o autor,

> tudo levava à diferenciação entre os quadros mineiro e do nordeste açucareiro. Tudo favorecia à flexibilização das relações escravistas; os acordos cotidianos entre proprietários e propriedades; a atuação mais autônoma dos escravos nas economias locais; a formação de pecúlio por parte dos cativos e a virtualidade da libertação. (PAIVA, 1995, p. 49).

Dada a ligação comercial e cultural entre as áreas sertanejas de Minas e Bahia, sobretudo devido aos caminhos que as ligavam, não são desprezíveis as possibilidades de tais flexibilizações terem ocorrido com certa frequência nas fazendas do sertão baiano.

Segundo Júnia Furtado, no arraial de Tejuco em meados do Setecentos, localizado na região nordeste de Minas Gerais, "as mulheres que viviam em concubinato com homens brancos tinham maior facilidade de acesso a um pecúlio." (FURTADO, 2001 p. 41). Esta percepção da autora, quando especificamente

18 Nas páginas seguintes o autor transcreveu diversas partes das anotações do livro de razão do Campo Sêco, evidenciando a prática do pecúlio nesta localidade.

utilizada para analisar as ações de Clara Gonçalves, apresenta-se como possibilidade factível de modo a explicar como esta preta alcançou sua liberdade.

Em outras localidades do Brasil colônia, Castro Faria analisou as diversas ações de mulheres escravizadas visando salvaguardar o pecúlio que detinham, "quase sempre originário de seu próprio trabalho ou indústria, conforme declarado em inúmeros testamentos de forras existentes para vários lugares do Brasil escravista". (FARIA, 2000, p. 69). Dentre as ações analisadas pela autora estiveram os acordos pré-nupciais e testamentos, sendo este último documento, também objeto da ação de Clara Gonçalves, nossa personagem em análise. Seja como for, o caso dela apresenta certa singularidade pois, ao mesmo tempo em que se relacionou com Mathias João da Costa, tendo vários filhos com ele antes do casamento, alcançou alforria de outro, no caso, o seu senhor Pedro Leolino Mariz. Além das relações com estes homens, encontramos indícios do envolvimento de Clara Gonçalves com um terceiro, tal como consta na declaração feita pelo viúvo Mathias João, em seu testamento, do qual excluiu o bastardo:

> os acima declarados [filhos e filhas] são também meus herdeiros forçados e por tais os instituo por meu falecimento excetuando porém o herdeiro Manoel que suposto o foi da dita minha mulher, contudo não é meu por não ser meu filho, mas sim de um Bento Rodrigues de Oliveira, de quem houve a dita minha mulher que assina.[19]

19 AMRC. Seção Judiciário. Série Inventários. Id: Mathias João da Costa. Cx. 13, mç. 25, doc. 122. 1758-1765. Auto com 137 fls. (incompleto).

Trata-se de indícios que, embora tênues, revelam uma gama variada de relações ocorridas no contexto da fazenda Brejo das Carnaíbas, todas historicamente plausíveis. Tais relações, sejam conflituosas ou não, incluíram, por parte de Clara, "indústria" própria na fazenda e acúmulos de pecúlio, e também convencimentos junto ao/s amante(s) para compra de sua alforria, visto que houve, aparentemente, "grau de afetividade" (FARIA, 2000, p. 71),[20] estabelecido ao longo dos anos. Conforme afirmamos anteriormente, a relação de concubinagem de Clara com Mathias João rendeu à africana considerável vantagem no contexto da sociedade sertaneja, muito bem construídas e aproveitadas por ela, diga-se de passagem. Evidentemente, tais vantagens possibilitaram a diminuição de sua desclassificação social, conforme análise realizada por Júnia Furtado, citada anteriormente.

Segundo esta mesma historiadora, para o grupo social de livres e libertos, no qual Clara Gonçalves se enquadrava, "possuir escravos conferia *status*, pois, como seus proprietários, podiam se afastar do universo do trabalho manual. Mas, antes de

20 Em seu estudo, esta historiadora, ao afirmar que as mulheres "detiveram mais recursos que os homens para se libertarem do cativeiro", elencou algumas hipóteses referente a tais recursos, presente na bibliografia do tema. Segundo ela, "a primeira refere-se ao preço inferior da escrava, o que lhe permitia, com mais facilidade, obter o equivalente ao seu preço. Além do mais, os senhores estariam mais propensos a libertar escravas do que escravos, já que os últimos seriam preferidos em várias atividades, principalmente nas agrárias e de mineração. Também existe o argumento que alude à capacidade da mulher escrava em acumular pecúlio, pois executava atividades como prostituta, ama de leite e o pequeno comércio, entre outras. A segunda hipótese, enfatiza o grau de afetividade que elas puderam estabelecer com seus senhores, fosse como ama de leite de seus filhos, no serviço doméstico ou como amante". (FARIA, 2000, p. 71).

tudo, era condição de sobrevivência e acúmulo de patrimônio." (FURTADO, 2002, p. 505). Evidentemente, a área de análise desta historiadora abrangeu um núcleo com feições urbanas da região aurífera, com a presença de variados ofícios e, consequentemente, maior facilidade de afastamento do mundo do trabalho pelo proprietário/a do escravo/a. Para o ambiente agropastoril da sertão da Bahia da primeira metade do Setecentos, tal afastamento deve ser visto com cautela, sobretudo devido à rusticidade das fazendas, que exigiam uma gama variada de tarefas e mandos rotineiros, principalmente das mulheres nas prolongadas ausências de seus maridos/concubinos. Além disso, não devemos perder de vista o considerável número de filhos e filhas tidos em curto espaço de tempo, cujas idades, quando da morte da preta forra, eram entre 2 a 19 anos.

Infelizmente, devido ao já informado péssimo estado de conservação do inventário de Clara Gonçalves, não podemos afirmar a efetuação de compra de cativos diretamente por ela, realizada antes ou depois do casamento com Mathias João. O certo é que constam posses de escravos e escravas, que lhe renderam recursos e acúmulo de patrimônio, sobretudo com base no trabalho escravo na lavoura, na pecuária, a fabricação de farinha e rapadura e no valor individual de cada "peça" etc. Dentre as informações que pudemos retirar do inventário, constam as seguintes:

Quadro 1. Relação parcial dos bens inventariados de Clara Gonçalves

Item	**Descrição**
Escravos	Bastião Congo; Pedro Benguela; Manoel Benguela; Antonio Mina; Francisca Angola, já velha; Isabel Benguela; Severina Angola; Maria Rosa Moçambique, outros
Moveis	cerca de seis itens; além de roupas de seda; justilho de veludo; canastra velha
Dívidas	"deve por outro crédito Manoel Fialho(?)"; "deve mais Diogo de Gouveia por crédito noventa mil quinhentos e oitenta reis"; "deve por crédito Sebastião Alves (Alvares?); "Deve por um cercado(?) Julião Pereira Amado um crédito seiscentos...."
Gado cavalar	poldro castanho, cavalo castanho de quatro anos...
Gado vacum	todo gado que se achar na fazenda das Carnaíbas ... a dois mil reis cada
Terras	Um quarto de terras próprias com canas, mandioca, árvores, casas, engenho e mais benfeitorias - quinhentos mil reis
Outros	Dois alqueires de milho; alqueires de feijão; alqueires de farinha; Cento e cinquenta rapaduras; Tacho grande; um dito pequeno Bacia de arame velha; Bacia de cobre; Reminhol (remilhão).

Fonte: Inventário de Clara Gonçalves.[21]

Às informações descritas acima podem ser acrescentadas algumas outras, presentes no inventário de Mathias João da Costa, cujo conteúdo foi analisado por Erivaldo Neves. Segundo este historiador, especificamente para o Brejo das Carnaíbas, uma das propriedades do casal,

21 AMRC. Seção Judiciário. Série Inventários. Id: Clara Gonçalves. Cx. 3, mç. 7, doc. 46. 1741-1755. Auto com 81 fls.

> inventariaram [...], em 1758, [...] "uma engenhoca de moer canas", "em terras próprias", uma casa coberta com telhas, "canaviais, roça de mandioca e algum milho", por 300 mil réis; 23 escravos, um conto e 84 mil réis; 200 rezes, 500 mil réis; e quatro cavalos, 48 mil réis. Não se declarou o valor das terras por serem arrendadas de Joana da Silva Guedes de Brito. (NEVES, 2013, p. 300).

Muito embora tenha decorrido cerca de dezessete anos entre a abertura dos respectivos inventários (Clara em 1741 e Mathias João, em 1758), consideramos documentos indissociáveis, sobretudo porque os bens arrolados não circunscrevem apenas o período do casamento legal (1738-1741). Esta perspectiva de análise almeja tão somente evidenciar as ações de Clara Gonçalves, que participou ativamente do acúmulo dos bens descritos e traçou mecanismos de mobilidade social visando, principalmente, sobreviver em meio hostil e extremamente desigual para as mulheres.

É notória, como se observa em alguns itens presente nos inventários, certa distinção social no contexto da fazenda, sobretudo as roupas de seda e o justilho de veludo[22] dela. Outros itens, também descritos por Erivaldo Neves, corroboram esta análise. Segundo este autor,

22 No dicionário de Rafael Bluteau, "justilho" significa "roupa muy apertada, ou espécie de gibão de mulher, composto de barbas de baleia, com um bico, e se ataca por detrás, e vem tão justo ao peito, que com razão lhe chamam justilho". In: Bluteau, Raphael. Vocabulario portuguez & latino: aulico, anatomico, architectonico ... Coimbra: Collegio das Artes da Companhia de Jesus, 1712 - 1728. Vol. 4, p. 104. Disponível em: http://dicionarios.bbm.usp.br/dicionario/edicao/1. Acesso em: 09 abril 2018, vol. 4, p. 235.

> Matias João manteria um estabelecimento comercial em Brejo, porque anexo à descrição dos seus bens encontra-se um rol com dezenas de nomes de credores [...]. Não dispunha de joias talvez partilhadas no espólio da sua mulher. Possuía apenas colheres, fivelas e dois castiçais de prata. No mobiliário e utensílios domésticos encontravam-se: um "espelho de vestir", uma balança de pesar ouro, um oratório com imagens do "Senhor crucificado de marfim, duas da Conceição e uma de Santo Antônio", um baú, duas canastras, uma frasqueira com 11 frascos e dois bufetes; entre os utensílios de cobre arrolaram: um alambique pequeno, um tacho, uma caldeira, um forno, uma bacia; de tecido declararam: "uma vestia e um calção de pano fino", três camisas de bretanha fina, duas toalhas de bretanha rendadas, de aguar as mãos, uma toalha de Guimarães, e um lenço da Índia; de estanho descreveram: sete pratos peque-nos e 17 rasos, "quatro pratos grandes, de meia cozinha", um vaso de sela gineta; de ferramentas apresentaram: 14 enxadas, dois machados e uma foice. (NEVES, 2013, p. 301).

Conforme analisamos acima, é perceptível a distinção social, verificada, por exemplo, na presença de itens de vestuário e móveis. Contudo, enveredar para esta análise incorre no risco de demarcar as posições de gênero de maneira rígida, estabelecendo itens tidos como exclusivamente masculinos, tais como "balança de pesar ouro", o "rol com dezenas de nomes de credores" e ferramentas; e femininos, como joias, roupas de seda e "espelho de vestir". Evidentemente, há objetos que demarcam tais posições, como o justilho de veludo, por exemplo, mas a análise da presença de tal vestimenta no inventário de Clara

Gonçalves evidencia apenas, para este estudo, posições hierárquicas e de mando, construídas rotineiramente no interior da fazenda Brejo das Carnaíbas.

Não podemos perder de vista, segundo a perspectiva deste estudo, o trabalho feminino no processo de estruturação das fazendas de gado, sedimentado ao longo de muitos anos. Para o caso de Clara Gonçalves, as incursões de Mathias João pelos sertões, aliado à relação de concubinagem de ambos, permitiu a ela consideráveis espaços de autonomia e ação, além de mandos administrativos, típicos das fazendas em formação.

Evidentemente, a roçaria e o engenho de cana, vistos por Quaresma Delgado, no Brejo das Carnaíbas, conforme descrição citada neste artigo, não foram elaborados pelo mestre de campo Pedro Leolino Mariz, nem tampouco este administrou as diversas etapas do fabrico da rapadura e da farinha. A obviedade desta afirmação visa apenas destacar o trabalho feminino na base estruturante das fazendas sertanejas, seja na administração do trabalho escravo e os conflitos existentes; seja na lida diária, plantando ou mandando plantar a roçaria; mexendo ou mandando mexer, por exemplo, com o uso do "reminhol",[23] o grande tacho de cobre para a fabricação do melaço; além dos cuidados necessários com a numerosa filharada, etc. De modo geral, a trajetória de Clara Gonçalves, no contexto da primeira metade do século XVIII, está vinculada a uma tendência do período, na qual, segundo Castro Faria,

23 Sobre este objeto, no dicionário de Raphael Bluteau consta a seguinte definição: "Remilhão (Termo de Engenho de Açúcar, no Brasil). Grande colher de cobre". In: BLUTEAU, Raphael, op. cit., vol. 7, p. 236.

> mulheres estavam em menor número que os homens na população escrava, mas eram a esmagadora maioria na conquista da alforria. Mulheres crioulas eram as que mais recebiam alforria, mas eram as nascidas na África que mais tinham seus inventários abertos e faziam testamento, reflexo de maior acúmulo de bens. [...] As tentativas de explicação devem ser dadas por aspectos mais culturais do que econômicos. (FARIA, 2000, p. 90).

Segundo esta historiadora, embora o comércio de retalho fosse vantajoso, fato este que acarretava sua prática por indivíduos de vários segmentos sociais, "devia haver componentes culturais profundos que determinassem as escolhas". Para Castro Faria, "diversos estudos sobre a África indicam que o pequeno comércio era um monopólio feminino" nas diversas regiões da África ocidental e central. Assim, ainda segundo a pesquisadora, "as atividades escolhidas por essas mulheres [africanas forras], então, estavam sendo ditadas por costumes ligados às culturas da África. Não haveria desdouro, portanto, em se dedicarem a elas." (FARIA, 2000, p. 90).

Desta forma, segundo a variada gama de atividades descritas acima, aliado aos vínculos culturais com a África, não vemos de modo dissociado das práticas de Clara Gonçalves, o pequeno comércio realizado nas imediações da fazenda, conforme evidenciado pela lista de credores do seu inventário, bem como o uso, por ela, da balança para pesar ouro para efetuar pagamentos, afinal a fazenda se localizava nas rotas de comércio entre Minas e Bahia. Quando associamos estes itens do inventário aos alqueires de farinha, milho, feijão, rapaduras, somado ainda à localização da fazenda próxima ao caminho para Minas, temos notória evidência da importância do trabalho de Clara Gonçalves no abastecimento das regiões auríferas. Certamente o casal produzia e comercializava produtos para suprir as demandas desta região mais adensada e, ao atender os interesses da metrópole de abastecer as Minas, tirara bastante proveito disso.

Poderes herdados, poderes transmitidos

Até este ponto da discussão, evidenciamos as estratégias de Clara Gonçalves visando sua qualificação social no cenário agropastoril do sertão baiano, acumulando pecúlio e, consequentemente, alcançando sua alforria e se casando. Agora, talvez caiba evidenciar os modos de transmissão desta herança cultural, não apenas do trabalho feminino, enquanto objeto deste estudo, mas de um certo projeto de mobilidade social para as filhas, em meio ao cenário extremamente desigual para elas. Não incorrendo em exageros, mesmo com tamanhas rasuras e lacunas do seu inventário, impressiona certos indícios da meticulosidade nas ações de Clara Gonçalves, conforme é possível entrever do trecho abaixo, declarado pelo inventariante, o marido Mathias João da Costa.

> Declarou que a menina Lucinda [...] [tem] negra chamada [...] que lhe deu seu padrinho Manoel Alves(?) Barbosa com dois filhos;
>
> Declarou mais que a menina Joana tem uma negra chamada Josefa [...] que lhe deu [seu] padrinho Pedro da Costa.
>
> Declarou mais que a menina Maria tem uma negra por nome Gertrudes com três filhos que lhe deu [...] doente pelo trabalho que teve a defunta [...];

> Declarou mais que a menina Rozaura tem uma negra por nome [...] com duas crias que lhe deu no Rio Pardo;
>
> Declarou mais que a menina [Josepha]...[24]

Nota-se as algumas relações de compadrio tecidas por Clara Gonçalves a fim de salvaguardar as filhas, que foram agraciadas com escravas pelos seus respectivos padrinhos. Embora não tenhamos informações referentes ao nível de riqueza destes, bem como de suas condições sociais, é plausível supor que tenham sido homens livres e com posses. No estudo referente às relações de compadrio, especificamente para região na qual se encontra a fazenda Brejo das Carnaíbas, os "Certam de Sima", Gabriela Nogueira, pesquisando as atas batismais, verificou semelhanças com os padrões de compadrio encontrados por outros pesquisadores do tema. Segundo esta historiadora, os escravos dos Guedes de Brito, proprietários absenteístas de grandes potentados agropastoris do sertão nordeste, "nas escolhas dos padrinhos e madrinhas para apadrinhar seus filhos, optaram, na maioria dos casos, por pessoas livres". (NOGUEIRA, 2011, p. 135).[25]

Especificamente para a trajetória de Clara Gonçalves, embora tenha se movimentado com relativa autonomia devido à proximidade com Mathias João, é preciso levar em conta que, independentemente de sua condição de cativa ou forra, talvez, o estigma da escravidão sempre a acompanhou. Daí a necessidade

---

24 AMRC. Seção Judiciário. Série Inventários. Id: Clara Gonçalves. Cx. 3, mç. 7, doc. 46. 1741-1755. Auto com 81 fls.

25 A autora pesquisou as atas de batismo presentes no Arquivo da Cúria Diocesana de Bom Jesus da Lapa – Bahia, referentes à Freguesia de Santo Antônio do "Orubu de Sima".

de salvaguardar o futuro das filhas mediantes sólidas relações de compadrio:

> a opção por compadres livres revela possíveis estratégias desses escravos no cuidado de suas famílias, pois significava oportunidade de criar relações com pessoas em condição social melhor que poderiam amparar o afilhado e a sua família nos momentos de necessidades. (NOGUEIRA, 2011, p. 136).

Ainda na perspectiva apontada por Nogueira, referente ao compadrio enquanto estratégia de sobrevivência de escravos e forros, a autora afirmou que

> o nascimento dos filhos foi importante na vida dos escravos. Alegravam-se pela chegada de mais um membro familiar, um filho significava continuidade à sua família-linhagem. Assim, poderiam transmitir a cultura dos seus ancestrais. O filho reforçava o sentimento de pertencimento ao novo lugar em que foram obrigados a morar, nesse caso, o "Certam de Sima". Na família, encontraram a base para a luta cotidiana pela sobrevivência." (NOGUEIRA, 2011, p. 136).

De fato, consideramos historicamente válida esta perspectiva da cultura recebida ancestralmente, que enxerga o nascimento enquanto oportunidade da transmissão, construída cotidianamente com base numa gama variada de relações. Contudo, especificamente para o caso em análise, inegavelmente o nascimento de uma filha trazia sentimentos ambíguos, ditados pelas agruras da vida cotidiana e pelas incertezas de um futuro extremamente desigual. A fim de minimamente alcançar tal sentimento e tendo por base a trajetória de Clara Gonçalves, traficada e aportada em terra estranha, basta trocar, na citação da autora, o gênero dos filhos nascidos. Talvez Clara Gonçalves, assim como a Úrsula e Rosa, que conseguiram assegurar a herança dos filhos junto ao proprietário da fazenda, tivesse ampla noção da ambiguidade desses sentimentos. Clara Gonçalves, embora soubesse da continuidade da linhagem, preferiu salvaguardar o futuro das filhas com o que tinha ao alcance das mãos: as relações de apadrinhamento, as escravas e demais bens. Neste sentido, as táticas para salvaguardar os interesses das filhas, estiveram vinculadas às possibilidades de inserção social suscitadas por sociabilidades constituídas tomando por base os valores dos sacramentos cristãos.

Nas relações tecidas por Clara, para além de garantir amparo às filhas em momentos de necessidade, é plausível supor preocupações mais amplas. Assim, no cenário hostil e desigual para as mulheres, em especial no cenário de expansão dos sertões, tendo por base todas as movimentações visando e alcançando sua distinção social, certamente Clara transmitiu tais preocupações para filhas, e objetivou qualificá-las socialmente.

A trajetória de Clara Gonçalves está vinculada à formação da fazenda que deu origem à cidade de Vitória da Conquista. Entre os filhos e filhas desta cabo-verdiana, esteve Josefa Gonçalves da Costa, que se casou com o "português e preto forro" (IVO, 2012, p. 28) João Gonçalves da Costa, ambos responsáveis diretos pela "formação do Arraial da Conquista, origem da Imperial Vila da Vitória." (IVO, 2004, p. 57). Possivelmente, o genro de Clara, foi o alvo de trecho do testamento de Mathias João da Costa:

> declaro que sucedendo algum dos legatários e administradores acima declarados nesta doação casarem com mulher ou homem que não cor branca e cristão

> velho ou cometer algum crime [...]hei por priva-los e destituídos desta doação.[26]

Conforme a abordagem conduzida ao longo deste capítulo, evidencia-se, nesta cláusula testamentária, as tonalidades racistas da sociedade agropastoril dos sertões baianos, neste caso, visando o ocultamento dos resquícios relacionados com a escravidão. Algumas nuances desta exigência foram discutidas por Kátia Almeida, especificamente para o casal João Gonçalves da Costa e Josepha Gonçalves, filha mais nova de Clara e Mathias. Segundo esta historiadora, "Matias da Costa pode ter feito essa verba mirando o casamento indesejado de sua filha com um negro". (ALMEIDA, 2012, p. 123).

Em 1758, quando Mathias João já havia falecido, João Gonçalves da Costa, homem "português e preto forro, [...] pioneiro das imersões portuguesas nos sertões da Bahia, principalmente no Sertão da Ressaca" (IVO, 2012, p. 28),[27] já se "encontrava casado com Josepha Gonçalves." (ALMEIDA, 2012, p. 123).[28] Infere-se que o genro de Matias João não levou em conta tais exigências testamentárias, sobretudo porque, segundo

26 AMRC, Série Judiciário, Inventário com testamento de João Matias da Costa, 1758-1765, cx. 13, maço 24, fl. 58. Cf. Almeida, 2012, p. 123.

27 "Sertão da Ressaca" refere-se à denominação histórica da região de Vitória da Conquista (Ba).

28 Segundo a historiadora, "a carta patente de [João Gonçalves da] Costa refere-se a ele como preto forro e, em correspondência de Manoel da Cunha Menezes, governador interino da capitania da Bahia, para Martinho de Mello e Castro, secretário de Estado dos Negócios da Marinha e Domínios Ultramarinos, entre 1770 e 1795, em que noticiou a conquista do sertão da Ressaca e nela o papel relevante do capitão, consta a informação de que ele era natural de Chaves, norte de Portugal, sugerindo ser, no mínimo, um crioulo de primeira geração". (ALMEIDA, 2012, p. 123).

Almeida, "as redes sociais" do preto forro "foram mais amplas do que a de qualquer outro liberto naquele sertão, e ele tornou-se conhecido das autoridades régias da América portuguesa", que "viabilizou a conquista do Sertão da Ressaca, dizimando os indígenas locais". (ALMEIDA, 2012, p. 123).

A especificidade da verba testamentária de Matias João da Costa, aliado à negativa de João Gonçalves em tomar posse do quinhão herdado pelo casal,[29] sustenta a hipótese de Almeida referente à precaução quanto a possíveis casamentos indesejados das filhas e filhos com negros ou negras. Na conclusão de sua análise, referente a atitude de João Gonçalves, o preto forro, Almeida apontou que, "sua condição de não branco ficou latente ao renunciar à herança, provavelmente motivado pela cláusula restritiva imposta pelo sogro". (ALMEIDA, 2012, p. 124). Contudo, a autora desconhecia a informação referente à naturalidade de Clara Gonçalves, fato este que aventa outras motivações para a referida verba testamentária.

Com base nesta informação, é possível dois vieses explicativos visando ampliar as análises sobre a cláusula testamentária. O ponto nodal talvez esteja no significado de *cor* no contexto da colonização da Ibero-América. Segundo Paiva,

> branco natural do Brasil era menos uma "cor" de pele e mais uma indicação de descendência. O fato de ser considerado branco não significava que o indivíduo tinha a mesma cor branca, que pretensamente um português e um espanhol teriam, uma

29 Segundo Almeida (2012, p. 123), "João Gonçalves da Costa foi intimado pelo juiz de órfãos a prestar contas dos bens dotais recebidos por sua mulher quando do casamento, mas, só após ameaça de prisão, compareceu em juízo e renunciou à herança do sogro".

> vez que na verdade era igualmente relativo. A "cor", portanto, era histórica, produzida no tempo e no espaço. Além da percepção social e cultural da "cor", as particularidades climáticas e as condições materiais de vida definiam-na e isso não valia apenas para o "branco".[30]

Em linhas gerais, o que denominamos como "cores" "branca" ou "parda", na cláusula testamentária, significou, conforme o autor, "qualidade" do indivíduo. Trata-se de "qualidades com as quais os indivíduos e grupos sociais eram distinguidos e se distinguiam".[31]

Desta forma, o primeiro viés explicativo está baseado na vontade única e exclusiva de Mathias João da Costa de, com a inclusão da cláusula restritiva, limpar o sangue de sua descendência e, consequentemente, completar sua redenção do pecado da mancebia, visto que a maioria dos seus filhos nasceram antes do casamento com Clara. Esta hipótese ganha força ao se verificar que, entre a morte de ambos, decorreram cerca de 17 anos. Neste ínterim, certamente Mathias João tomou conhecimento de João Gonçalves e, dada a condição de preto forro deste, resolveu se precaver contra as intenções do pretendente com a jovem moça.

O segundo viés baseia-se em toda a trajetória de Clara Gonçalves, delineada neste estudo, que nos credencia a afirmar que o objetivo de mobilidade social é anterior à referida cláusula. Em outras palavras, representa a culminância de um projeto

---

30 PAIVA, E. F. Senhores "pretos", filhos "crioulos", escravos "negros"; por uma problematização histórica da "qualidade", "cor" e das dinâmicas de mestiçagem na Ibero-América. In: IVO, Isnara Pereira. PAIVA, Eduardo França (Orgs.). *Dinâmicas de mestiçagens no mundo moderno: sociedade, culturas e trabalho*. Vitória da Conquista/Ba: Edições Uesb, 2016. p. 52.

31 *Idem*, p. 46.

anterior, levado a cabo por Clara Gonçalves desde o momento em que teve a certeza que não mais voltaria a África. As informações retiradas de seu deteriorado inventário, tais como o rol de escravos, as roupas, a lista de credores, e os apadrinhamentos das filhas, aliado aos movimentos com relativa autonomia que lhe renderam acúmulo de pecúlio, entre outras ações ocorridas no Brejo das Carnaíbas e vizinhança, sustentam a inclusão da referida exigência testamentária como prolongamento dos mecanismos utilizados por Clara visando qualificação social de sua descendência. Dada a sua condição de escrava traficada da África, aportada em terra estranha, certamente sua perspectiva de vida não vislumbrou possibilidades de retorno. Ao contrário, conforme discussão deste capítulo, suas ações foram pautadas por buscas incessantes rumo à mobilidade social e afastamento do estigma da escravidão. Embora aparentemente antagônicas, ambas orientações explicativas coadunam para o sentido do ocultamento das marcas desqualificadoras da escravidão e do trabalho manual. Em síntese, os caminhos de ambos rumo à limpeza de sangue foram diferentes e, dadas as desigualdades de gênero da sociedade colonial, evidentemente o percurso de Clara Gonçalves foi bem mais tortuoso.

A despeito de todo ocultamento histórico ocorrido, seja por desarranjo das culturas africanas devido ao tráfico, seja pelo batismo católico ocorrido na colônia e a possível adoção do nome português, priorizou-se, neste capítulo, a consideração da importância histórica do trabalho da cabo-verdiana Clara Gonçalves. Portanto, inserida no contexto social extremamente desigual para as mulheres, sobretudo as pretas forras, entendemos como historicamente plausível cogitar, por parte dela, a construção de táticas de sobrevivência e mobilidade social em especial aquelas relacionadas às filhas, evidenciadas nos apadrinhamentos declarados. Longe de significar adesão alienante às normas impostas pelo projeto colonialista da Coroa portuguesa, significou, antes, liames culturais com a África e táticas de sobrevivência em cenário hostil para as mulheres, sobretudo para as que, como Clara, carregavam as marcas indeléveis da escravidão.

Bibliografia

ALMEIDA, Kátia Lorena. *Escravos e libertos nas minas do Rio da Contas* – Bahia, séc. XVIII. 2012, Tese, Doutorado (Pós-graduação em História), FFCH/UFBA, Salvador, 2012.

DELGADO, Joaquim Quaresma. "Derrota das cabeceiras do rio Verde até sua barra...In FREIRE, Felisbello. *História territorial do Brasil.* Vol. 1 Bahia, Sergipe e Espírito Santo. Rio de Janeiro: Typ. do "Jornal do Commercio" de Rodrigues & C, 1906.

DIAS, Maria Odila. Leite da Silva. Teoria e método dos estudos feministas: perspectiva histórica e hermenêutica do cotidiano. In: BRUSCHNI, Cristina; COSTA, Albertina de Oliveira (orgs.). *Uma questão de gênero.* Rio de Janeiro: Rosa dos Tempos; São Paulo: Fundação Carlos Chagas, 1992.

FARIA, Sheila de Castro. "Mulheres forras - riqueza e estigma social". *Tempo*, Niterói, v. 5, n. 9, p. 65-92, jul. 2000.

FREIRE, Felisbello. *História territorial do Brasil.* Vol. 1 Bahia, Sergipe e Espírito Santo. Rio de Janeiro: Typ. do "Jornal do Commercio" de Rodrigues & C, 1906.

FURTADO, Júnia. Ferreira. Entre becos e vielas: o arraial do Tejuco e a sociedade diamantífera setecentista. In: ANASTASIA, Carla M. J.; PAIVA, Eduardo F. (orgs.). *O trabalho mestiço:* maneiras de pensar e formas de viver – séculos XVI a XIX. São Paulo: Annablume; PPGH/UFMG, 2002.

FURTADO, Júnia. Ferreira. Família e relações de gênero no Tejuco: o caso de Chica da Silva. *Varia História*, Belo Horizonte, nº 24, Jan/2001, p.33-74.

HOFBAUER, Andreas. *Uma história de branqueamento ou o negro em questão.* São Paulo: Editora Unesp, 2006.

IVO, Isnara P. *O Anjo da Morte contra o Santo Lenho:* poder, vingança e cotidiano no sertão da Bahia. Vitória da Conquista: Edições Uesb, 2004.

IVO, Isnara. Pereira. *Homens de caminho:* trânsitos culturais, comércio e cores nos sertões da América portuguesa. Século XVIII. Vitória da Conquista, Edições Uesb, 2012.

MATTOSO, Kátia. *Ser escravo no Brasil.* 3ª ed. São Paulo: Editora Brasiliense, 1990.

NEVES, Erivaldo Fagundes. *Posseiros, rendeiros e proprietários*: estrutura fundiária e dinâmica agro mercantil no alto -sertão da Bahia. 435f. Tese (Doutorado em História) - Universidade Federal de Pernambuco. Recife, 2013

NOGUEIRA, Gabriela Amorim. *"Viver por si", viver pelos seus*: famílias e comunidades de escravos e forros no 'Certam de Cima do Sam Francisco' (1730-1790)". Mestrado em História, UNEB, 2011.

PAIVA, Eduardo. França. Coartações e alforrias nas Minas Gerais do século XVIII: as possibilidades de libertação escrava no principal centro colonial. *Revista de História*, São Paulo, n. 133, p. 49-57, 2º semestre, 1995.

PAIVA, Eduardo França. *Escravidão e universo cultural na colônia*: Minas Gerais, 1716-1789. Belo Horizonte: Editora UFMG, 2001.

PAIVA, Eduardo. França. Senhores "pretos", filhos "crioulos", escravos "negros"; por uma problematização histórica da "qualidade", "cor" e das dinâmicas de mestiçagem na Ibero-América. In: IVO, Isnara Pereira. PAIVA, Eduardo França (Orgs.). *Dinâmicas de mestiçagens no mundo moderno:* sociedade, culturas e trabalho. Vitória da Conquista/Ba: Edições Uesb, 2016.

SANTOS, Marcio Roberto Alves dos. *Fronteiras do sertão baiano:* 1640-1750. 2010. Tese (Doutorado em História Social) - Faculdade de Filosofia, Letras e Ciências Humanas, Universidade de São Paulo, São Paulo, 2010.

SANTOS FILHO, Lycurgo. *Uma comunidade rural do Brasil antigo*: aspectos da vida patriarcal no sertão da Bahia no século XVIII e XIX. São Paulo: Companhia Editora Nacional, 1956.

SILVA, Francisco Carlos Teixeira da. *Pecuária e formação do mercado interno no Brasil colônia.* Estudos, sociedade e agricultura, 8, p. 119-156, abril de 1997. (versão eletrônica).

SILVA, Gian Carlo de Melo. Os filhos da escravidão e o primeiro sacramento: batismo, compadrio e sociedade escravista na freguesia de Santo Antônio do Recife, Capitania de Pernambuco, no fim do século XVIII. *História*, Assis/Franca, v. 37, e2018024, 2018. Disponível em <http://www.scielo.br/scielo.php?script=sci_arttext&pid=S0101-90742018000100205&lng=pt&nrm=iso>. Acessodo em 01 ago. 2019. Epub 17-Set-2018. http://dx.doi.org/10.1590/1980-4369e2018024.

Os colares sagrados do candomblé de matriz iorubá: trânsitos culturais e ressignificações

Luciano Lima Souza[1]

Marcello Moreira[2]

> "Visível e invisível são como duas metades de uma cabaça (*igba nla mejí*), antes unidas, depois separadas pela violação de um tabu – segundo um mito de origem. *Orum* e *ayê*, embora diferentes, interpenetram-se, coexistem." (SODRÉ, 2002, p. 53-4).

Grande parte da vida do ser humano é governada pelo que é invisível: emoções, afetos, expectativas, desejos, memórias, fantasias. Há também as crenças, os valores, as tradições, as identidades e as ideias que, em determinados grupos sociais, se produzem ou se reproduzem. Boa parte dos veículos que dão corpo a esse mundo intangível são os símbolos, que, no caso deste texto, estão representados pelos ilequés, colares sagrados utilizados nos candomblés de matriz africana iorubá. Assim, uma característica chave dessa realidade é que ela está imersa, feito um *iceberg*, no grande oceano que se chama inconsciente. Os ilequés são como joias cujo brilho ressalta no escuro da noite, escondendo-se dos olhares menos atenciosos, mas, quando a luz da manhã brilha, revelam os seus significados mais profun-

1 Professor Assistente do Departamento de Ciências Humanas, Educação e Linguagem da Universidade Estadual do Sudoeste da Bahia.

2 Professor Pleno do Departamento de Estudos Linguísticos e Literários da Universidade Estadual do Sudoeste da Bahia.

dos para os mais curiosos, iluminam, sinalizando uma mensagem distante, secreta, misteriosa e obscura que somente se revela intensamente para os iniciados nos segredos que a cultura iorubá resguarda aqui no Brasil.

Trânsitos culturais, mestiçagens, amálgamas, (re)invenções, resistências, pluralidades singulares, singularidades plurais... Cultura! Conta por conta no fio que tece histórias, memórias, tradições e identidades, caracterizado por uma configuração espaço-temporal específica, pelo recurso ao diálogo com um objeto tão expressivo – ilequés –, por sistemas de linguagens e comportamentos de um grupo social e por signos emblemáticos cujo sentido codificado constitui um dos bens mais valiosos dos grupos sociais de matriz iorubá, permitindo ora distanciamentos, ora aproximações, na interpretação desses colares e das vozes emanadas da cultura africana no Brasil.

Nesse sentido, o termo cultura é definido neste texto a partir de Geertz (2008), como as teias de significados que o homem teceu e nas quais ele enxerga seu mundo, sempre procurando seu sentido, sendo "essencialmente semiótico", por conseguinte, surge de um contexto com sistemas entrelaçados de objetos públicos interpretáveis.

Na perspectiva antropológica, o sentido de símbolo aqui utilizado é o de "objeto, ato, acontecimento, qualidade ou relação que serve como veículo a uma concepção". (GEERTZ, 2008. p. 67). Compreender o homem e a cultura na qual ele está inserido é interpretar essa teia de significados que ele mesmo teceu. (GEERTZ, 2008). Ainda nesta perspectiva, também, pode ser definido "como tudo o que, da parte do homem, comporta um segundo sentido, que transfigura a realidade material e garante, assim, uma mediação entre o cotidiano do homem de onde provém este sinal e uma realidade que o ultrapassa". (MESLIN, 2014, p. 225). Ou seja, somente inserido no contexto social é que se pode revelar as suas múltiplas vozes.

Evidencia-se, então, que aquilo que possibilita no caso deste estudo, os fios de contas, exprimir uma significação religiosa é o fato de estabelecer uma relação entre o contexto social da cultura religiosa de matriz africana iorubá e o sujeito que dela participa. Nessa perspectiva, para compreender a existência dessa lógica, é preciso se aprofundar um pouco mais nos fundamentos básicos que os concebem, bem como na sua utilização, com a finalidade de nortear coerentemente as análises e as argumentações comprobatórias deste estudo.

Segundo Geertz (2008), a cultura é a própria condição de existência dos seres humanos, ocorre na mediação das relações dos indivíduos entre si, é produto das ações por um processo contínuo, através do qual os indivíduos definem as suas ações. Ao tratar do conceito de cultura sob o aspecto semiótico, constata-se que Geertz (2008) contribui para a compreensão das questões estruturais da sociedade nas diversas épocas e realidades contextuais, e, sobretudo, das diferenças e transformações pelas quais elas atravessam, como ocorrem nos terreiros de candomblé de matriz africana iorubá.

As joias crioulas afro-brasileiras e os colares sagrados: diferenças e aproximações

Nas mais diversas civilizações e culturas do mundo, o uso de joias e ornamentos sempre esteve presente como uma característica intrínseca da espécie humana, que sempre procurou destacar-se dos demais animais pelo seu desejo de embelezamento, criando uma representatividade própria através de diversificados objetos materiais que costumavam remeter ao poder espiritual, à alegria, ao amor, ao luto, ao *status* social, ou à posição numa hierarquia, entre outras características. Entre as formas de embelezamento e destaque que o homem criou, estão as joias, que eram produzidas a partir dos recursos que a própria natureza oferecia. Assim, no período mais remoto da antiguidade, nossos antepassados usavam joias confeccionadas com materiais singulares, como: conchas com formas peculiares, plumas de pássaros, sementes, pedras polidas, ossos e presas de animais, muitas vezes combinados para compor os adornos. Só a partir do início da Idade do Bronze é que surgiram as joias como se conhece atualmente, com a utilização de metais nobres como o ouro e a prata, combinados com pedras de cor. (GOLA, 2008).

Assim, é possível perceber que em todas as civilizações, e aqui neste texto, destacadamente, na civilização africana iorubá, o ser humano sempre utilizou alguma forma de adorno corporal, pois a necessidade de enfeitar-se parece arraigada a sua cultura, ao longo de sua história, tornando os ornamentos corporais como legítimos objetos historiográficos que auxiliam na compreensão tanto do passado quanto do presente (PAIVA, 2006). Tanto as joias crioulas afro-brasileiras quanto os colares sagrados, – ilequés –, são objetos que materializam posições, identidades e *status* entre um determinado grupo social, traduzem memórias e tradições, sejam elas as das negras escravizadas, alforriadas e libertas ou as dos iniciados na religião do candomblé de matriz africana iorubá.

As joias de crioulas, além de exibirem veladamente devoções religiosas e colocarem em prática códigos de comportamento, de hierarquia social e de poder entre o grupo das negras alforriadas daquele período, oferecem, na sua constituição, semelhanças aproximadas para o estudo dos ilequés, foco deste texto, uma vez que os mesmos, também, funcionam como códigos de identidade, conduta e hierarquia sociais dos integrantes dos terreiros de candomblé de matriz africana iorubá. Este estudo privilegia o objeto-ilequé como a materialidade da reconstrução identitária dos escravos que aportaram no Brasil e tiveram que reconstituir, no solo colonial, o culto às suas divindades africanas nos moldes que o contexto social lhes impusera.

Nesse sentido, o termo joias de crioulas afro-brasileiras concerne a peças confeccionadas nos séculos XVIII e XIX, e consiste em uma coleção de peças compostas por: colares, braceletes, pulseiras, brincos, anéis, penca de balangandãs entre outros objetos de adorno corporal direcionados exclusivamente para as mulheres africanas, mulatas ou crioulas no Brasil, sob a condição de escravas ou alforriadas. (LODY, 2001).

Figura 1: Fotocomposição de uma usuária e suas respectivas joias.

Fonte: Teixeira (2017).

Já os termos fios de contas, ilequés, ou inhãs, utilizados para designar os colares sagrados, compreendem cordões de miçangas utilizados pelos adeptos do candomblé, com representações das cores relacionadas aos deuses cultuados, confeccionados, principalmente, com contas de vidro coloridas e outros materiais mais específicos. (LODY, 2001). Sendo objetos rituais, os ilequés são obrigatoriamente sacralizados em ritos especiais, o que os diferencia, marcadamente, das joias crioulas afro-brasileiras.

Figura 2. Ilequés variados

Fonte: Acervo fotográfico dos autores.

O antropólogo Raul Lody (2001), em estudo sobre objetos consagrados de cultos afro-brasileiros, descreve a importância dos colares de contas nos cultos de origem da nação Kêto/Nagô/Iorubá, como também nas nações jêje, angola-congo, existentes nas cidades de Salvador, Cachoeira e São Félix, na Bahia, e em cidades do Rio de Janeiro. Ao apresentar a relação ritual existente entre diferentes objetos com os credos africanos, assim se expressa quanto à utilização das contas:

> O fio-de-contas é emblema social e religioso que marca um compromisso étnico e cultural entre o homem e o santo. É um objeto de uso cotidiano, público situando o indivíduo na sociedade do terreiro. Há critérios que compõem os textos visuais dos fio-de-contas, proporcionando identificação de santos, papéis sociais, rituais de passagem – o quelê –, ou ainda fios-de-contas mais sofisticados que, além de

> identificar o indivíduo, sua atuação no terreiro, ainda identifica o tipo de Nação, ora por cor, ora por emblema [...].
>
> O texto visual do fio-de-contas é lido, compreendido e estabelecido por artesãos, filhos-de-santos, pais e mãe-de-santos, ogãs, equedes, iaôs abiãs, entre outros, sinaliza a vida religiosa e social do terreiro. (LODY, 2001, p. 59-60).

Destaca-se aqui que os conceitos apresentados acima sobre as joias crioulas afro-brasileiras e os colares sagrados – fios-de-contas – estão respaldados de acordo com os estudos de Lody (2001), em seu livro intitulado "Jóias de axé: fios de contas e outros adornos do corpo: a joalheria afro-brasileira", que enfatiza o que há de mais importante tanto no que diz respeito à joalheria crioula afro-brasileira e aos colares sagrados utilizados pelos adeptos do candomblé baiano, do mina do Maranhão e do xangô pernambucano, além do estudo de toda a coleção de fios-de-contas, datada do século XIX, do Museu Nacional da Quinta da Boavista, no Rio de Janeiro (MNQBRJ). É importante destacar que há peças afins e/ou semelhantes aos do acervo do MNQBRJ no Museu Carlos Costa Pinto, em Salvador-Bahia.

Este texto, vale ressaltar, se debruça mais especificamente na abordagem sobre os colares sagrados utilizados pelos sujeitos sociais do candomblé de matriz africana iorubá, considerando que ainda se tem muito o que explorar tomando os ilequés como objeto de estudo, haja vista as contribuições advindas do contexto sociocultural onde estes são confeccionados e sua presença nos candomblés atuais.

Assim, reconhecer a contribuição da cultura material das religiões de matriz africana no processo de formação da sociedade brasileira denota, também, entender que agentes e instituições impuseram uma forçada invisibilidade e silenciamento sobre as experiências, saberes e fazeres dos negros que foram traficados de África para o Novo Mundo, e, mais especificamente, para a Bahia. Ao mesmo tempo em que se tentou banir e calar as práticas e costumes baseados na tradição africana, os terreiros de candomblé em meados do século XIX, foram se constituindo em locais de resistência, preservação do patrimônio cultural forjado durante o tráfico negreiro

Dessa maneira, pode-se, também, afirmar que os ilequés, para serem estudados, precisam estar vinculados ao contexto histórico-sócio-cultural em que ocorreu o tráfico de escravos, tornando-os elementos indiscutíveis de memória, tradição, poder, resistência e identidade dos adeptos do candomblé vinculado à matriz africana iorubá, no caso deste estudo.

As joias crioulas afro-brasileiras, assim como os colares sagrados – ilequés – são frutos de ideias transculturadas, que foram interpretadas, modificadas ou transformadas em conformidade com as circunstâncias histórico-culturais-tecnológicas locais (WAISMAN, 1990). Pode-se perceber as aproximações e semelhanças entre estes dois distintos grupos de objetos, sem deixar de considerar, obviamente, também, os distanciamentos ou diferenças entre eles, seja pela forma de confecção e materiais utilizados, seja na condição de sacralização ou não dos objetos ou ainda pelos usos e contextos em que os sujeitos sociais deles se valem.

O uso das contas em colares nos cultos africanos é uma prática que chegou ao Brasil, com os seus representantes africanos, durante o tráfico de escravos e foi aqui reelaborado nos terreiros de candomblé de matriz africana iorubá com caráter religioso. Nestes espaços, as diferentes divindades são representadas por objetos específicos que as individualizam, e dentre esses objetos sagrados encontram-se as contas em diferentes cores e formas que compõem os ilequés.

Verger (2002), em Orixás, descreveu manifestações religiosas da cultura iorubá, tanto na África quanto no Brasil, e, de maneira mais destacada, na Bahia, uma vez que as religiosidades iorubás têm sido consideradas como aquelas que, mais especificamente, influenciaram a religiosidade de origem africana na cidade de Salvador. Dentro do quadro de representações dos objetos rituais, no livro Orixás (2002), as contas são citadas apenas no momento em que o autor caracteriza os diferentes orixás e suas relações com as pessoas iniciadas.

De acordo com a descrição feita por Verger (2002), o ato de carregar um colar em dedicação a um orixá se apresenta como uma das primeiras formas da ligação entre o iniciado e seu regente. No universo consagrado aos cultos dos orixás, isso quer dizer que o fato de portar tal objeto está afirmando socialmente a relação do adepto com o seu orixá, do mesmo modo que explicitando, para aqueles que comungam e, consequentemente, compreendem os rituais, a garantia de que esses objetos carregam o poder da divindade materializada.

O uso de contas ou miçangas na África é tão intenso quanto antigo. As pesquisas arqueológicas descobriram, no Sudão e na Líbia, contas datadas em torno de 10.000 anos a.C., encontradas em uma enorme diversidade de materiais, contudo, as mais costumeiras são as de vidro e são sobre estas, mais especificamente, que incide o interesse nesse momento. O uso das contas de colares torna-se um testemunho concreto da representação de religiões africanas. (CLARKE, 1998).

As contas de vidro eram e ainda são usadas como marco de beleza, riqueza ou posição social; para proteção e cura; para indicar uma adesão religiosa; como sinais de fases da vida e como indicador de identidade grupal e para diversos fins, como a confecção de joias, peças de vestuários e instrumentos musicais cerimoniais.

Na África seu uso foi e é mais amplo, principalmente nos chamados bordados de contas ou miçangas empregados na decoração de insígnias de prestígio (tronos, coroas, bastões, cachimbos, etc.); em vestimentas, ornamentos de instrumento musical e em ornamentação de estatuária religiosa. Mas no Brasil, as contas ou miçangas ficaram mais restritas à aplicação em colares e na decoração de objetos sagrados dos cultos afro-brasileiros.

É valido ressaltar que Ifé era considerada por povos iorubás como um lugar mítico do qual eles se consideravam descendentes. Conforme Vilhena (1969), Ifé na Nigéria era o centro da criação do mundo para os povos nagôs-iorubás. Neste sentido, o cronista descreve que: "(...), é capital do mundo mítico e mágico negro, é o *iluaiye* de que tanto falaram os negros na diáspora. Em Ilê-Ifé está o culto a Oduduwa, fundador dos povos ioruba." (VILHENA, 1969, p. 270).

Nesta perspectiva, conforme Silva (2006), ao tratar das mercadorias comercializadas em Ifé:

> Além dos escravos que era um dos artigos mais rentáveis no comércio desenvolvido em Ifé e que se tornara moeda de compra do cobre, do latão, das armas, dos tecidos e demais bens de luxo que Ifé demandava, outro artigo de venda certa, mas valor menor, eram as contas de pedra e de vidro. Desde cedo, lado a lado com importante indústria do ferro, desenvolvera-se em Ifé o seu fabrico. As pedras mais empregadas eram a cornalina, a ágata e o jaspe. Quanto às miçangas de vidro, não se pode deduzir dos cadinhos cobertos de pasta vítrea, desterrados

> de depósitos do fim do século XI ao XIV, se eram obtidas derretendo-se vidro importado ou se se fazia o próprio vidro a partir de seus ingredientes básicos. Produziam-se contas verdes, brancas, vermelhas, castanhas e de variados tons de azul. As azuis de forma tubular, conhecidas como segi, eram as de fabrico mais comum e de mercado mais certo. (SILVA, 2006, p. 481-482).

Atualmente, há contas de vidro usadas na África, porém de origem europeia. O comércio de importação de contas da Europa é dos mais antigos na África subsaariana, sendo os principais centros produtores desse artefato Veneza, Amsterdã e, um pouco mais tarde, a cidade de Jablonec, na atual República Checa. As fábricas, nessas cidades, tornaram-se peritas em fornecer para África gostos e preferências em termos de cores, tamanhos e formas de contas, geralmente tentando imitar as contas de vidro manufaturadas localmente. (CLARKE, 1998).

A presença marcante desse tipo de objeto, ainda no continente africano, é também abordada pelos historiadores Mary del Priore e Renato Pinto Venâncio (2004), em estudo sobre a África. Quando abordam as práticas religiosas daquele continente, referem-se à presença de objetos tidos como consagrados nos cultos iorubás, exemplificando o machado duplo de Xangô, como também da coroa de contas que lhe cobre o rosto.

> Contam as lendas que, em certo momento, os filhos ou netos de Odudua receberam em Ifé coroas de contas com franjas que cobrem o rosto – adês – e saíram terra afora a fundar novos reinos. Estes primeiros reinos, dos quais viriam a sair outros, teriam sido seis, sete, 16 ou 26. A lista varia de versão para

versão, a de Samuel Johnson incluindo Owo, Queto, Benim, Ila, Save, Popó e Oió. Ijebu Ode, Ilexá, Ondo, Ake, Akure e Ado Ekiti figuram entre outros reinos cujas pretensões a terem sido criados pelos príncipes de Ifé possuem bons argumentos a sustentá-las (SILVA, 2006, p. 482).

Figura 3. Exemplos de Adês-Ilequés.

Fonte: https://aulobarretti.wordpress.com/revista-ebano-ile-ife/a-formacao-do-povo-yoruba/

O Adê-Ilequé é uma enorme coroa com uma parte interna feita de pele de vaca fina, com superfície fortemente bordada e decorada por figuras de humanos e pássaros, também bordados. É o famoso *Ade-Ileke* do povo iorubá da Nigéria. Tradicionalmente, tais coroas eram usadas pelos chefes do clã que descendiam do lendário Oduduwa, o rei que unificou todos os iorubás. Durante as cerimônias especiais, uma das assistentes femininas de sacerdotes locais coloca o *Ade-Ileke* na cabeça do chefe, e então ele é coberto por ervas curativas para proteção. Um véu feito de dezenas de cordas bordadas com contas e caindo de cima cobre o rosto do chefe atrai a atenção do público da personalidade do rei para a coroa, o centro do poder. E o pássaro real *Okin* está no topo deste tesouro sagrado.

> [...] quer se demonstre ou não ter sido Ifé a fonte de novas dinastias, muito provavelmente era de lá que provinham as coroas – e outros objetos de contas – usadas pelos reis iorubanos, antes da chegada dos europeus. O que não se pode apurar é se foram ali conferidas por um rei suserano a um rei espiritualmente tributário. Provavelmente, sim. Pois os rituais de instalação de novos obás em vários estados do Iorubo e no reino de Benim davam ênfase aos vínculos com Ifé: certas insígnias eram, em alguns casos, enviadas ao oni para serem reconsagradas. (SILVA, 2006, p. 483).

Desde a África, por intermédio da cultura dos Reinos como Kêtu, Sabe, Òyó, Egbá, dentre outros, vários traços culturais desses grupos sociais são identificáveis no Brasil por meio de seus representantes escravizados neste lado do Atlântico. Sobre os Kêtu que, conforme Santos (2008), mais influenciaram na cultura africana da Bahia, a autora escreveu:

> A história de Kétu é preciosa como referência direta no que concerne à herança afro-baiana. Foram os kétu que implantaram com maior intensidade sua cultura na Bahia, reconstituindo suas instituições e adaptando-as ao novo meio, com tão grande fidelidade aos valores mais específicos de sua cultura de origem, que ainda hoje elas constituem o baluarte dinâmico dos valores afro-brasileiros. (SANTOS, 2008, p. 28).

Seguindo essa perspectiva, os estudos realizados por Tavares (2006) sobre sepultamentos humanos localizados no sítio arqueológico da antiga Igreja da Sé em Salvador, na Bahia, comprovam o dinamismo do trânsito da cultura iorubá para o solo brasileiro, uma vez que se debruçam sobre aqueles que apresentavam colares de contas de culturas religiosas de origem africana, provavelmente oriundos dos séculos XVIII e XIX.

Não é surpreendente o achado de contas em túmulos dentro de uma igreja, como da Antiga Sé de Salvador, pois as práticas religiosas católicas e africanas sempre coexistiram, mesmo que às vezes de forma velada, principalmente a partir da existência de irmandades religiosas de pretos e pardos. Há conflito sobre a datação do seu início, mas se sabe que são anteriores ao século XVIII. Tanto na Bahia, como aponta Tavares (2006), quanto em todo o Brasil:

> [...] o uso das contas é preservado principalmente pelos adeptos das religiões afro-brasileiras. No candomblé, por exemplo, seus seguidores, ao morrer, devem ser enterrados com o colar de contas de seu orixá, podendo ser acrescentado um colar de contas brancas que representa Oxalá, o mais importante dos orixás, e um colar de contas vermelho-terra,

> vinculado a Iansã de *Igbalé*, considerada como dirigente dos mortos. (TAVARES, 2006, p. 18).

Pelo exposto, as funções representativas dos objetos em geral e mais especificamente dos colares sagrados usados pelos adeptos dos candomblés de matriz africana iorubá são, neste texto, compreendidos, também, conforme a definição proposta por Bürdek (1994):

> [...] são instrumentos do pensamento, remetem a algo mais e respondem a algo além do objeto em si mesmo. Tem caráter "representativo". Esta concepção do símbolo inclui aspectos como experiência, intuição, valoração, normas culturais, etc. É importante recordar que os símbolos não são dados de forma natural, mas nascem de convenções, ou seja, por meio de acordos, tradições, etc. (BÜRDEK, 1994, p. 178).

Nessa perspectiva, "nos terreiros de candomblé esses colares são indícios de nobrezas e são patrimônios que circulam pelas gerações descendentes na hierarquia dos terreiros e nas relações entre famílias-de-santo." (LODY, 2001, p. 82). As mais emblemáticas maneiras de resistir via ornamento de corpo são aquelas vinculadas as suas funções de uso. Trazer consigo colares de contas significa para os adeptos desses cultos a certeza da realização de toda uma série de rituais que antecedem seu uso. É por intermédio da recorrência de tais práticas que essas se institucionalizam e se tornam tradição.

Desse modo, os *ilequés* podem ser designados também como marco de poder, seja ele conferido por ancestralidade, iniciação religiosa, hierarquia etc. Desde os primórdios, acreditava-se que usar adornos de dentes de animais caçados conferiria ao usuário as características desejáveis destes animais (força, esperteza, agilidade, astúcia, etc.). Também pedras (esmeraldas, rubis, safiras, diamantes, coral e outras), metais e uma série de materiais coletados na natureza vêm sendo usados na confecção dos colares sagrados, utilizados nos candomblés de matriz iorubá, com o objetivo de transmitir aos seus usuários as forças da natureza, representando poder e proteção. Eles se expressam de variadas formas, conforme esclarece Santos (2008):

> Ora significa fé e devoção; ora status social, econômico e cultural; ora amuleto; ora veículo de cura; ora apenas um objeto de decoração. É símbolo de individualidade e coletividade, de valores morais e estéticos, da alma humana, de suas tradições, heranças e antepassados, rituais, crenças, prosperidade, compromisso, comportamento, desenvolvimento tecnológico, além de ser um objeto de adoração, contemplação e desejo. (SANTOS, 2008, p. 42).

Retoma-se aqui a questão da riqueza cultural produzida pela mestiçagem das tradições africanas e europeias. Segundo Gruzinski (2001), toda cultura é uma mistura de maneiras de ser, de acreditar, de imaginar, de ideias etc. Não é o que a visão eurocêntrica determina como extraordinário e próprio da África, da América Latina ou da Ásia, é algo associado à constituição da humanidade, ganhando força a partir da ocidentalização do século XVI, que o supracitado autor entende como um conjunto de meios de dominação aplicados pela Europa renascentista na América via catolicismo, mercantilismo, força através das armas e de informações orais, escritas e imagéticas como processos de convencimento. Esse intercâmbio resultou em "mestiçagens biológicas, de línguas e crenças; mescla de saberes e técnicas; sobreposição e imbricação de formas de trabalho." (MEZZOMO, 2005, p. 337).

Desse modo, os objetos materiais, no caso deste texto, os ilequés, tendem a representar objetivamente o que existe por trás de suas características, sejam formas, cores, como também os rituais que garantem a sua representação. Berger e Luckmann (1985), ao falarem da sedimentação das tradições, consideram que estas estão na dependência direta da objetivação das experiências, seja através da linguagem, da poesia, das alegorias religiosas, dentre outras coisas.

A rede de filiações entre os diversos terreiros de candomblé e a diversidade de materiais utilizados na fiação dos colares sagrados

A complexa rede de filiações entre os diversos terreiros utilizados neste estudo toma como base para a coleta de dados sobre os ilequés no candomblé de matriz africana Iorubá, dois importantíssimos terreiros de candomblé da Bahia: o *Ilé Asè Iyá Nassô Oká* – Casa Branca do Engenho Velho – o Candomblé da Barroquinha, e o *Ilé Òsùmàrè Aràkà Asè Ògodo* – Casa de Oxumarê.

A origem e a fundação destes terreiros conectam-se a ancestrais africanos trazidos para o Brasil durante o regime escravocrata, marcando, assim, nesses espaços, a resistência cultural, a preservação da memória e da tradição e a transmissão dos saberes ancestrais, que ali circulam e se propagam para os terreiros de candomblé que deles descendem.

Desta forma, duas redes de *connected histories*[3] serão tecidas para explicar o emaranhado de fios em que se forjou a

3 Ver: Subrahmanyam, Sanjay Connected Histories: Notes towards a Reconfiguration of Early Modern Eurasia Modern Asian Studies, Vol. 31,

memória coletiva e a tradição dos grupos sociais religiosos estudados. A princípio, tratar-se-á da rede de conexões do *Ilé Asè Iyá Nassô Oká*, Salvador -Bahia com os terreiros dele oriundos, a saber: o Centro Cruz Santa do Axé Opô Afonjá, Salvador-Bahia, o *Ilé Asè Opô Aganjú*, Lauro de Freitas – Bahia, o *Ilé Asè Obá Odé Òkòóló*, Lauro de Freitas – Bahia, o *Asè L'Oyá*, Lauro de Freitas - Bahia e o *Ilé Asè Yanguí*, Vitória da Conquista – Bahia; no segundo momento, tratar-se-á da rede de conexões do *Ilé Òsùmàrè Aràkà Asè Ògodo*, Salvador – Bahia, com os terreiros dele originados, a saber: o *Ilé Alaketu Asè Airá* – Axé Batistini -, São Bernardo do Campo – São Paulo e o *Ilé Alaketu Asè Ossayin*, Mairiporã – São Paulo.

Os Candomblés da Bahia e os de São Paulo apresentam em sua estrutura religiosa e organização hierárquica mecanismos capazes de perpetuação da memória coletiva e da tradição dos iorubás, pois vivenciaram e absorveram as peculiaridades das interpenetrações das diversas culturas encontradas no solo brasileiro, através das histórias conectadas entre África e Brasil.

É incontestável que no processo de reinstitucionalização dos valores e dos elementos africanos na formação do candomblé no Brasil ocorresse de modo gradual e constante uma reconfiguração das práticas africanas em suas diversas origens, de elementos preexistentes no Novo Mundo, assim como a criação de elementos novos resultantes do contexto social e da dinâmica desse processo formativo.

Nesse sentido, os fios de contas, utilizados pelos sujeitos sociais dos candomblés de matriz africana iorubá, apresentam uma enorme diversidade de materiais na sua confecção. Cada peça é

No. 3, Special Issue: The Eurasian Context of the Early Modern History of Mainland South East Asia, 1400-1800. (Jul., 1997), pp. 735-762.

inédita e exclusiva. Seguem, na sua composição, uma orientação básica, mas flexível, de confecção e utilização de materiais, atendendo à relação de conformidade identitária com o orixá ao qual será vinculado. O Babalorixá Barinlé,[4] do Ilé Asè Yanguí, Vitória da Conquista –Bahia, fala em sua entrevista a este estudo sobre a lista de materiais utilizados na feitura dos ilequés:

> Vários são os materiais que se utilizam para confecção dos ilequés, a exemplo de: palha da costa, miçangas, firmas de louças, vidro, cristal, murano, miçangão ou canjicão, búzios, corais, seguí etc. Na confecção dos ilequés procura-se usar aquele elemento que é predominante para aquele orixá, na sua cor específica correspondente (Barinlé - Adauto Viana, Ilé Asè Yanguí, Entrevista concedida aos autores em setembro de 2018).[5]

Nesse sentido, Conduru (2007) discorre sobre esse processo de produção dos colares sagrados:

> Certa ânsia pela modernidade faz da produção de fios de contas algo semelhante a uma caçada: antevisto na imaginação, cada colar resulta na pesquisa e aquisição de peças e materiais novos e inusitados.

---

4 As entrevistas citadas neste trabalho foram autorizadas pelos depoentes e aprovadas pelo Comitê de Ética da Universidade Estadual do Sudoeste da Bahia.

5 Todas as entrevistas utilizadas neste texto foram devidamente autorizadas pelos cedentes com prévia assinatura dos Termos de Consentimento Livre e Esclarecidos e submetidos ao Comitê de Ética da Universidade Estadual do Sudoeste da Bahia. Constando a princípio para referência de cada uma o nome religioso do cedente, seguido do nome completo comum, nome da casa religiosa de vinculação e período da entrevista.

> Flexibilizando as regras, tanto se vale apenas de contas, explorando a gama de cores e formas, quanto incorpora elementos naturais em que os orixás se manifestam, como a casca de coco em fios de Oxóssi e o bambu nos de Iansã. (CONDURU, 2007, p. 43).

Cada orixá, de acordo com as suas características particulares e o elemento da natureza ao qual estão relacionados, irá dispor de uma grande variedade de materiais para a confecção de seus fios de contas. O material de fabricação e o formato das diferentes contas dos colares são bastante variados. Vários elementos podem compor a formação dos ilequés, e não somente as miçangas ou contas. Estes colares podem conter: penas de aves, sementes, palhas, caroços de frutas, dentes, conchas, sementes, pedaços de chifres, corais, pedras, miçangas de pasta de vidro ou porcelana, búzios, metais, marfim, madeira e outros elementos. Tanto o material utilizado como a variedade de formas, tamanhos e cores desses objetos, podem se apresentar em formatos arredondados, cilíndricos e irregulares. (LODY, 2001).

Assim, dada as particularidades para a fiação dos colares sagrados, o babalorixá e antropólogo Júlio Santana Braga, *Oyá Tundé*, relata, em entrevista concedida para elaboração deste texto, sobre a importância dos materiais utilizados nos ilequés:

> O ilequé é um aparato religioso tão importante quanto a roupa de santo e outros apetrechos da vestimenta sagrada, com a primazia de que esses ilequés são realizados com materiais da terra, do mar e materiais diferentes daqueles que são feitos em uma fábrica. Tem uma importância muito grande porque isso remonta a uma estrutura de vestuário, que remonta a um período que se perde na histó-

> ria e que esses apetrechos todos são muito comuns nesse universo jeje/nagô e angolano que às vezes a gente esquece. Isso é um elemento importante, tanto é que temos o momento de consagração disso (Oyá Tundê – Júlio Santana Braga, *Asè L'Oyá*, entrevista concedida aos autores em agosto de 2018).

Nesse sentido, o Ogan *Olufeju*, Carlos Nepomuceno, do *Ilé Òsùmàrè Aràkà Asè Ògodo*, Salvador – Bahia, discorre em seu depoimento sobre o significado do fio de contas:

> Para mim um fio de contas dentro da religião é a representação do orixá. O orixá geralmente tem uma cor. Eu tenho meus estudos porque no candomblé tudo foi ensinado oral. Cada um teve um aprendizado. No candomblé quase tudo a gente envolve o número sete. E o sete são as sete cores do arco-íris e o azul que representa Oxóssi ou Odé é uma das cores do arco-íris e se a gente aprofundar na história do arco-íris a gente vai achar diversos orixás. Se perguntar das cores existem várias histórias muito antigas que falam disso. (Ogan *Olufeju,* Carlos Nepomuceno, *Ilé Òsùmàrè Aràkà Asè Ògodo*, entrevista concedida aos autores em julho de 2018).

Na opinião da Ialorixá Mãe Luizinha, Heloísa Moreira dos Santos, *Ilé Alaketu Asè Airá* – Axé Batistini –, São Bernardo do Campo – São Paulo, "as cores foram dadas para distinguir quem é quem, para não ficar todo mundo igual". Já para o Babalorixá *Ofalewi,* João Batista Salomão, do *Ilé Alaketu Asè Ossayin*, Mairiporã – São Paulo, "hoje em dia já existem diversas contas em variadas cores, para os orixás em suas modalidades". Assim, o ilequé ao ser confeccionado e consagrado ao Orixá, torna-se algo impessoal e intransferível como argumenta o Babalorixá *Odé Tokan*, Leandro Anselmo, do *Ilé Asè Obá Odé Òkòóló*, Lauro de Freitas – Bahia:

> O ilequé conhecido como as contas, as guias que temos. É um elo, uma representatividade de você, da sua cabeça para o seu orixá. Aonde quer que você chegue, a primeira coisa que vai destacar dentre outras coisas que você possa usar no candomblé é a conta do seu orixá. Acaba sendo uma identidade sua para as pessoas e para o seu próprio santo. Aquela conta vai comer junto com o assentamento do seu santo, você vai alimentar aquela guia como identidade do seu santo, como uma proteção pessoal, não pode ser compartilhada de pescoço em pescoço. O ilequé é intransferível porque marca a identidade do filho de santo, porque come junto com sua otá, junto com o seu ferro, independentemente de qual orixá seja. Então tem que ser uma coisa sua. Você não deve passar para outra pessoa porque você não sabe como está a energia daquela pessoa. Por isso é impessoal e intransferível (Babalorixá *Odé Tokan*, Leandro Anselmo, Ilé Asè Obá Odé Òkòóló, entrevista concedida aos autores em agosto de 2018).

Dessa maneira, cores, materiais e formatos das contas indicam as contínuas representações das tradições africanas, que aqui no Novo Mundo foram re-elaboradas, adaptando-se à nova sociedade.

Os colares sagrados dos Orixás e seus devotos receberam a influência europeia das contas artesanais, outrora usadas também pelos seus compatriotas. Daí surgiu à expressão usada no Candomblé: fio de contas. Estas contas são enfiadas em fio de puro algodão e lavadas com um preparo especial de água e folhas sagradas. Elas são fechadas com *Isiro ikasi* (uma conta especial), que aqui no Brasil ficou conhecida como firma, justamente por fechar ou firmar o colar como se observa na imagem logo abaixo.

Os ilequés são elementos importantes no universo do candomblé. São como insígnias, ou melhor, são mais que insígnias, pois além de identificar antiguidade, posto, orixá e nação a que pertence a pessoa iniciada, eles carregam uma poderosa carga de axé para proteção de quem os utilizam, como declara o Babalorixá *Ofalewi,* João Batista Salomão, do *Ilé Alaketu Asè Ossayin*, Mairiporã – São Paulo:

> O fio de contas representa tudo. É como se ele fosse um talismã. Representa o poder do orixá que está ali no fio de contas. E cada orixá tem o seu ilequé, o seu fio de conta, o seu delogun, seu brajá. Então é como um talismã. O poder do fio de contas está no orixá, o orixá está dentro do poder do fio de contas. Qualquer coisa no rito do orixá tem o poder e o mistério que o envolve. Ali está o poder do orixá: numa pedra, num ferro, num fio de contas. Tudo no candomblé é respeitado e adorado, porque tem que respeitar. O fio de contas é um talismã de muito poder (Babalorixá *Ofalewi,* João Batista Salomão, do *Ilé Alaketu Asè Ossayin*, entrevista concedida aos autores em julho de 2018).

Importante lembrar que o poder dos ilequés não está somente no material utilizado na sua confecção, mas também no complexo processo de ritualização desses objetos. Nesse sentido, Ialorixá Mãe Luizinha, Heloísa Moreira dos Santos, *Ilé Alaketu Asè Airá* – Axé Batistini -, acrescenta:

> Hoje estão vindo muitas contas, muitos materiais para fazer ilequés da África, lá da Nigéria, mas antigamente se usava muito cristal, eram contas valiosas. Eram cristais legítimos, contas de porcelana, pedras semi-preciosas que hoje você não acha mais. Então ao meu ver, durante esses anos todos de candomblé, as contas de antigamente são mais valiosas do que as de hoje. Porque eram contas verdadeiras: de cristais, de porcelanas e não de plástico como se vê hoje. Eu mesmo tenho uma conta de Mãe Nanã de porcelana, muito antiga! Valiosa! As contas mais importantes e ricas que vem da Nigéria são os corais e os seguís, mas de nada servem se não passarem pelos rituais de consagração. (Ialorixá Mãe Luizinha, Heloísa Moreira dos Santos, *Ilé Alaketu Asè Airá* – Axé Batistini –, entrevista concedida em julho de 2018).

Sobre a classificação das contas, Lody (2001) discorre da seguinte maneira:

> As contas podem ser classificadas em unicolor, de cor única; rajada bicolor, de duas cores; rajada tricolor, de três cores. Essas são geralmente miçanguinhas, miçangas e miçangões. As bolas pontilhadas são bicolores, tricolores e multicolores e há ainda as chamadas contas especiais. Com esses tipos são feitos, em sua grande maioria, os fios-de-contas, tanto os tradicionais como os contemporâneos visíveis nos terreiros e no comércio em feiras, lojas e mercados. (LODY, 2001, p. 72).

É importante ressaltar que conta é a designação geral para tudo que é processado por enfiamento com a finalidade de ser um fio-de-contas. Poderá ser um laguidibá (conta de Omolu), seguí (conta de Oxaguiã), monjoló (conta de Iansã), entre outros. Ainda uma nominação geral e comum é fio. (LODY, 2001).

As contas e outros materiais utilizados nas confecções dos ilequés serão classificados e exemplificados, neste texto, em cinco categorias, com a finalidade de facilitar a compreensão do leitor, a saber:

> Quanto à coloração podem ser: opacas, translúcidas e rajadas;
>
> Quanto ao material utilizado em sua fabricação: pasta de vidro, cristal, porcelana, murano, pedra, metal e, mais recentemente, o plástico;
>
> Quanto ao tamanho: pequenas, médias e grandes;
>
> Quanto ao formato: arredondadas, cilíndricas e irregulares;
>
> Quanto à função hierárquica: seguí, coral, cristal, terracota, marfim, chifre e búzio.

Após esta classificação sumária sobre as contas, percebe-se a importância de cada material utilizado, os seus significados de uso e sua relação com os Orixás, assunto a ser tratado mais detalhadamente em outro momento, pois o fio-de-contas é uma síntese sobre seu patrono e sua relação com o sujeito social que a utiliza.

Assim, segundo Lody (2001), os tipos de materiais que formam cada fio-de-contas variam conforme a intenção, podendo marcar hierarquia, situações especiais, uso cotidiano, além de identificar os deuses. Mas é importante lembrar que esses materiais utilizados na confecção dos colares sagrados, no candomblé de matriz africana iorubá, sofreram adaptações, amálgamas e substituições, graças às diferentes influências culturais processadas no contexto sócio-histórico-cultural em que surgiram.

Nesse sentido, os ilequés mantêm na sua essência constitutiva a tradição e a memória africanas, porém com as (re)invenções obrigatórias do cenário da atualidade e do avanço que as novas tecnologias impõem.

Bibliografia

BERGER, P., & LUCKMANN, T. *A construção social da realidade.* Petrópolis: Vozes, 1985.

BÜRDEK, Bernhard E. *Diseño: historia, teoría y práctica del design de productos.* Madrid: Editora: Gustavo Gili, 1994.

CLARKE, Duncan. *African Hats and Jewelery.* New Jersey: Chartwell Books, 1998.

CONDURU, Roberto. *Arte Afro-Brasileira.* Belo Horizonte: C/ Arte, 2007.

GEERTZ, Clifford. *A Interpretação das Culturas.* Rio de Janeiro: LTC, 2008.

GOLA, Eliana. *A jóia: história e design.* São Paulo: Editora Senac São Paulo, 2008.

GRUZINSKI, Serge. *O Pensamento Mestiço.* São Paulo: Companhia das Letras, 2001.

LODY, Raul. *Jóias de Axé: fios-de-contas e outros adornos do corpo: a joalheria afro-brasileira.* Rio de Janeiro: Bertrand Brasil, 2001.

MESLIN, Michel. *Fundamentos de Antropologia Religiosa: a experiência humana do divino.* Tradução de Orlando dos Reis - Petrópolis: Vozes, 2014.

MEZZOMO, Frank Antonio. Reseña de "O Pensamento Mestiço". *Afro-Ásia,* nº 33. Salvador: UFBA, 2005.

PAIVA, Eduardo França. *Escravidão e universo cultural na colônia: Minas Gerais, 1716-1789.* Belo Horizonte: UFMG, 2006.

PRIORE, Mary Del e VENÂNCIO, Renato Pinto. *Ancestrais: uma introdução à história da África atlântica.* Rio de Janeiro: Editora Campos, 2004.

SANTOS, Juana Elbein dos. *Os Nàgô e a morte: Pàde, Àsèsè e o culto Égun na Bahia*; traduzido pela Universidade Federal da Bahia. Petrópolis: Vozes, 2008.

SILVA, Alberto da Costa e. *A enxada e a lança. A África antes dos portugueses*. São Paulo: Nova Fronteira/Edusp, 2006.

SOARES, Mariza de Carvalho. *Devotos da Cor: Identidade étnica, religiosidade e escravidão no Rio de Janeiro, Século XVIII*. Rio de Janeiro: Civilização Brasileira, 2000.

TAVARES, Aurea Conceição Pereira. V*estígios materiais nos enterramentos na antiga Sé de Salvador: postura das instituições religiosas africanas frente à igreja católica em Salvador no período escravista*. Dissertação de mestrado. UFPE. Recife: 2006.

TEIXEIRA, Amanda Gatinho. Joalheria de Crioulas: Subversão e Poder no Brasil Colonial. In: *ANTÍTESES*, v. 10, n. 20, p.829-856, jul./dez. 2017.

VILHENA, Luís dos Santos. *A Bahia do século XVIII*. Vol. 1, Salvador: Editora Itapuã, 1969.

VERGER, Pierre Fatumbi. *Orixás: Deuses iorubás na África e no Novo Mundo*. São Paulo: Corrupio, 2002.

WAISMAN, Marina. *El Interior de la Historia*. Bogotá: Escala, 1990.

Os jesuítas, o bispo do Rio de Janeiro e as demissórias em 1759

Marcia Amantino[1]

Em junho de 1694 nascia numa casa nobre de Viana do Castelo, em Portugal, Antonio Malheiros Reimão, filho de Ventura Malheiros Reimão Marinho e Páscoa Pereira Ferraz. O jovem Antonio, com apenas 16 anos, ingressou na ordem dos beneditinos em 1710 e sete anos depois tornou-se sacerdote, adotando o nome de D. Frei Antonio de Nossa Senhora do Desterro Malheiros Reimão. Em 1739 foi sagrado bispo e enviado para assumir a diocese de Angola e Congo, onde ficou até 1745, quando foi nomeado para ocupar a diocese do Rio de Janeiro, permanecendo até sua morte em dezembro de 1773.

Provavelmente, quando foi nomeado para assumir a diocese do Rio de Janeiro, Desterro não imaginasse que viveria um dos momentos mais significativos do século XVIII: a derrocada da Companhia de Jesus. Muito menos, que faria parte deste cenário e seria peça essencial deste processo na capitania.

O bispo na diocese

No final do mês de dezembro de 1746, correu um boato pela cidade de que o bispo tinha finalmente chegado para tomar posse de seu cargo, mas que sua embarcação, por estar com problemas para se aproximar do porto, havia atracado próxima a Maricá. Ao

1 Doutora em História. Universidade Salgado de Oliveira. Rio de Janeiro.

saber disso, o governador Gomes Freire de Andrada enviou uma pequena embarcação em seu encontro. Porém, não o localizaram e voltaram à cidade. Dias depois, finalmente, a comitiva chegou ao porto fluminense. Como Desterro era um beneditino, ficou hospedado no mosteiro de seus irmãos. No dia seguinte, houve uma festa em sua homenagem e estiveram presentes apenas a "mais alta elite da cidade". (CUNHA, 1747, 6).

Por causa do cansaço da viagem e por um problema de saúde adquirido durante a travessia, o bispo ordenou a Henrique Moreira de Carvalho que tomasse posse do bispado em seu nome e ficou de repouso e tratamento junto aos religiosos de São Bento. Dias depois, já recuperado, avisou ao governador que entraria solenemente na cidade no dia 1 de janeiro de 1747. Durante o tempo de sua recuperação, a cidade se organizou para preparar a festa de recepção e entrada. (CUNHA, 1747, NESTOLA, 2011; PAIVA, 2001; PAIVA, 1993).

Sua vida como bispo do Rio de Janeiro até o ano de 1773, quando morreu aos 79 anos de idade (PEREIRA, 2014, 267), está ligada diretamente aos rumos tomados pelo império português na segunda metade do século XVIII, mais precisamente com as políticas estabelecidas pelo rei D. José I e seu poderoso secretário de Estado, conde de Oeiras, mais tarde, marquês de Pombal.

O bispo Desterro, assim como vários outros religiosos, assumiu claramente uma política alinhada às diretrizes pombalinas. Pode-se imaginar que tal adesão ocorreu por diversos motivos, mas o fato de o bispo ser há tempos adepto da uma corrente reformista que grassava na igreja portuguesa no século XVIII, chamada de Jacobeia, é provavelmente um dos pilares de sustentação de seus atos à frente da diocese do Rio de Janeiro. Inclusive, explica, em parte, sua crítica e perseguição aos jesuítas. A Jacobeia foi aceita por muitos religiosos portugueses, incluindo suas lideranças, ao propagar a necessidade de reformar a igreja instaurando uma maior disciplina e controle sobre os costumes e sobre a formação dos religiosos, o restabelecimento da vida moral e religiosa da igreja e de seus fiéis, a promoção da fé verdadeira sem crendices populares e, acima de tudo, o cumprimento do que havia sido estabelecido nas Constituições Primeiras do Arcebispado da Bahia, publicadas em 1719, a partir do sínodo diocesano realizado na Bahia em 1707. (PEREIRA, 2014, 270).

D. Antonio do Desterro, em consonância com essas ideias, criou, enquanto foi bispo do Rio de Janeiro, 50 novas paróquias. Segundo Anderson Machado de Oliveira:

> A difusão da rede paroquial cumpria para a hierarquia eclesiástica o papel de ampliar o controle sobre a vida dos fiéis através da tentativa de uma maior regulação da vida sacramental, ao passo que para o Estado igualmente estendia a possibilidade de maior controle sobre os súditos além do aumento da cobrança de impostos. (OLIVEIRA, 2015, 366).

Percebe-se nesta passagem duas preocupações das autoridades eclesiásticas e civis daquele momento: de um lado o controle sobre os fiéis e de outro o aumento das arrecadações tentando diminuir os déficits da coroa.

Além da criação das paróquias, o bispo foi enérgico também no controle sobre os religiosos e seus comportamentos. Interessa para os objetivos desse texto a relação dele com os padres da Companhia de Jesus.

De acordo com Oliveira, os grandes opositores às ideias jacobeias foram o Tribunal da Santa Inquisição e os jesuítas. Esses últimos eram acusados pelos adeptos da Jacobeia de terem uma "retórica de base como casuística" e "laxista". (OLIVEIRA,

2015, 362). Com essas críticas e como opositores aos inacianos, os jacobeus serviram aos interesses de Pombal, pelo menos até alguns anos após a expulsão dos religiosos da Companhia de Jesus. (FRANCO, 2006a, 470).[2]

Segundo Eduardo Franco, a política antijesuítica de Pombal foi, de uma maneira geral, aceita pelos dirigentes da Igreja. Uns por acreditarem nas "comprovações" exibidas e outros, para ficarem bem junto ao secretário de Estado. Os poucos que tentaram esboçar alguma resistência ou questionar suas atitudes foram punidos. (FRANCO, 2006, 147-218).[3]

O padre José Caeiro, jesuíta expulso em 1759, escreveu sua obra já no exílio e nela indicava que antes do início da propaganda e dos atos contrários à Companhia de Jesus, o bispo beneditino era amigo dos inacianos, frequentava o colégio inaciano do Rio de Janeiro, consultava e trocava considerações variadas com os reitores (Academia Brasileira de Letras, 1936, 201). Com o início da perseguição pombalina, o beneditino teria, então, modificado seu comportamento. Aliás, Caeiro, em

2 Em 19 de janeiro de 1769 foi aprovada uma lei em nome da ortodoxia católica e unidade do reino português que condenava a todos os integrantes da Jacobeia e a proibia em todo o território luso. De acordo com Jose Eduardo Franco, Pombal, manipulando as ideias do grupo, conseguiu demonstrar que os jesuítas eram os maiores inspiradores desse movimento e, no bojo da destruição de toda e qualquer memória relativa aos inacianos, proibiu os jacobeus de se expressarem. (FRANCO, 2006a, 470).

3 Ainda que a historiografia tenha mantido há muitos anos a ideia de que o arcebispo da Bahia, D. José Botelho de Matos, tivesse protegido aos jesuítas em sua capitania e que, por isso, tenha sido retirado do cargo à mingua com mais de 80 anos, há pesquisas que apontam para o fato de que ele havia pedido sua saída meses antes do atentado ao rei e que durante toda a sua vida recebeu a côngrua a que tinha direito, mesmo tendo apresentado uma devassa com cerca de 80 depoimentos inocentando os jesuítas de praticarem comércio. (SOUZA, 2008, 729-746).

seu relato informava que o bispo usava o paço episcopal para realizar as "vendas de alfaias sagradas" e que trabalhou ao lado do conde de Oeiras para difamar a honra da Companhia de Jesus sem prova alguma de suas acusações e sem ter dignidade para isto (Academia Brasileira de Letras, 1936, 203-205).

As pressões políticas sobre os inacianos aumentaram a cada momento e assim, no dia 1 de abril de 1758, o papa Benedito XIV, por meio da breve *In Specula Supremae*, ordenou que a Companhia de Jesus deveria ser avaliada e passar por grandes modificações para que pudesse continuar existindo, ou seja, deveria ser reformada.[4] Isso significava que os seus religiosos teriam que voltar ao estado inicial em termos de "pureza de fé". Precisavam abrir mão de todo e qualquer comércio, atividade econômica ou produtiva, passando a se manter apenas com as esmolas recebidas.[5] Não caberia a eles se intrometerem nos assuntos políticos ou econômicos do império. Como haviam sido denunciados pela prática de comércio e por não respeitarem as leis canônicas e as do império, sofreriam uma devassa a fim de que tudo fosse comprovado. O teor do breve deixa claro que a ordem papal havia sido motivada pelos pedidos insistentes do rei português e pelas demonstrações fornecidas por ele de que a Companhia de Jesus vivia em "grandes desordens e abusos",

4 Os breves papais podem ser entendidos como um dos mecanismos de exercício de poder e de busca da unidade cristã. Eram "respostas" dos papas aos problemas religiosos e morais que surgiam na cristandade.

5 Na realidade, a Companhia de Jesus nunca se estruturou como uma ordem mendicante.

e que, graças ao livro *Relação Abreviada,*[6] todos os monarcas europeus haviam tomado conhecimento deles.[7]

Foram várias as razões para a decretação desse breve e todas elas apontaram para os conflitos que há anos vinham ocorrendo entre os religiosos e as diferentes instâncias do poder. Foram citadas também as relações tensas entre esses religiosos e os moradores do reino ou das áreas de conquista, bem como as práticas de comércio variadas adotadas pelos religiosos. A partir da decretação deste Breve, e contando de uma forma ou de outra com a aceitação da Igreja Católica, Pombal intensificou as perseguições aos inacianos.

O breve determinava que o religioso escolhido para realizar a reforma da Companhia de Jesus em Portugal havia sido o cardeal Francisco Saldanha, que deveria escolher outros bispos para atuarem em regiões mais longes exercendo as determina-

---

6 Relação abreviada da República, que os religiosos jesuítas das Províncias de Portugal, e Hespanha, estabelecerão nos Domínios Ultramarinos das duas Monarchias, e da Guerra, que nelles tem movido, e sustentado contra os Exercitos Hespanhoes, e Portuguezes; Formada pelos registos das Secretarias dos dous respectivos Principaes Comissarios, e Plenipotenciarios; e por outros Documentos authenticos. In: Biblioteca Brasiliana Guita e José Mindlin. Disponível em https://digital.bbm.usp.br/handle/bbm/6675, acesso em 7 de janeiro de 2019.

7 Breve de 1 de abril de 1758 pelo qual o santo padre Benedicto XIV sobre as instancias de el rei fidelíssimo, conteúdas nas duas cartas acima indicadas constituiu o eminentíssimo e reverendíssimo cardeal Saldanha, visitador e reformados geral da Companhia de Jesus nesses reinos de Portugal e dos Algarves e todos os seus domínios. Roma, em Santa Maria Maior, debaixo do anel do pescador, em 1 de abril de 1758 e decimo oitavo de nosso pontificado. In: SORIANO, Simão José Luz. História do reinado de el-rei Dom José e da administração do Marquês de Pombal. Lisboa: Typ. Universal de Thomaz Quintino Antunes, vol. 2, 1867, 371.

ções de reformar a Companhia com os mesmos poderes conferidos a ele.

O bispo Desterro ficou responsável por levar a diante os planos da reforma na capitania do Rio de Janeiro, mas, apesar dele ter sido instituído pelo cardeal Saldanha como reformador em 22 de maio de 1758, suas atividades só iniciaram após o dia 28 de dezembro de 1759, quando chegou ao Rio de Janeiro uma nau trazendo os ministros enviados por Pombal para auxiliar os reformadores e impedir reações por parte dos religiosos jesuítas. Entretanto, a ordem de expulsão e prisão de todos os religiosos da Companhia já havia sido decretada desde o dia 3 de setembro daquele ano.

Quando a notícia da expulsão e prisão dos padres chegou à capitania, eles foram recolhidos de diferentes localidades e ficaram presos no colégio da ordem. A partir deste momento, o bispo Desterro começou a publicar uma série de pastorais exortando aos fiéis para que não tivessem nenhum contato com os jesuítas porque eles haviam se tornado prejudiciais aos interesses dos colonos, das autoridades e da coroa. No dia 8 de novembro de 1759, publicou uma pastoral ordenando aos párocos que não permitissem nas igrejas, capelas e nos oratórios a presença de padres jesuítas e também proibia a comunicação de qualquer pessoa com eles. Seu documento começava com uma apresentação sobre a tentativa de regicídio, demonstrando que os agressores haviam sido punidos, mas os mentores não. Para o bispo, a Companhia era um veneno, ainda mais porque, mesmo que muito estimada e favorecida pelos reis, havia dado à luz "a um aborto tão enorme, monstruoso e horrível". Existiam provas de sua traição, bárbaras maldades, de escândalos e desordens. Eram seres "destrutivos da paz e sossego do reino e da sociedade civil". E como o "fomento de doutrinas erradas tem a natureza de peste, que infecciona sem se sentir e só se experimenta o dano quando o remédio se tem feito impossível ou mui dificultoso, ordenava ao povo "que não se infeccion[asse] com esse mortífero contágio", que não tivesse qualquer contato com os padres que estavam impedidos de pregar e confessar em qualquer igreja, capela ou oratório.[8] O estranho dessa ordem era que os padres, nessa altura, já estavam presos e incomunicáveis dentro do colégio. Logo, não poderiam realizar nenhuma atividade na capitania, religiosa ou não.

Outra questão que fez o bispo D. Antonio do Desterro e os jesuítas se enfrentarem foi a possibilidade das demissórias para alguns integrantes da Companhia de Jesus.

As demissórias

A Lei de 3 de setembro de 1759 que ordenou a expulsão dos jesuítas do reino e das conquistas, deixava claro que os religiosos, que ainda não tivessem feito o quarto juramento e que tivessem nascido em Portugal ou em algumas de suas possessões, poderiam apresentar uma carta demissória aos bispos reformadores da ordem e deixar a Companhia de Jesus, permanecendo como vassalo real no local onde viviam. O motivo dessa clemência do rei era porque tais indivíduos, por não terem feito o quarto voto, não conhecerem os "horríveis segredos de tão

8 Pastoral que Vossa Excelência reverendíssima é servido mandar passar para que os párocos desse bispado não consintam que nas suas igrejas, capelas e oratórios filiais pregue ou confesse religioso algum da Companhia de Jesus e proíbe a todos os seus súditos a comunicação com os ditos na forma acima. 8 de novembro de 1759. Disponível em https://archive.org/search.php?query=title%3A%28Op%C3%BAsculos%20hist%C3%B3ricos%29

abomináveis conjurações e infames delitos".[9] Logo, não eram, segundo o documento, culpados dos atos contrários à fé e nem eram infiéis ao rei, como seus superiores.

É interessante perceber que, alguns anos depois, no contexto da expulsão da ordem do império espanhol, essa possibilidade da demissória também voltou a ser aceita. A Lei de expulsão, de 27 de fevereiro de 1767, decretava que estavam expulsos os religiosos da Companhia, tanto sacerdotes como coadjutores, ou leigos que tivessem feito o voto, ainda que só o primeiro.[10] Todavia, em 1 de março deste ano, foi elaborada a "Instrucción de lo que deberán ejecutar los comissionados para el extrañamiento y ocupación de bienes y haciendas de los jesuítas em España e Índias", indicando a possibilidade de que alguns pudessem abandonar a Companhia. Os noviços deveriam ser separados dos demais e informados desta possibilidade. Deveriam ser colocados em casas particulares "donde, con plena libertad y conocimiento de la perpetua expatriación que se impone a los indivíduos de su Órden, puedan tomar el partido a que su inclinación los indujese".[11] Ninguém poderia sugestioná-los, "por quedar del todo al único y libre arbitrio del interesado".[12]

9 Suplemento à Coleção de Legislação Portuguesa do Desembargador Antonio Delgado da Silva pelo mesmo. Ano de 1750 a 1762 Lisboa: Typ. De Luiz Correia da Cunha, 1842, p. 715.

10 Real cédula para que em los reinos de las Indias se cumpla y observe el Decreto que se inserta, relativo ao estrañamiento y ocupacion de temporalidades de los Religiosos de la Compañía de Jesús. BRAVO, Francisco Javier. Colección de documentos relativos a la expulsión de los Jesuitas de la República Argentina y del Paraguay en el reinado de Carlos III. Madrid: José Maria Perez, 1897, ed. Fac-símile, p. 4.

11 Real cédula para que em los reinos de las Indias se cumpla y observe el Decreto que se inserta..., p. 6.

12 Real cédula para que em los reinos de las Indias se cumpla y observe el Decreto que se inserta…, p. 8.

Percebe-se pelas duas leis que havia uma certa preocupação com os noviços ou com aqueles que ainda não haviam feito o quarto voto. Voltaremos a esta questão depois. Por ora, vejamos como se deram, na prática, as demissórias na capitania do Rio de Janeiro.

A carta demissória de Luís de Sousa é um exemplo de um texto que não deve ter mudado muito nas diferentes regiões da América portuguesa.

> Por nos constar as urgentes razões que tem Luís de Souza religioso não professo solenemente da Companhia de Jesus deste bispado que nos representou para não permanecer nela pedindo humildemente o benefício que Sua Majestade Fidelíssima foi servido conceder aos que não eram professos do quarto voto desejando ser vassalo seu no século por não ter para isto inabilidade ou impedimento algum, como justificou na nossa presença. Pela presente lhe concedemos licença para sair da dita religião e viver no estado que bem lhe parecer para o que lhe dispensamos e havemos por relaxados os votos simples que nela fez e ainda o de castidade pela autoridade que para isso temos. E mandamos sob pena de excomunhão maior ao seu prelado regular ou outra qualquer pessoa ... ou secular lhe não embaracem de modo algum esta nossa licença, antes sim o deixem livremente usar dela. Dada nesta cidade do Rio de Janeiro sob nosso sinal e selo aos 23 de janeiro de 1760. Eu Antonio Jose dos Reis Pereira e Casto, mestre escola secretário e adjunto desta reforma o fiz escrever.[13]

13 AHU (Arquivo Histórico Ultramarino, doravante AHU), Rio de Janeiro, avulsos. Ofício do bispo D. Antonio do Desterro para Thomé Joaquim da Costa Corte Real em 14 de março de 1760. Cx 59, doc. 5670.

Segundo os relatos do bispo do Desterro e do governador conde de Bobadela, os padres professos exerceram todo o seu poder sobre os que ainda não haviam feito o juramento do quarto voto, impedindo-os, à força, que solicitassem suas demissórias. A solução encontrada pelo bispo foi a de decretar uma nova pastoral proibindo aos padres jesuítas que exercessem pressões para impedir a saída dos que quisessem, e punindo com excomunhão os que tentassem impedir os não professos a abandonarem a religião. Contudo, para Desterro, os jesuítas "fizeram do antídoto veneno" e "como homens frívolos e loucos... se enfureceram contra os não professos... maltratando-os com injúrias, desprezo e impropérios". Afirmaram que a pastoral não tinha valor algum, que a bula papal não previa as demissórias e que o bispo não tinha poder para relaxar os votos de ninguém.[14] Como consequência desses atos, os que tinham intenção de sair da Companhia acabaram não o fazendo, e cinco que já haviam pedido as cartas de demissórias mudaram de ideia. O bispo não desistiu e retirou os cinco jovens que, segundo ele, eram recoletos (eram os noviços) e os colocou em um seminário na cidade, onde, livres da pressão dos jesuítas, solicitaram novamente suas saídas da Companhia. Para o bispo, os que desejavam se retirar da Companhia eram,

> Pela maior parte (...) rapazes sem capacidade necessária para discernir entre o bem e o mal e menos ainda para conhecer que ficando na sua pátria e reino podem servir de grande proveito a República e fazer muitos serviços a Deus.[15]

14 AHU, Rio de Janeiro, avulsos. Ofício do bispo D. Antonio do Desterro para Thomé Joaquim da Costa Corte Real ....

15 AHU, Rio de Janeiro, avulsos. Ofício do bispo D. Antonio do Desterro para Thomé Joaquim da Costa Corte Real ....

Os parentes destes jovens foram também peças importantes para os convencerem a abandonar a religião "porque os pais tinham para si e a cada passo o repetiam, que a pertinácia dos seus filhos redundaria em mal e dano seu". Acreditavam "que a ruína dos jesuítas, também, a modo de contágio, abrangeria até os mais chegados a eles" (Academia Brasileira de Letras, 1936, 247).

O bispo queria castigar todos os jesuítas responsáveis por esses distúrbios, mas, "como vozes tumultuosas não se distinguem com facilidade", puniu apenas quatro padres professos e dois não professos, ordenando que fossem remetidos para a Ilha das Cobras, onde deveriam ficar presos "e tratados com toda a humanidade e decência" até o dia do embarque definitivo.[16] Mesmo assim, dias se passaram sem que nenhum outro jovem solicitasse a tal carta demissória e Desterro então resolveu enviar 20 deles para o seminário de São José.[17] Desta forma, dentro do seminário, fizeram seus pedidos de saída da Companhia de Jesus. Em seu relatório final sobre os que abandonaram a ordem jesuítica, Desterro listou 78 nomes entre sacerdotes, teólogos não sacerdotes, humanistas, recoletos e coadjutores temporais. O curioso é que, desobedecendo às ordens reais de que somente os não professos poderiam solicitar as cartas demissórias, Desterro aceitou que alguns padres professos, ou seja, que já haviam realizado o quarto voto, identificados como "*examinado ad gradum*", pedissem a saída da Companhia. Talvez justificando seu ato, Desterro os apresentou como "não solenemente

---

16 AHU, Rio de Janeiro, avulsos. Ofício do bispo D. Antonio do Desterro para Thomé Joaquim da Costa Corte Real... Eram os padres Cristóvão Cordeiro, Inácio Ribeiro, Inácio Antunes e Francisco da Silveira. Além desses, havia os não professos Francisco de Moura e Gabriel de Campos.

17 AHU, Rio de Janeiro, avulsos. Ofício do bispo D. Antonio do Desterro para Thomé Joaquim da Costa Corte Real ...

professos". Ao todo, o bispo listou 11 padres professos saídos das fileiras da ordem e que estavam no Colégio do Rio de Janeiro.

Quadro 1. Padres professos que saíram da Companhia de Jesus, 1760

Origem	Quantidade
Olinda	1
Bahia	3
São Paulo	2
Rio de Janeiro	4
Espírito Santo	1
Total	11

Fonte: AHU, Rio de Janeiro, avulsos. Ofício do bispo D. Antonio do Desterro para Thomé Joaquim da Costa Corte Real em 14 de março de 1760.

Este quadro 1 demonstra também que o colégio do Rio de Janeiro serviu de prisão provisória para religiosos que vieram de variadas partes da América portuguesa. Já o quadro 2 relaciona os religiosos que pediram para sair da Companhia enquanto ainda estavam presos no colégio. Foram ao todo 51 homens de hierarquias religiosas variadas.

Quadro 2. Religiosos que saíram da Companhia de Jesus, 1760

Sacerdotes	
P. Bento de Cepeda	examinado ad gradum e eleito Mestre de filosofia
P. Thomas Xavier	examinado ad gradum e eleito presidente de filosofia
P. Jacinto Pereira	examinado ad gradum
P. Teodósio Pereira	examinado ad gradum
P. João da Rocha	examinado ad gradum
P. Manoel de Oliveira	examinado ad gradum
P. Inácio Pinto	examinado ad gradum
P. Bernardo de Azevedo	teólogo do 3 ano
P. Pedro Barbosa	teólogo do 3º. Ano
P. Antonio Gomes	teólogo do 3º. Ano
P. Manoel Rodrigues	teólogo do 1º. Ano
P. Francisco Jose	sem grau
P. Manoel da Cruz	coadjutor espiritual
P. Pedro Barreiros	coadjutor espiritual
P. Manoel da Silva	coadjutor espiritual
Teólogos não sacerdotes	
P. Caetano Coelho	do 1º ano
O P. Francisco de Aguiar	do 3º ano
O P. Francisco de Sales	do 3º ano
O P. Gaspar Ribeiro	do 1º ano
O P. Francisco Moreira	do 3º ano
Humanistas	
P. Jose Ferreira	P. José Joaquim
P. José de Sousa	P. Joaquim Batalha
P. Henrique Marink	P. Antonio de Gouveia
P. Domingos Barbosa	P. José Brandão
P. Isidoro Pestana	P. Manoel Vitorino
P. Francisco de Prates	P. Bruno dos Santos veio da Bahia

Recoletos	
P. Jose Baselio	P. Luis de Sousa
P. Luis de Villares	P. Manoel Marink
P. Joaquim de França	P. Caetano Rodrigues
Coadjutores temporais	
Feliciano Franco	Manoel Pires
Sebastião Teixeira	Leopoldo Inácio
Antonio dos Santos	João Fernandes
Marcelo Alvares	João de Morais
Manoel de Torres	Antonio Ferreira
José Borges	Francisco do Rego
Miguel João	

Fonte: AHU, Rio de Janeiro, avulsos. Ofício do bispo D. Antonio do Desterro para Thomé Joaquim da Costa Corte Real em 14 de março de 1760.

Quadro 3. Membros que saíram da Companhia depois do embarque em 1760

Sacerdotes	
P. Antonio Galvão	coadjutor espiritual
P. Pedro de Vasconcelos	coadjutor espiritual
P. Caetano Dias	-
P. Gualter Pereira	-
P. Manoel de Sousa	-
P. Antonio Xavier	examinado ad gradum
P. José da Mota	examinado ad gradum
P. Gervasio Dias	-
P. João Romeiro	examinado ad gradum
P. Manoel Ribeiro	examinado ad gradum
Teólogos não sacerdotes	
P. Francisco de Moura	do 3° ano
P. Francisco Soares	do 1° ano
P. Manoel da Rocha	do 1° ano
P. Carlos de Sousa	do 1° ano
P. Pascoal Bernardino	do 1° ano
P. Francisco de Araújo	sem grau
Humanistas	
P. José Vicente	-
P. Jose de Almeida	-
P. José de Gouveia	-
P. Antonio Gonzaga	-
Coadjutores temporais	
Manoel Borges	Antonio de Siqueira
Felix de Miranda	Pedro Viegas
Bento Gomes	João Delgado
Bernardo Jose	

Fonte: AHU, Rio de Janeiro, avulsos. Ofício do bispo D. Antonio do Desterro para Thomé Joaquim da Costa Corte Real em 14 de março de 1760.

Novamente é Caeiro quem explica grande parte dos números apresentados nos quadros 2 e 3 e os fatos que se seguiram, de acordo, é claro, com seu ponto de vista. Segundo o jesuíta, 51 homens pediram para deixar a Companhia de Jesus quando ainda estavam presos e incomunicáveis no interior do colégio do Rio de Janeiro. Eram 15 sacerdotes, 23 estudantes e 13 coadjutores. Além destes, o religioso informou também que dois padres deixaram a roupeta, mas embarcaram por conta própria em um navio e, chegando em Roma, se inseriram novamente na ordem. Um terceiro, já muito idoso e sem condições de empreender a viagem, foi aconselhado a retirar a roupa jesuítica e permanecer na América. Os três casos não entraram no cômputo de Caeiro sobre o número de religiosos que abandonaram a Companhia. Assim, 145 religiosos foram embarcados na nau que os levaria para Portugal. Lá, foram deixados em um espaço fechado no qual não cabiam todos, sem ar, sem comida suficiente e com perigos de doenças contagiosas. De tempos em tempos, alguém aparecia e oferecia aos jovens a possibilidade de saírem da Companhia e continuarem suas vidas. Por fim, os jovens perceberam que o bispo não tinha poderes para relaxar o juramento feito a Deus e que caso decidissem sair da Companhia seria apenas em corpo porque suas almas estariam para sempre atreladas aos rumos da ordem. Decidiram aceitar as demissórias como uma forma de continuar lutando pela Companhia, para abrir espaço e dar mais condições de vida aos padres professos que não poderiam e nem iriam abrir mão de permanecerem na Companhia. (Academia Brasileira de Letras, 1936, 283 e ss).

Entretanto, segundo os dados fornecidos por Desterro ao Secretário Thomé Joaquim Corte Real, e que permitiram a elaboração dos quadros 2 e 3, essa informação de Caeiro não se sustenta. Segundo Caeiro, os que pediram a demissória ainda estando no interior do colégio foram 51 indivíduos, enquanto apenas 27 solicitaram a saída já embarcados, num total de 78 indivíduos. Ou seja, a justificativa apresentada pelo jesuíta, de que os jovens abandonaram a religião para abrir espaço e melhorar as condições de vida para os mais velhos, não condiz com a cronologia das demissórias apresentadas por Desterro.

Seja como for, o padre José Caeiro informou alguns outros números que permitem dimensionar o que significou a saída desses 78 indivíduos da Companhia de Jesus do Rio de Janeiro. Para a Bahia, o jesuíta afirmou que 44 pessoas pediram a demissória. Dez eram sacerdotes, 30 escolásticos e quatro coadjutores (Academia Brasileira de Letras, 1936, 121). No Recife, 16 religiosos pediram as demissórias (Academia Brasileira de Letras, 1936, 281, 291).

De acordo com o catálogo breve de 1757, o colégio da Bahia abrigava 206 indivíduos entre sacerdotes e irmãos. Em Pernambuco eram ao todo 31 e no Rio de Janeiro, 141.[18] Provavelmente, em 1759 tais quantidades não deveriam ser muito diferentes. Ainda que esses números do catálogo de 1757 e dos que pediram demissórias sejam aproximações da realidade de 1759, a proporção dos que se desligaram da Companhia no Rio de Janeiro e no Recife é significativa. No Rio de Janeiro 56,7% saíram da Companhia se usarmos os números fornecidos por Caeiro ou 55,3% se nos basearmos os dados do bispo do Desterro. No Recife, a baixa atingiu 51,6%. O menor índice entre os três colégios foi o da Bahia, com apenas 21,3% de demissórias. Pode ser que Caeiro, tenha omitido ou esquecido alguns nomes dos que pediram a saída da ordem na Bahia, mes-

18 ARSI (Archivo Romano Societas Iesus.) Catálogos Breves e trienales, Brasiliae, 6-I/II, 1757.

mo assim a diferença apresentada entre os três colégios é marcante. Todavia, a proporção elevada de demissórias no colégio do Rio pode ser explicada também por que a instituição recebeu religiosos vindos de outras partes da capitania e de fora dela. Na realidade, 39 pessoas que tiveram seus votos relaxados não eram do colégio do Rio de Janeiro, conforme pode ser observado no quadro 4. Ou seja, 48,7% dos que pediram para deixar a Companhia de Jesus listados pelo bispo do Rio de Janeiro não eram do colégio desta cidade.

Quadro 4. Demissórias de acordo com o colégio de origem, 1760

Origem	Quantidade
Olinda	2
Bahia	15
Santos/São Paulo	9
Nova Colônia (do Sacramento)	2
Santa Anna de Goiás	2
Espírito Santo	3
Paranaguá	1
Marianense	1
Indeterminado	4
Total	39

AHU, Rio de Janeiro, avulsos. Ofício do bispo D. Antonio do Desterro para Thomé Joaquim da Costa Corte Real em 14 de março de 1760.

Já chegados em Lisboa, cinco padres professos pediram para sair da Companhia: três da Bahia, um de Pernambuco e outro do Rio de Janeiro (Academia Brasileira de Letras, 1936, 302-303). Segundo Caeiro, eles foram enganados. Disseram-lhes que o rei os daria mercês, graças e benevolência caso despissem as roupas da Companhia ou mudassem de ordem religiosa (Academia Brasileira de Letras, 1936, 301).

Novamente, a título de comparação, pode-se analisar em linhas gerais, o que ocorreu com as "demissórias" da América espanhola. Lá, as demissórias foram chamadas de secularização, ou seja, o abandono dos votos religiosos com licença de autoridade eclesiástica. Utilizando o diário feito no exílio pelo padre Manuel Luengo, Immaculada Fernandez Arrillaga analisa os jesuítas espanhóis que foram levados para prisões na Córsega e demonstra que 87 deles secularizaram até a completa extinção da Companhia de Jesus. (ARRILLAGA, 2003, 7-42). Já entre os noviços, a mesma autora afirma que foram poucos os casos dos que abandonaram a ordem, motivados não apenas por suas convicções, mas, sobretudo, porque acreditavam estar numa cruzada na qual as dificuldades encontradas para viver e se manter na Companhia seriam provas de sua fé e salvação. (ARRILLAGA, 2002, 194). O fenômeno não se restringiu aos jesuítas levados à prisões na Córsega, evidentemente. Assim, Walter Hanish (1972, 78), apesar de analisar a expulsão no Chile, fornece dados sobre os que secularizaram em diversas partes do império espanhol (quadro 5).

Quadro 5. Religiosos secularizados em partes do Império espanhol, sec. XVIII

Origem	Quantidade
Chile	19
Filipinas	3
Santa Fe	16
Quito	18
Paraguai	28
Mexico	74
Peru	179
Toledo	125
Andalucia	125
Castilla	66
Aragão	75

HANISH, Walter. Itinerario y pensamiento de los jesuitas expulsos de Chile, 1767-1815. Ed. André Bello, Santiago de Chile, 1972, p. 78

Essa análise comparativa permite pensar que as demissórias na América portuguesa e as secularizações no caso espanhol foram estratégias lançadas pelas autoridades não apenas para permitir a saída dos que quisessem abandonar a Companhia de Jesus, mas, acima de tudo, parece ter havido um projeto maior de fragilização da unidade religiosa da ordem. Não apenas os noviços tiveram seus pedidos acatados, mas vários padres professos também agiram nesse sentido, contrariando totalmente as determinações reais. Pode-se imaginar que, naquele contexto, qualquer um que abandonasse a ordem dava razão de sobra para comemorações por parte dos que tentavam a todo o custo demonstrar que não havia fé e seriedade entre os membros da Companhia de Jesus.

A questão das demissórias foi tão impactante na América portuguesa, em particular para o caso do Rio de Janeiro. Há evidências de que o bispo Dom Antonio do Desterro e o padre visitador da Companhia, Francisco de Almeida, que estava no colégio da cidade, trocaram correspondências bastante conflituosas sobre a questão. O visitador alegava não ter feito e que seus padres também não faziam nenhuma pressão para que os noviços deixassem a religião; o bispo, por sua vez, acusava-os claramente de usar todos os artifícios para impedir tais saídas e, com isso, não respeitavam a clemência real dada aos que ainda não haviam feito o quarto voto. Acusava-os ainda de terem tratados tais jovens com "impropérios e afrontas como homens infames e interditos". (AMANTINO, 2018, 1416-1441).

Concluindo

O bispo D. Antonio do Desterro foi um dos grandes articuladores das determinações de Pombal no que dizia respeito à Companhia de Jesus. Suas ações, em parte baseadas nas discussões produzidas pelos membros da Jacobeia e em parte em resposta aos desígnios reais, devem ser entendidas no contexto de descrédito da Companhia e do desmonte da ordem.

A possibilidade aberta na lei de expulsão, permitindo que os não professos abandonassem a ordem, propiciou a quebra na unidade interna e provocou diversos focos de tensão entre os membros. Por outro lado, as tentativas por parte dos superiores da ordem para impedir a saída dos mais jovens foi muito malvista pelo bispo e foi, portanto, mais um ponto de disputas e conflitos entre as autoridades religiosas.

Os números dos egressos da ordem apresentados pelo padre jesuíta José Caeiro e os fornecidos pelo bispo, permitiram entender um pouco mais o universo destes homens que, em momento de grandes dificuldades, optaram por deixar de estar vinculados à Companhia de Jesus. O próximo passo será entender quem eles eram e o que fizeram após saírem da ordem.

Bibliografia

ACADEMIA BRASILEIRA DE LETRAS. *Primeira publicação após 160 anos do manuscrito inédito de José Caeiro sobre os Jesuítas do Brasil e da Índia na perseguição do Marquês de Pombal (século XVIII)*. Bahia: Escola Typográfica Salesiana, 1936.

AMANTINO, Marcia. A reforma da Companhia de Jesus de 1758 e as tensões e disputas entre o bispo do Rio de Janeiro e o padre visitador do colégio. In: FLECK, Eliane C Deckman e ROGGE, Jairo Henrique (org). *A ação global da Companhia de Jesus: embaixada política e mediação cultural.* São Leopoldo: Oikos, 2018, p. 1416-1441.

ARRILLAGA, Inmaculada Férnandez Los novicios de la Compañía de Jesús: la disyuntiva ante el autoexilio y su estancia en Italia. *Hispania Sacra*, n.54, p. 169-196, 2002.

ARRILLAGA, Inmaculada Férnandez. Entre el repudio y la sospecha: los jesuítas secularizados. 1767-1972, p. 8 *Revista História Moderna*, n.21, 2003, p. 7-42

Breve de 1 de abril de 1758 pelo qual o santo padre Benedicto XIV sobre as instancias de el rei fidelíssimo, conteúdas nas duas cartas acima indicadas constituiu o eminentíssimo e reverendíssimo cardeal Saldanha, visitador e reformados geral da Companhia de Jesus nesses reinos de Portugal e dos Algarves e todos os seus domínios. Roma, em Santa Maria Maior, debaixo do anel do pescador, em 1 de abril de 1758 e decimo oitavo de nosso pontificado. In: SORIANO, Simão José Luz. *História do reinado de el-rei Dom José e da administração do Marquês de Pombal.* Lisboa: Typ. Universal de Thomaz Quintino Antunes, vol. 2, 1867, p. 371.

CUNHA, Luiz Antonio Rosado da. *Relação da entrada que fez o Excelentíssimo e reverendíssimo senhor D. Fr. Antonio do Desterro Malheyro, bispo do Rio de Janeiro em o primeiro dia deste presente ano de 1747, havendo sido seis anos bispo do reyno de Angola, donde por nomeação de sua majestade e bula pontifica foi promovido para esta diocese.* Rio de Janeiro: Oficina de Antonio Isidoro da Fonseca, MDCCXLVII.

FRANCO, Eduardo. O "terremoto" pombalino e a campanha de "desjesuitização" de Portugal. *Lusitania Sacra*, 2ª. Série, 18, 2006, p. 147-218.

FRANCO, J. E. *O Mito dos jesuítas em Portugal, no Brasil e no Oriente (séculos XVI a XX)*. Lisboa: Gradiva, vol. 1, 2006a.

HANISH, Walter. *Itinerario y pensamiento de los jesuitas expulsos de Chile, 1767-1815*. Ed. André Bello, Santiago de Chile, 1972.

NESTOLA, Paola. Poder episcopal e saques rituais na periferia do Império: As solenes entradas dos bispos em Terra de Otranto (s. XVI-XVIII). *Congresso Internacional Pequena Nobreza nos Impérios Ibéricos de Antigo Regime*, Lisboa 18 a 21 de Maio de 2011.

OLIVEIRA, Anderson Machado de. As irmandades religiosas na Época pombalina: algumas considerações. In: FALCON, Francisco Jose Calazans e RODRIGUES, Claudia. *A Época Pombalina no mundo luso brasileiro*. Rio de Janeiro: FGV, 2015.

PAIVA, José Pedro. "Etiqueta e Cerimônias Públicas na Esfera da Igreja (séculos XVII-XVIII)", In: István JANCSÓ e Iris KANTOR (orgs.). *Festa, Cultura & Sociabilidade na América portuguesa*, vol. I, São Paulo, Hucitec, 2001, pp. 74-93.

PAIVA, José Pedro. "O Cerimonial da Entrada dos Bispos nas suas dioceses: uma encenação de poder (1741-1757)", in *Revista de História das Ideias*, 15, (1993), pp. 117-146.

Pastoral que Vossa Excelência reverendíssima é sérvio mandar passar para que os párocos desse bispado não consintam que nas suas igrejas, capelas e oratórios filais pregue ou confesse religioso algum da Companhia de Jesus e proíbe a todos os seus súditos a comunicação com os ditos na forma acima. 8 de novembro de 1759. Disponível em https://archive.org/search.php?query=title%3A%28Op%C3%BAsculos%20hist%C3%B3ricos%29

PEREIRA, Ana Margarida Santos. A legislação sobre escravos no episcopado de D. Frei Antonio do Desterro, Rio de Janeiro (1747-1773). In: OLIVEIRA, Anderson Machado de e MARTINS, William de Souza Martins. *Dimensões do catolicismo português, séculos XVI-XIX*. Rio de Janeiro: Garamond, 2014.

Real cédula para que em los reinos de las Indias se cumpla y observe el Decreto que se inserta, relativo ao estrañamiento y ocupacion de temporalidades de los Religiosos de la Compañía de Jesús. BRAVO, Francisco Javier. Colección de documentos relativos a la expulsión de los Jesuitas de la República Argentina y del Paraguay en el reinado de Carlos III. Madrid: José Maria Perez, 1897, ed. Fac-símile, p. 4.

Relação abreviada da República, que os religiosos jesuítas das Províncias de Portugal, e Hespanha, estabelecerão nos Domínios Ultramarinos das duas Monarchias, e da Guerra, que nelles tem movido, e sustentado contra os Exercitos Hespanhoes, e Portuguezes; Formada pelos registos das Secretarias dos dous respectivos Principaes Comissarios, e Plenipotenciarios; e por outros Documentos authenticos. In: Biblioteca Brasiliana Guita e José Mindlin. Disponível em https://digital.bbm.usp.br/handle/bbm/6675, acessado em 7 de janeiro de 2019.

SOUZA, Evergton Sales. D. José Botelho de Mattos, arcebispo da Bahia, e a expulsão dos jesuítas (1758-1760). *Varia História*, Belo Horizonte, vol. 24, nº 40, p.729-746, jul/dez 2008.

Suplemento à Coleção de Legislação Portuguesa do Desembargador Antonio Delgado da Silva pelo mesmo. Ano de 1750 a 1762. Lisboa: Typ. De Luiz Correia da Cunha, 1842, p. 715.

Escravos tropeiros e traficantes de cativos, seus senhores, seus camaradas e seus parceiros (Sul-Sudeste do Brasil, 1809-1833)

Ana Paula Bôscaro[1]
Roberto Guedes[2]

No passado colonial e imperial brasileiros, escravos lutavam armados ao lado de seus senhores, combatiam quilombos e rebeliões para manter a ordem social e não raro também eram senhores de outros homens. (COTTA, 2007; 2016; REIS, 2016; COSTA, 2016; 2018; COSTA, 2017). Era assim porque uma sociedade escravista se definia para muito além do mero uso da mão de obra cativa, posto que implicasse, inclusive entre os mancípios, o compartilhar valores, hierarquias sociais e políticas com orientações cognitivas na escravidão. (FINLEY, 1991; SCHWARTZ, 1988). Nesse caminho de tentar compreender o papel dos escravos na reprodução da escravidão, realçando que este papel foi desempenhado a mando negociado de ou em consórcio com seus senhores, este capítulo aborda a participação de escravos no tropeirismo e no tráfico interno de cativos no Sul-Sudeste do Brasil em inícios do século XIX.[3] O tema é pouco

1 Doutoranda em História da Universidade Federal de Juiz de Fora (UFJF).

2 Professor do Departamento de História da UFRRJ/PPGHIS-UFRRJ.
Pesquisa financiada pelo CNPQ e pela CAPES.

3 Empregamos os termos escravo traficante ou tropeiro em alusão aos que comerciavam, e cativo aos que eram alienados.

visitado pela historiografia,[4] e para suprir tal lacuna calcamo-nos em documentos emitidos pela polícia da corte do Rio de Janeiro entre 1809 e 1833, quando a cidade era a principal porta de entrada de cativos africanos das Américas e o maior centro redistribuidor de mancípios no que se chamou de "terceira perna do tráfico". (MARTINS, 2018, p. 419).

Criada em 5 de abril de 1808, a polícia da corte do Rio de Janeiro[5] controlava a circulação de mercadorias e de pessoas que saíam da cidade. Polícia significava "o governo e a administração interna da República" (SILVA, 1813. Verbete *polícia*) e para aferir o movimento de transeuntes o governo emitia despachos e passaportes (FRAGOSO; FERREIRA, 2001a, 2001b), ou seja, documentos criados para aferir o fluxo de cativos e de demais pessoas. A própria polícia-governo, portanto, reconhecia escravos como tropeiros e como comerciantes de cativos, tal a institucionalização e a aceitação do fenômeno.

Em geral, passaportes informam data e destino da viagem, nome do tropeiro (aqui chamado de chefe de tropa), idade, moradia, naturalidade, traços físicos e seus acompanhantes. Chamados de camaradas, parceiros e/ou companhia, aos acompanhantes também se registrava informações sociais (moradia, naturalidade etc.) e físicas (idade, formato do rosto, estatura etc.), mas em muitos casos só se mencionava o número de acompanhantes do chefe de tropa. Já os despachos tendiam a ser mais sucintos e mencionavam, além de data e destino, o número de cativos vendidos, os nomes dos vendedores, compradores, abonadores, fiadores etc. (FRAGOSO, FERREIRA, 2001a, p.

4 Uma honrosa exceção é Ivo (2012, capítulo 4).

5 Sobre polícia, ver Neder (1988), Algranti (1988), Holloway (1997), Bretas (1998). Para um bom balanço, ver Bretas e Rosenberg (2013).

19). Ao todo, lidamos com 62 volumes de despachos de cativos e passaportes para o período compreendido entre 1809 e 1833, que contemplam 65.660 viagens, 231.006 cativos e 71.811 camaradas. (Quadro 1; ver também FRAGOSO, FERREIRA, 2001a; MARTINS, 2018, p. 418).[6]

Nestes totais, incluem-se diferentes tipos de cativos comercializados: os (1) "novos", africanos sem nome cristão, recém-chegados ao Rio de Janeiro; os (2) "ladinos", já com nome cristão; os (3) "escravos [cativos] que trouxe", isto é, escravos que provavelmente acompanhavam as tropas vindas ao Rio e regressavam com os chefes de tropa aos locais de origem (São Paulo, Minas Gerais etc.), mas mencionar "escravos que trouxe" também era uma maneira de se referir a cativos alienáveis até 1823. Quando o chefe de tropa também era escravo, os acompanhantes de igual condição jurídica eram designados como (3.1) "parceiros",[7] não contabilizados como cativos vendáveis, mas como membros auxiliares nas tropas. Entre os cativos, havia, ainda, as (4) crias, filhos de cativos *novos* ou ladinos, e os (5) marinheiros que integravam as embarcações com destino a áreas costeiras do sul,[8] também não considerados alienáveis. (FRAGOSO, FERREIRA, 2001a; 2001b). No entanto, houve variação no modo de classificar os cativos. Até 1823, predominaram os "trouxe", mas a partir de 1823, provavelmente por

6 Sobre outras potencialidades de análise com base em despachos e passaportes, guias, licenças, registros, vide Fragoso e Ferreira (2001a); Guedes e Bôscaro (2019) e Ivo (2012). Nossos números destoam dos de Martins (2018) porque utilizamos os códices 411 e 419.

7 Sobre parceiros, ver: Slenes (1999, p. 51); Karasch (1987)

8 Sobre o tráfico de escravos para o Rio Grande do Sul, ver: Berute (2006); (2012); Para a Bahia: Ribeiro (2006); (2007). Para Santa Catarina: Passos (2015). Ver, também, sobre tráfico interno Pereira; Pessoa (2019).

mudanças administrativas do pós-independência do Brasil em 1822, majoraram os "novos" (africanos). A preponderância de novos se estende até 1831, quando a lei antitráfico passou a vigorar. (MAMIGONIAN, 2017). Então, os documentos da polícia, em conluio com comerciantes, registraram como ladinos os que antes eram descritos como novos alienáveis. (FRAGOSO, FERREIRA, 2001a; 2001b). Em síntese, o vocabulário do tráfico se adaptou às conjunturas econômicas e à legislação.

Os escravos traficantes e tropeiros, e seus acompanhantes

A variação vocabular observada para os cativos vendidos também se constata entre os acompanhantes dos chefes de tropa. Havia muitos denominados de "camaradas" até 1823. Provavelmente, também como efeito da independência do Brasil, a polícia os deixou de registrar com assiduidade e deu mais ênfase aos chefes de tropa. Assim, ainda que até 1814 haja subregistro para todas as informações (Quadro 1), até 1823 os camaradas superavam todos os tipos de cativos isoladamente. Eles eram homens livres e forros encarregados, além do transporte de mercadorias, da vigilância dos cativos durante as viagens. Mas não se descarta também ter havido muitos escravos entre os camaradas, visto que os documentos não raro informavam que *Beltrano* partia para a *Cochinchina* acompanhado de *n* camaradas. De qualquer modo, eles eram muitos porque, por exemplo, no período de 1815 a 1823, foram sobremaneira registrados (Quadro 1).

Quadro 1. Viagens, cativos vendidos e acompanhantes dos tropeiros

Todos os chefes de tropa, suas viagens, suas viagens com cativos e seus acompanhantes										
	Tropeiros		Cativos vendidos				Tipos e números de acompanhantes			
Períodos	**Viagens**	**Viagens com escravos**	**Trouxe**	**Novos**	**Ladinos**	**Total**	**Camaradas**	**Parceiros**	**Outros**	
1809-1814	6.715	4.029	8.442	6.696	588	15.726	12.131	212	105	
1815-1823	28.486	19.441	40.198	33.214	5.052	78.464	49.877	1.196	305	
1824-1830	23.598	18.678	112	111.520	13.331	124.963	6.555	332	370	
1831-1833	6.861	5.126	25	1.230	10.598	11.848	3.248	97	485	
Total	65.660	47.274	48.777	152.660	29.569	231.006	71.811	1.837	1.265	
Apenas chefes de tropa escravos										
	Tropeiros		**Cativos vendidos**				**Acompanhantes do tropeiro**			
Períodos	**Viagens**	**Viagens com escravos**	**Trouxe**	**Novos**	**Ladinos**	**Total**	**Camaradas**	**Parceiros**	**Outros**	
1809-1814	171 (2,5)	18 (0,4)	35 (0,4)	7 (0,1)	0	42 (0,3)	123 (1)	209 (98,6)	3 (2,9)	

1815-1823	630 (2,2)	138 (0,7)	402 (1,0)	28 (0,1)	38 (0,8)	468 (0,6)	325 (0,7)	1.177 (98,4)	1 (0,3)
1824-1830	64 (0,3)	9 (0,04)	0	0	34 (0,3)	34 (0,02)	22 (0,3)	175 (52,7)	0
1831-1833	76 (1,1)	26 (0,5)	4 (16)	0	109 (1)	113 (1)	44 (1,4)	43 (44,3)	48 (9,9)
Total	**941 (1,4%)**	**191 (0,4%)**	**441**	**35 (0,02%)**	**181**	**657 (0,3%)**	**514 (0,7%)**	**1.604 (87,3%)**	**52 (4,1)**

Fonte: ANRJ, Coleção Polícia da Corte, Códices 411, 419, 421, 424 e 425. Percentuais entre parênteses em relação aos números totais da parte de cima do quadro.

Os escravos chefes de tropa, com efeito, eram pouquíssimos em relação ao total de chefes, mercadejavam muito poucos cativos de quaisquer tipos, e lideravam escassíssimos camaradas durante as viagens. Todavia, quem eram e como operavam? Quais suas vantagens em atuar no comércio de mercadorias e de gente cativa?

Escravo do sargento mor Ventura José de Abreu, Rafael crioulo partiu do Rio de Janeiro em 9 de outubro de 1809 com destino a São Paulo. De 26 anos de idade, era de estatura ordinária, rosto comprido, lábios grossos e de pouca barba (421, 1, 122).[9] Na ocasião, não levou cativos. Em 23 de dezembro do mesmo ano, novamente ia da corte para São Paulo acompanhado de dois parceiros (421, 1, 358). Neste registro, o passaporte acrescentou a informação de que o senhor Ventura José de Abreu, além de sargento mor, era morador em São Paulo e que a viagem era para esta localidade via Itaguaí, no Rio de Janeiro. Em 16 de junho de 1813, Rafael crioulo realizou a terceira viagem, desta vez para Resende, também na capitania do Rio de Janeiro, mas estava baixo, de bastante barba, rosto comprido e bexigoso, ainda escravo do mesmo senhor. Foi acompanhado por dois parceiros e um camarada (421, 3, 107). Na mesma data, um outro escravo do mesmo senhor recebeu licença para viajar como chefe de tropa: Constantino, crioulo, 20 anos de idade, alto e de rosto comprido. Todos foram para Resende, passagem ou suposto "destino" dos que, de fato, iam para São Paulo, ou para Minas. Os passaportes para Resende eram mais baratos

9 Para não sobrecarregar o texto com notas, as indicações de despachos e passaportes serão feitas entre parênteses, separando, entre vírgulas, códice, volume e página. Logo, (421, 1, 122) significa Arquivo Nacional do Rio de Janeiro, Coleção Polícia da Corte, Códice 421, Volume 1, Página 122.

como aludimos em outros trabalhos. (FRAGOSO, FERREIRA, 2001a; GUEDES, BÔSCARO, 2019b). Rafael fez oito viagens ao todo, o que lhe fez permanecer 10 anos e dois meses viajando entre Rio e São Paulo, passando por Resende ou Itaguaí.

Mas ele não foi o único escravo do sargento mor Ventura José de Abreu a transitar pelas mesmas searas. Entre outros, Delfino Angola, de estatura ordinária, baixa e mediana, de rosto redondo ou comprido a depender de quem olhava e fazia o registro, fez quatro viagens. Delfino era o único africano entre os oito escravos do sargento mor Ventura José de Abreu a ser chefe de tropa. Assim, por si ou em associação com seus escravos tropeiros e traficantes, o sargento mor Ventura José de Abreu atuou no tropeirismo e no tráfico de cativos por pelo menos 15 anos, entre 9 de outubro de 1809, quando Rafael Crioulo fez sua primeira viagem, a 8 de abril de 1825, ocasião em que o próprio senhor despachou dez cativos novos do Rio de Janeiro para Minas Gerais (Quadro 2).

Quadro 2. Escravos tropeiros e traficantes pertencentes ao senhor Ventura José de Abreu

Traficantes	Data das viagens	Idade	Naturalidade	Destino	Barba	Parceiros/ Camaradas	Cativos vendidos
Anastácio 3	02/07/13	20	Crioulo	Resende	Sem barba	0/3	1
Anastácio	30/09/13	20	Crioulo	Resende	Sem barba	0/2	
Antônio	19/07/13	20	Crioulo	Resende	Sem barba	2/1	
Estevão	30/10/09	NI	Crioulo	São Paulo	Bastante	0/3	
Constantino 31	20/05/13	24	Crioulo	Resende	Sem barba	0/0	1
Constantino	16/06/13	20	NI	Resende	NI	0/3	
Constantino	17/07/13	20	Crioulo	Resende	Sem barba	½	
Constantino	23/08/13	22	Crioulo	Resende	Sem barba	0/3	
Constantino	18/11/14	22	Crioulo	Resende	Sem barba	2/1	
Constantino	30/12/14	23	Crioulo	Resende	Sem barba	½	
Constantino	09/01/15	20	Crioulo	Ni	Sem barba	½	
Constantino	05/12/15	22	NI	Resende	Pouca	½	
Delfino 17	19/07/13	24	Angola	Resende	Pouca	0/2	1

Delfino	31/08/13	22	Angola	Resende	Pouca	1/0	
Delfino	16/10/13	24	Angola	Resende	Pouca	0/2	
Delfino	23/12/14	25	Angola	Resende via Itaguaí	Pouca	0/0	
Rafael 121	09/10/09	26	Crioulo	São Paulo	Pouca	2/0	
Rafael	23/12/09	Ni	Crioulo	São Paulo via Itaguaí	Pouca	2/0	
Rafael	16/06/13	26	NI	Resende	Bastante	2/1	
Rafael	15/11/14	Ni	Crioulo	Resende	Bastante	2/0	
Rafael	06/12/14	Ni	Crioulo	Resende	Bastante	1/0	
Rafael	09/02/19	27	Crioulo	Resende	Bastante	4/2	
Rafael	07/05/19	34	Crioulo	Resende	Bastante	4/0	
Rafael	11/11/19	28	Crioulo	Resende	Pouca	4/0	
Teodoro	21/11/18	24	Crioulo	NI	Bastante	0/0	

Valentim 57	29/05/11	24	Crioulo	São Paulo por Itaguaí	Bastante	0/3	3
Valentim	05/06/13	30	Crioulo	Resende	Bastante	½	
Valentim	30/07/13	26	Crioulo	Resende	Bastante	0/3	
Valentim	19/10/13	30	Crioulo	Resende *de onde veio*	Bastante	0/0	
Valentim	16/12/14	27	Crioulo	Resende	Bastante	3/0	
Valentim	09/03/16	28	Crioulo	Resende	Bastante	0/1	3
A 180	31/05/13	47	São Paulo	Resende	Bastante	0/2	6
A	28/11/15	49	São Paulo	Resende	Bastante	0/3	2
A	08/04/25	59*	São Paulo	Minas Gerais	Ni	Ni	10

Fonte: ANRJ, Coleção Polícia da Corte, Códice 421. A = Sargento mor Ventura José de Abreu, natural de SP, sargento mor. * Idade estimada. NI = Não informa. Idades oscilam "erroneamente" conforme os próprios documentos. Números ao lado dos nomes indicam o tempo aproximado de permanência, em meses, no tropeirismo e no tráfico interno de cativos.

Os escravos traficantes e seu senhor Ventura José de Abreu dizem também sobre demais escravos e tropeiros que atuaram no Sul-Sudeste de inícios do século XIX. Diferente do senhor, a maioria dos escravos não portava bastante barba, o que era o mais comum, e por isso mesmo apenas três dos oito a utilizavam; e não à toa Valentim e Rafael estavam entre os barbudos, posto que permanecessem mais tempo no negócio, ainda que Rafael raspasse a barba em algum momento. A barba exuberante honrava os homens livres, e escravos tendiam a ser descritos com pouca barba ou sem barba, mas os escravos tropeiros, comparados aos cativos vendidos, exibiam mais *bastante barba.* Investidos de autoridade senhorial, a barba cerrada escrava se punha à mostra. (GUEDES, BÔSCARO, 2019a). Era um pouco de mimetismo social e/ou investimento de autoridade senhorial em personas escravas.

Entretanto, Ventura José de Abreu era uma anomalia quando se trata do número de escravos postos no tropeirismo. Entre 365 senhores, 87,1% só confiaram tal tarefa a um único escravo, provavelmente por serem senhores de poucos escravos, o que significa dizer que nem todos os livres/forros podiam dispor de escravos tropeiros deslocados das fainas agrícolas por longos períodos. Em parte, isto explica a grande presença de camaradas no negócio porque a camaradagem diminuía os riscos senhoriais de fugas escravas, de ataques de rapinas, acidentes, doenças e desgastes físicos nas longas viagens a pé ou de cabotagem, etc. Ademais, conhecer rotas e caminhos, perigos de uma viagem, tocar as mulas, governar cativos novos no torna viagem, tudo isso devia ser uma atividade especializada e que requeria confiança nos escravos tropeiros/traficantes. Em resumo, a estrutura de posse, os riscos do negócio, a especialização e a confiança em grande parte explicam os números do quadro 3.

Quadro 3. Escravos tropeiros/traficantes por senhor (1809-1833)

Senhores		Escravos tropeiros
Nº	%	Nº
318	87,1	1
23	6,3	2
14	3,8	3
5	1,4	4
2	0,5	5
3	0,8	6 a 10
365	100,0	Total

Fonte: ANRJ, Coleção Polícia da Corte, Códices 411, 419, 421, 424 e 425.

Bem, se o tropeirismo e a atuação de escravos no tráfico de cativos eram uma questão de confiança, os senhores se fiavam muito mais nos crioulos do que nos africanos porque dos 365 escravos tropeiros, 205 (56,1%) eram crioulos, não há informação para 19 (5,7%) e os demais 141 (38,2%) eram africanos de diferentes procedências, mas predominantemente, 108, de Angola, região de onde vinha a maior parte dos cativos africanos para o Brasil. Ainda que viessem de portos variados da África Central-Atlântica, como Ambriz, Cabinda, Loango, Benguela, Luanda, etc. (MILLER, 1988; FERREIRA, 1997; SOARES, 2007, CANDIDO, 2013; OLIVEIRA, 2010) nos passaportes a procedência dos escravos tropeiros era registrada preferencialmente como Angola.

Na verdade, a preponderância de crioulos no tráfico/tropeirismo sobressai ainda mais porque entre as escravarias de Rio de Janeiro, Minas Gerais e São Paulo a tendência era a de majorarem africanos. (GORENDER, 1988; GUEDES, 2008). Nascidos nas casas senhoriais, aparentados, ladinos de língua materna portuguesa (FREYRE, 1987), com estabilidade política nas senzalas (GÓES; FLORENTINO, 1997), os crioulos eram preferidos por seus senhores para traficar cativos e mercadejar produtos pelos caminhos. Eles ajudavam a manter a reprodução da escravidão.

Provavelmente por isso, os escravos tropeiros/traficantes reprodutores da ordem social escravista permaneciam na atividade por algum tempo. Muito embora a maioria, 348, dos cativos realizassem apenas uma única viagem, tal como a maioria dos livres/forros. (FRAGOSO; FERREIRA, 2001a; BÔSCARO, 2019). Dos 113 escravos que viajaram mais de uma vez, 77,8% permaneceram no tropeirismo/tráfico como chefes de tropa por mais de dez meses, mais da metade deles por mais de dois anos (Quadro 4), a exemplo dos escravos Rafael e Valentim, senhoreados por Ventura José de Abreu, respectivamente com 121 e 57 meses. Por outro lado, atuar por pouco tempo nem sempre significou fazer poucas viagens, uma vez que, mais do que Rafael e Valentim, Constantino fez oito viagens em um prazo menor, 31 meses (Quadro 2).

Quadro 4. Tempo de atuação dos escravos tropeiros/traficantes

Tempo de atuação	Escravos	
Meses	**Nº**	**%**
1	5	4,4
2	6	5,3
3	4	3,5
4	1	0,9
5 a 10	12	10,6
11 a 24	22	19,5
25 a 48	23	20,4
49 a 120	30	26,5
121 a 240	10	8,8
Total	**113**	**100,0**

Fonte: ANRJ, Coleção Polícia da Corte, Códices 411, 419, 421, 424 e 425.

Contudo, fazer muitas viagens não a foi realidade da maioria dos escravos tropeiros que iam ao Rio de Janeiro e no regresso traficavam aos seus locais de moradia (Quadro 5). Mas nem mesmo os livres/forros faziam muito mais de uma viagem, como nossas pesquisas vêm indicando (Bôscaro, 2019). Viajar não devia ser tão barato porque exigia custos de manutenção em pousos, despesas com alimentação, com os viajantes e os animais, inclusive sal, etc.

Quadro 5. Viagens por escravos tropeiros/traficantes

Escravos		**Viagens**
Nº	**%**	**Nº**
348	75,5	1
45	9,8	2
15	3,3	3
13	2,8	4
32	6,9	5 a 10
7	1,5	11 a 20
1	0,2	21 a 30
461	**100,0**	**Total = 941**

Fonte: ANRJ, Coleção Polícia da Corte, Códices 411, 419, 421, 424 e 425.

Como faziam poucas viagens, a maioria dos escravos se dirigiu apenas para um único local (Quadro 6). Nesse sentido, os casos de Anastácio, Constantino, Delfino, e mesmo os de Rafael e Valentim, são emblemáticos. Os três primeiros só se dirigiram para um único destino, Resende, e os dois últimos, quase exclusivamente, para a mesma paragem. Nada disso foi aleatório, sobretudo se a viagem fosse para Resende e os tropeiros e seus senhores morassem em São Paulo e Minas Gerais.

Quadro 6. Destinos dos escravos tropeiros/traficantes

Destinos	**Escravos**	
Nº	**Nº**	**%**
1	429	93,1
2	22	4,8
Não informa	10	2,2
Total	**461**	**100,0**

Fonte: ANRJ, Coleção Polícia da Corte, Códices 411, 419, 421, 424 e 425.

Em trabalho anterior, notamos que, entre 1809 e 1822, 48,5% dos tropeiros residentes em Minas Gerais que declararam como destino áreas do Rio de Janeiro, levando ou não escravos, conduziram-se exclusivamente para um único município fluminense, Resende. Então, desconfiamos da participação dos tropeiros "mineiros", e algumas pistas elucidaram o que os estimulava a ir para o município, bem como o que os fez deixar de ir a partir de 1822. (FRAGOSO, FERREIRA, 2001a). Averiguamos que em 1820 o imposto pago por passaporte para Resende era de $040, e para 'as terras minerais', $160. Infelizmente, não há na fonte uma definição clara do que se entendia por 'terras minerais',[10] porém, sendo ou não as das Gerais, em 14 de novembro de 1822 o imperador atendia a uma reivindicação das pessoas que vinham das províncias mineira e paulista, que não queriam retirar mais de uma guia de trânsito nas estradas que as ligavam ao Rio de Janeiro, o que representava mais ônus com impostos. Atendendo os reclames, uma decisão do imperador, a de número 135, estabeleceu o seguinte:

10 Arquivo Nacional-RJ, Coleção Polícia da Corte, Códice 344, p. 14 e 15.

> Atendendo S.M. o Imperador aos graves incômodos que sofrem as pessoas que transitam da Província de Minas Gerais e São Paulo para esta do Rio de Janeiro, em serem obrigados a tirar nesta Corte novas guias quando se retiram, bem que se achem munidas que se lhes passam nos registros da Paraibuna ou Rio Preto. Manda a mesmo S. A (...) que o Intendente Geral da Polícia faça cessar o uso de se passarem as ditas novas Guias; e que nas que lhe forem apresentadas ponha gratuitamente a nota seguinte - Visto - Cunha - para que possam as referidas servir-se delas na sua volta sem novas despesas (...) (Grifos nossos).[11]

A 'Decisão 135' ajuda a compreender porque moradores de São Paulo, como Ventura José de Abreu e seus escravos tropeiros/traficantes, preferencialmente viajavam para Resende, e não para São Paulo propriamente dita. Não coincidentemente, depois que a emissão das guias foi regularizada, o senhor, em 1825, despachou cativos para Minas Gerais.

A ida para o destino fantasma Resende indica, na verdade, um excelente material para o estudo das negociações entre escravos tropeiros, seus senhores e oficiais da polícia da corte nas rotas do comércio interno. A distorção, nestas condições, revela mecanismos cotidianos do mercado interno do oitocentos. (FRAGOSO, FERREIRA, 2001a). Não devia ser um mercado baseado na lei da oferta e da procura, mas permeado de pessoalidade e de negociação política. (POLANYI, 2000). Em resumo, se os escravos mentiam ao dizerem que iam para Resende, fa-

11 Arquivo Nacional-RJ, Coleção de Leis do Império, Decisão 135 - 14 de novembro de 1822.

ziam-no com a conivência de seus senhores. Realmente, escravos tropeiros/traficantes gozavam da confiança de seus senhores, e vice-versa.

Similar a Resende, Itaguaí era um dos caminhos para São Paulo, por mar ou por terra, mas, como afirmamos, muito provavelmente nem todos que declaravam ir para São Paulo por Itaguaí se destinavam à província paulista. Isto não quer dizer que os mineiros mentissem mais ou menos que os fluminenses ou paulistas (todo mundo mente), mas sugere que paragens da província fluminense, como Itaguaí e Resende, eram pontos de entroncamento de rotas negreiras e mercantis internas para São Paulo e Minas Gerais. A mentira que saia da boca de muitos homens indica uma possibilidade, um ponto de apoio nas rotas do tráfico de cativos. Sendo assim, senhores e escravos traficantes/tropeiros eram cúmplices na mentira. Como afirmamos, os senhores confiavam seus escravos tropeiros/traficantes, mormente nos crioulos. Que senhores?

Os senhores dos escravos tropeiros/traficantes ... e a alforria

Majoritariamente homens, 328, e apenas 37 senhoras, e para 143 tropeiros/traficantes mencionou-se exclusivamente que eram escravos sem que se nomeassem seus senhores. Entre os homens, 121 (37%) portavam algum título de distinção, o que é muito, caso se considere que nem todos tinham títulos, mas entre as senhoras as *donas* somavam 25, proporção maior de senhoras tituladas do que de senhores distinguidos com títulos. As patentes militares, como a do sargento mor Ventura José de Abreu, configuram o grosso dos títulos senhoriais: três tenentes-coronéis, quatro capitães mores, oito sargentos mores, 56 capitães, um sargento, dois tenentes, 13 alferes. Mas também havia padres, bacharéis, licenciados. Tratava-se de uma "sociedade traficante", como a denomina Bôscaro em pesquisa em andamento. (BÔSCARO, 2019) Do tráfico/tropeirismo, participavam forros, grandes traficantes atlânticos, donas... e também escravos.

O que os escravos traficantes/tropeiros podiam ganhar na atividade? Por exemplo, quais os circuitos e as formas de atuação no comércio interno de cativos para uma vila interiorana, distante do Rio de Janeiro? Vejamos o caso de escravos traficantes/tropeiros da vila de Porto Feliz, capitania/província de São Paulo.

Embora informações sobre o tráfico de cativos para Porto Feliz não estejam tão presentes nas listas de habitantes e nos mapas de importação da vila, elas deixam ver que o município comprava escravos no Rio de Janeiro, em Santos e em São Paulo. No domicílio (fogo) encabeçado por Alexandre Pires de Campos, além de seus oito escravos, acrescentam-se três africanos, "todos de suas nações", comprados em 1805 a Estanislau José de Oliveira, morador na cidade de São Paulo.[12] Ainda em 1805, no fogo do capitão-mor Francisco Correa de Moraes Leite, além de 26 escravos, havia mais quatro "de suas nações que mandou buscar no Rio de Janeiro". Se mandou buscar significa que havia contatos entre a vila interiorana paulista e a cidade portuária do Rio de Janeiro, contato intermediado, ou não, por Santos ou São Paulo. Por sua vez, sem intermediários, Francisco de Oliveira Setúbal, em 1803, "vivia de seu negócio de comprar escravos no Rio de Janeiro e vender nesta vila", atividade pela qual foi reconhecido até 1813. A expressão "viver de seu negócio de comprar escravos no Rio de Janeiro e vender nesta vila" sublinha que a reprodução da escravidão em Porto Feliz via tráfico tinha como referência o porto carioca.

---

12 Arquivo do Estado de São Paulo, Lista nominativa de habitantes de Porto Feliz (LNPF), Ano, 1805, 1ª cia, fogo 47; LNPF, 1805, 1ª Cia, fogo 1.

Quadro 7. Os Setúbal nas Listas Nominativas de Porto Feliz

Ano	Fogo	Nome	Cia	Natural	Idade	Ocupação	Escravos
1803	33	Francisco Oliveira Setúbal	2 cia	Setúbal	52	Vive do negócio de comprar escravos no Rio Janeiro e vender nesta vila	14
1805	31	Francisco Oliveira Setúbal	2 cia	Setúbal	57	Vive do negócio comprar e vender escravos	15
1808	5	Francisco Oliveira Setúbal	2 cia	NI	60	Vive de seu negócio vender escravos comprados no Rio de Janeiro	17
1810	5	Francisco Oliveira Setúbal	2 cia	NI	62	Vive de seu negócio de comprar escravos no Rio Janeiro e vender nesta vila. Seu filho Francisco saiu a negócio para as minas do Cuiabá e levou o escravo Adão crioulo	16
1813	77	Francisco Oliveira Setúbal	2 cia		61	Vive de negociar escravos	13
1815	108	Francisco Oliveira Setúbal	2 cia	Setúbal	63	Agricultor	19
1818	74	Francisco Oliveira Setúbal	2 cia	NI	66	Agricultor	18
1820	7	Francisco Oliveira Setúbal	2 cia	Lisboa	68	Vive suas lavouras	23

1824	6	Francisco Oliveira Setúbal	2 cia	Setúbal	73	Lavrador	26
1829	9	Francisco Oliveira Setúbal	2 cia	Setúbal	78	Lavrador	23
1843	187	Francisco Oliveira Leite Setúbal (é filho do anterior)	3° Q	NI	48	Negociante	6

Fonte: LNPF. NI = não informa

Quadro 8. Os Setúbal em Despachos e Passaportes

Cód	Vol	Pág	Data	Viagem	Origem/ Destino	Nome	Total	Ladinos	Novos	Trouxe	Camaradas
421	16	309	16/07/1822	Parte	São Paulo por Itaguaí	Francisco de Oliveira Leite, 26 anos, natural e morador em São Paulo, estatura ordinária, rosto comprido, de bastante barba.	22		19	3	1
424	2	242	22/05/1828	Despacha	São Paulo	Francisco de Oliveira Leite	39		39		
419	2	185	25/09/1830	Vem de	São Paulo pelo registro de Itaguaí	Francisco de Oliveira Leite Setúbal	2	2			Joaquim Silvano de Oliveira, e os ladinos são Crispim Mina e José pardo
421	21	173	22/05/1828	Despacha	São Paulo	Francisco de Oliveira Leite Setúbal	39		39		

Fonte: ANRJ-Despachos e Passaportes.

Com efeito, viver do negócio de comprar e vender gente no comércio interno não era para muitos, ao menos não se permanecia na atividade por muito tempo, mas os Franciscos Oliveira Setúbal[13] se prolongaram por ao menos 40 anos no negócio. Pai português e filho natural de São Paulo, o empreendimento foi familiar e geracional. Pelas listas nominativas, tudo indica que o pai já não mais participava da atividade em 1815, quando foi reconhecido como agricultor e seu número de cativos se avolumou. O filho o substituiu no negócio de carregar gente.

Contudo, ainda em 1810, o filho, Leite Setúbal, saiu para Cuiabá com o escravo crioulo Adão e parece que iniciou a atividade traficante em tenra idade, por volta dos 14 anos, porque, em 16 de julho de 1822, partiu do Rio de Janeiro com destino a São Paulo por Itaguaí. Então, contava 26 anos de idade, tinha o rosto comprido e bastante barba, e foi reconhecido em seu passaporte por Francisco Antônio da Gama, um funcionário da Polícia. Acompanhado de três cativos que trouxe e de um camarada, cujos nomes não são informados, Francisco de Oliveira Leite pagou os direitos pela remessa de 19 cativos novos (421, 16, 309). Em 22 de maio de 1828, Leite despachou 39 escravos novos para São Paulo, com atestado assinado por Joaquim Magalhaes Mirinao e Joaquim Lemos Gonçalves (424, 2, 242); porém, para este mesmo dia 22 de maio de 1828, a Polícia também expediu um documento de despacho confirmando que o nome completo do personagem é Francisco de Oliveira Leite

13 Além das listas nominativas de habitantes de Porto Feliz e dos passaportes, o nome e os sobrenomes do pai e o do filho são confirmados no processo de prestação de contas de testamento do segundo o Museu Republicano Convenção de Itu (MRCI), Pasta 110, doc 5.

Setúbal, que fora para a mesma São Paulo com 39 escravos novos, reconhecido por Francisco Antônio da Gama (421, 21, 173). Esta duplicidade dá a certeza de que o nome paterno Setúbal às vezes era omitido nos despachos/passaportes. Mas registrado com o nome completo dois anos e quatro meses depois, em 25 de setembro de 1830, novamente "Francisco de Oliveira Leite Setúbal" chegava ao Rio pelo mesmo registro de Itaguaí com dois escravos ladinos (419, 2, 185), Crispim Mina e José pardo, e com o camarada Joaquim Silvano de Oliveira.

Naquele mundo que mesclava negócios e relações pessoais, algo típico de sociedades com traços de antigo regime, Francisco de Oliveira Leite Setúbal lembrou-se de um de seus escravos parceiros traficantes/tropeiros[14] em testamento dita-

14 Além dos escravos de Ventura José de Abreu e os de Oliveira Leite Setúbal, há outros exemplos de mancípios que atuavam no tráfico interno junto a seus senhores, como Luciano pardo, escravo do capitão José Nogueira. Morador em Minas, partiu acompanhado de três parceiros para Minas pela Paraibuna em 13 de outubro de 1809, quando tinha 32 anos de idade, estatura ordinária, rosto comprido, bastante barba e sobrancelhas delgadas. Em três de abril de 1818, aos 40 anos e com a mesma aparência física, partiu para Resende com cinco escravos que trouxe, e no dia dois do mesmo mês de 1819 novamente seguiu para Resende, aos 50 anos de idade. Há erro no registro da idade na última data, mas, decerto, Luciano pardo não fugiu nem se aquilombou, continuou no tráfico interno de cativos a mando e/ou associado a seu senhor (421, 1, 143; 421, 10, 50; 421, 12, 127). Por sua vez, o escravo do morador em Minas, José Ribeiro, o trigueiro Luis pardo fez dezoito viagens entre 18 de novembro de 1815 e dois de setembro de 1818, seis delas para Resende. Conduziu cativos novos, parceiros, escravos que trouxe e camaradas (421, 6, 104, 253; 421, 7, 168, 259; 421, 8, 86v, 224; 421, 9, 89, 315; 421, 10, 251; 421, 11, 2, 278; 421, 12, 139v; 421, 13, 41v, 176; 421, 14, 34, 188v, 349v; 16, 340). Manoel, pardo, aos 40 anos, em 1816, de estatura ordinária, rosto comprido e olhos pequenos, fora quatro vezes, acompanhado de escravos

do em 1854. Legou vários cativos a seus 11 filhos, mas declarou que deixava liberto os escravos seguintes: Crispim e sua mulher Manoela, ambos de nação Mina, Antônio, feitor, e sua mulher Joaquina, ambos também de nação, são quatro, para que possam gozar de suas liberdades como se nascessem de ventres livres.[15]

Todos os legados sairiam de sua terça, mas se a terça não cobrisse o custo dos legados o rateio

> nunca pesará sobre os quatro escravos libertados, que gozarão de suas liberdades, e sem mais responsabilidade alguma, e nem sobre a quantia de duzentos mil réis deixada à Nossa Senhora Mãe dos Homens, e bem assim sobre a quantia de cem mil réis deixada a sua filha natural Maria Teresa Leite, devendo, por conseguinte, sofre rateio todos os mais legatários.[16]

Talvez o parceiro de trafico José pardo já estivesse morto ou alforriado, mas Crispim fazia tráfico do Rio de Janeiro para Porto Feliz, junto a seu senhor traficante, desde pelo menos 1822. Se mercadejaram gente até 1850, lá se iam 28 anos de convívio traficante no qual senhor e escravos operavam juntos. O senhor, de modo algum, admitia que seu parceiro africano no negócio se mantivesse em cativeiro após sua morte.[17] No codicilo do testador de 1863, nota-se, no entanto, que Crispim Mina morrera antes do testador, mas sua mulher Manoela foi

---

que trouxe para Minas, entre 26 de outubro de 1815 e 16 de janeiro de 1817; era escravo de Jerônimo Ribeiro, morador em Minas (421, 6, 59v e 190v; 421, 7, 137v, 271v).

15 MRCI, Pasta 110, doc 5.

16 *Idem, ibdem.*

17 Sobre cativos e forros no tráfico, ver: Guedes (2015).

alforriada. Antônio, feitor, também recebeu alforria, sua mulher morrera antes. Um escravo feitor e outro que ajudava no tráfico foram fundamentais para a reprodução da escravaria de Setúbal. Daí, a preocupação com a salvação da alma comumente levava senhores a alforriar certos escravos em testamentos, como parte de uma liturgia salvacional. (GUEDES, SOARES, 2015). Mercadores de gente como Leite Setúbal também tinham alma, tal como seus escravos traficantes.

No fim das contas, a família formada por Francisco de Oliveira Leite Setúbal e seu pai, Francisco de Oliveira Setúbal, acompanhada de escravos e camaradas agentes do tráfico, permaneceu pelo menos 40 anos no comércio de cativos na rota Rio de Janeiro-São Paulo, passando pelo registro de Itaguaí. Certamente, pai e filho viviam de buscar gente no Rio de Janeiro e vendê-las em Porto Feliz ou Cuiabá. Levaram, ao menos, 58 cativos novos do Rio para Porto Feliz, e nesse caso a reprodução da escravidão na vila do Oeste paulista contou com escravos parceiros de confiança. Sem que se queira generalizar, escravos tropeiros/traficantes que gozavam da estima senhorial, o que já era muito, tinham amplas chances de chegar à liberdade. Assim, o tráfico/tropeirismo reproduziu a escravidão e deu liberdade para quem participava do negócio.

Bibliografia

ALGRANTI, Leila Mezan. *O feitor ausente*: estudos sobre a escravidão urbana no Rio de Janeiro (1808-1822). Petrópolis: Vozes, 1988.

BERUTE, Gabriel. O comércio de africanos ladinos e crioulos: vila do Rio Grande (1812-1822). *História Unisinos*, v. 10, p. 259-272, 2006.

BERUTE, Gabriel. Rio Grande de São Pedro do Sul, c. 1790-c. 1830: tráfico negreiro e conjunturas atlânticas. In: LIMA, Regina Célia Xavier (Org.). *Escravidão e liberdade*: temas, problemas e perspectivas de análise. 1ed. São Paulo: Alameda, 2012.

BÔSCARO, Ana Paula Dutra. *Sociedade Traficante:* compromisso e valores sociais em torno do comércio interno de escravos (Juiz de Fora, Minas Gerais, Século XIX) (Tese de Doutorado em andamento).

BRETAS, Marcos Luiz. *A polícia carioca no Império*. Estudos Históricos, v. 12, n. 22, 1998.

BRETAS, Marcos Luiz; ROSENBERG, André. A história da polícia no Brasil: balanço e perspectivas. *Topoi*, v. 14, n. 26, 2013.

CANDIDO, Mariana. *An African slaving port and the Atlantic world*: Benguela and its hinterland. Nova York: Cambridge U.P., 2013.

COSTA, Ana Paula Pereira. Legitimidade e ilegitimidade no armamento de escravos: milícias privadas, negociação e criminalidade na sociedade mineira setecentista. *Revista de História Regional*, v. 23, p. 70-89, 2018.

COSTA, Ana Paula Pereira. *Poderosos do ouro e seus escravos armados*: práticas de mando e clientela nas Minas setecentistas. 1ª. ed. Rio de Janeiro: Multifoco, 2016.

COSTA, Robson Pedrosa. Escravos senhores de escravos. Pernambuco, séculos XVIII E XIX *História e Perspectivas*, Uberlândia (57): 149-176, jul./dez. 2017.

COTTA, Francis Albert. Milícias negras na América Portuguesa. Klepsidra. *Revista Virtual de História*, v. 27, 2007.

COTTA, Francis Albert. *Negros e Mestiços nas Milícias da América Portuguesa*. 1. ed. Belo Horizonte: Crisálida, 2010.

FERREIRA, Roquinaldo. *Dos Sertões ao Atlântico*. Rio de Janeiro: UFRJ-PPGHIS, Dissertação de Mestrado, 1997.

FINLEY, Moses. *Escravidão antiga e ideologia moderna*. Rio de Janeiro: Graal, 1991.

FRAGOSO, João; FERREIRA, Roberto Guedes. Alegrias e artimanhas de uma fonte seriada. Os códices 390, 421, 424 e 425: despachos de escravos e passaportes da Intendência de Polícia da Corte, 1819-1833. In: BOTELHO, T. *et. al.* (Orgs.). *História quantitativa e serial no Brasil*: um balanço: ANPUH-MG, 2001b.

FRAGOSO, João; FERREIRA, Roberto Guedes. *Tráfico de escravos, mercadores e fianças*. Dois bancos de dados (despachos de escravos, passaportes e licenças). Códices 390, 411, 419, 421, 424, 425, 1000 e 1002. Relatório de Pesquisa apresentado ao IPEA, 2001a.

FREYRE, Gilberto. *Casa-grande e senzala:* formação da família brasileira sob o regime da economia patriarcal. Rio de Janeiro: José Olympio, 1987, 25ª. Ed.

GÓES, José Roberto; FLORENTINO, Manolo. *A paz das senzalas:* famílias escravas e tráfico atlântico. *Rio de Janeiro, 1790-1850*. Rio de Janeiro: Civilização Brasileira, 1997.

GORENDER, J. *O Escravismo Colonial*. São Paulo: Ática, 1988, 5ª Ed.

GUEDES, Roberto. Comércio interno de cativos, grandes traficantes e forros traficantes: o compromisso social com a escravidão, com a desigualdade, e a precariedade de um corpus documental (Sudeste do Brasil, inícios do século XIX). In: CURY, Cláudia Enger Cury; GALVES, Marcelo Cheche; FARIA, Regina Helena Martins de. (Org.). *O Império do Brasil*: educação, impressos e confrontos sociopolíticos. São Luís: Café & Lápis; Editora Uema, 2015.

GUEDES, Roberto. *Egressos do cativeiro*: trabalho, família, aliança e mobilidade social (Porto Feliz, São Paulo, c.1798-c.1850). Rio de Janeiro: Mauad, 2008.

GUEDES, Roberto; BÔSCARO, Ana Paula. A cara da escravidão e a cara da liberdade: honra e infâmia (Corte do Brasil, 1809-1833). *Revista Afro-Ásia*, n. 59, 2019a.

GUEDES, Roberto; BÔSCARO, Ana Paula. O Rio de Janeiro e a reprodução da sociedade escravista: rotas e agentes no comércio interno de cativos entre a corte e São Paulo (1809-1833). *Revista do Arquivo Geral da Cidade do Rio de Janeiro*, 2019b (no prelo).

GUEDES, Roberto; SOARES, Márcio de Sousa. As alforrias entre o medo da morte e o caminho da salvação de portugueses e libertos (Rio de Janeiro, segunda metade do século XVIII). In: GUEDES, Roberto. RODRIGUES, Cláudia. WANDERLEY, Marcelo da Rocha (orgs). *Últimas Vontades*: testamento, sociedade e cultura na América ibérica. Rio de Janeiro: Mauad X, 2015.

HOLLOWAY, Thomas. *Polícia no Rio de Janeiro*. Repressão e resistência numa cidade do século XIX. Rio de Janeiro: FGV, 1997.

IVO, Isnara P. *Homens de caminho*: trânsitos culturais, comércio e cores nos sertões da América portuguesa. Século XVIII. Vitória da Conquista: Edições Uesb, 2012.

KARASCH, Mary. *Slave Life in Rio do Janeiro, 1808-1850*. Princeton: Princeton University Press, 1987.

MAMIGONIAN, Beatriz. *Africanos livres*: a abolição do tráfico de escravos no Brasil. São Paulo: Companhia das Letras, 2017.

MARTINS, Roberto Borges. *Crescendo em silêncio*. A incrível economia escravista de Minas Gerais no século XIX. Belo Horizonte: ICAM-ABPHE, 2018.

MILLER, Joseph C. *Way of death. Merchant capitalism and the Angolan slave trade, 1730-1830.* Wisconsin, Wisconsin University Press,1988.

NEDER, Gizlene. Neder. *A polícia na Corte e no Distrito Federal.* Rio de Janeiro: PUC, 1981.

PASSOS, André Fernandes. *Rotas internas do comércio de escravos:* Laguna, primeiras décadas do século XIX. (Trabalho de conclusão de curso), Universidade Federal de Santa Catarina, Centro de Filosofia e Ciências Humanas, 2015.

PEREIRA, Walter Luís Carneiro de Mattos; PESSOA, Thiago Campos. Silêncios atlânticos: sujeitos e lugares praieiros no tráfico ilegal de africanos para o Sudeste brasileiro (c.1830 – c.1860). *Estudos Históricos.* Rio de Janeiro: Fundação Getúlio Vargas, n. 32, p. 29-49, 2019.

PETRONE, Maria Theresa Schorer. *A lavoura canavieira em São Paulo.* Expansão e declínio (1765-1851). São Paulo: Difel, 1968.

POLANYI, K. *A grande transformação.* 2ed. Rio de Janeiro: Elsevier, 2000.

REIS, João José. De escravo rico a liberto: a história do africano Manoel Joaquim Ricardo na Bahia oitocentista. *Revista de História*, v. 174, p. 15-68, 2016.

RIBEIRO, Alexandre Vieira. O comércio das almas e a obtenção de prestígio social: traficantes de escravos na Bahia ao longo do século XVIII. *Locus*, v. 12, p. 9-27, 2006.

RIBEIRO, Alexandre Vieira. O comércio de escravos e a elite baiana no período colonial. In: FRAGOSO, João; SAMPAIO, Antônio Carlos de Jucá; ALMEIDA, Carla Maria Carvalho (Org.). *Conquistadores e negociantes*: histórias de elites no Antigo Regime nos trópicos. América Lusa, séculos XVI a XVIII. Rio de Janeiro: Civilização Brasileira, 2007.

SCHWARTZ, Stuart B. *Segredos internos*: engenhos e escravos na sociedade colonial. São Paulo: Companhia das Letras, 1998.

SILVA, Antonio de Moraes. *Dicionário da Língua Portuguesa*. Lisboa: Tipografia Lacerdina, 1813. 2ª. ed.

SLENES, Robert W. *Na Senzala uma Flor*: esperanças e recordações na formação da família escrava. Brasil, Sudeste, Século XIX. Rio de Janeiro: Nova Fronteira, 1999.

SOARES, Mariza de Carvalho. *Devotos da cor*. Identidade étnica, religiosidade e escravidão. Século XVIII. Rio de Janeiro: Civilização Brasileira, 2000.

Sobre os autores

Alexandre Bittencourt Leite Marques é doutor em História pela Universidade de Évora (UÉvora), Portugal, com bolsa de estudos CAPES/MEC-Brasil, investigador integrado ao Centro de História da Universidade de Lisboa. Professor efetivo de História da Secretaria de Educação do Estado de Pernambuco (SEDUC-PE), tem experiência em pesquisa e ensino, com ênfase em América portuguesa, relações África/Brasil, Educação Patrimonial e Patrimônio Cultural.

Ana Paula Dutra Bôscaro é professora do Centro Cultural Brasil Angola, Luanda, Angola. Doutoranda, Mestra (2016), Bacharela e Licenciada (2013) em História pela UFJF, é pesquisadora integrada ao Laboratório de História Econômica e Social e ao GT Emancipação e Pós-Abolição. Membro da Associação Nacional de História, seção Minas Gerais, da Associação Brasileira de Pesquisadores em História Econômica e da Sociedade de Estudos do Oitocentos. É autora do livro *Uma serra de almas negras: escravidão e pequena propriedade* e atualmente desenvolve pesquisas na área de história econômica, demográfica e social, com ênfase nos temas de escravidão e tráfico de escravos no século XIX.

Avanete Pereira Sousa é professora Titular do Departamento de História da Universidade Estadual do Sudoeste da Bahia

(Uesb) e membro do Programa de Pós-Graduação em Letras: Educação, Cultura e Linguagens (Uesb). É autora dos livros *A Bahia no século XVIII: poder local e atividades* econômicas (2012), *Poder político local e vida cotidiana: a câmara municipal de salvador no século* XVIII (2013), reeditado pela câmara municipal de Salvador em 2014; *Salvador, capital da* Colônia (2010, 6ª ed). É coorganizadora do livro *Capítulos de história da Bahia: independência* (2017).

Carmen Muñoz-Bernand é professora emérita da Universidade de Paris-Nanterre e do Institut Universitaire de France. É autora de 23 livros sobre comunidades indígenas andinas (ritos, concepções do corpo e das doenças), mestiçagens coloniais e, em particular, enfatiza a obra do Inca Garcilaso de la Vega, música, escravidão urbana (Rio de la Plata) e diálogos entre arqueologia, história e antropologia.

Evandra Viana de Freitas é mestre em *Memória: Linguagem e Sociedade*. Graduada em Administração de empresas e em Direito pela Universidade Estadual do Sudoeste da Bahia, tem participado de eventos e publicado em seus anais. Atualmente, desenvolve estudos sobre história da filosofia, psicologia e psicanálise.

Isnara Pereira Ivo é professora Titular da Universidade Estadual do Sudoeste da Bahia. Entre outras publicações, é autora de *O anjo da morte contra o santo lenho: poder, vingança e cotidiano no sertão da Bahia* (2017) e de *Homens de Caminho: trânsitos culturais, comércio e cores nos sertões da América portuguesa. Século* XVIII (2012). É coorganizadora da coleção de livros do Grupo de Estudos Escravidão e Mestiçagens, entre os quais *Escravidão, mestiçagem e histórias comparadas* (2008), *Escravidão e mestiça-*

gens: populações e identidades culturais (2010), *Escravidão e mestiçagens, ambientes, paisagens* e espaços (2011), *Religiões e religiosidades, escravidão e mestiçagens* (2016), *Dinâmicas de mestiçagens no mundo moderno: sociedades, culturas e trabalho* (2016).

Ivana Pereira Ivo é professora da Universidade Federal da Bahia – UFBA/Instituto de Letras/Setor de língua inglesa. Pesquisa aspectos sociolinguísticos da língua inglesa falada no Brasil, com interesse, também, na formação de professores de língua estrangeira. É orientadora de língua inglesa do Núcleo Permanente de Extensão e Pesquisa do Instituto de Letras da UFBA e membro do Laboratório de Ciências da Fala (UFBA), orientando trabalhos na área da fonética e da fonologia. É Membro do grupo de pesquisa *INDIOMAS* - Conhecimento de Línguas Indígenas e Línguas de Sinais na relação Universidade & Sociedade, da UNICAMP. Estuda a língua Guarani, dedicando-se em projetos relacionados à educação escolar indígena. É autora do livro *Mbyá- Ayvu: a língua Guarani-Mbyá*, com assessoria linguística na publicação dos livros *Lições de gramática Nhandewa-Guarani* e *Inypyru: narrativa sagrada da criação do mundo.* Tem publicado artigos e capítulos de livros sobre a língua Guarani falada no Brasil.

Joseph Abraham Levi 雷祖善博士 é investigador de língua portuguesa e estudos lusófonos, africanos, islâmicos e sefarditas na *George Washington University*. Também lecionou língua portuguesa, culturas e civilizações lusófonas, italiano, inglês como língua estrangeira, estudos africanos, islâmicos, medievais e sefarditas – sendo também fundador e/ou director de programas, departamentos e institutos de línguas e culturas estrangeiras – nas seguintes universidades: *George Washington University*, *Universidade de São José* (Macau), *Hong-Kong University*,

Rhode Island College, University of Iowa, University of Georgia e *University of Wisconsin-Madison.*

Luciano Lima Souza é professor da Universidade Estadual do Sudoeste da Bahia (2019) e doutor em *Memória: Linguagem e Sociedade* pela mesma instituição (2013). Tem experiência na área de Letras, com ênfase em leitura e produção textual, memória e tradição das comunidades tradicionais de terreiro da Bahia. É autor do *livro A fará KO Arawa. Memória e tradição no candomble da Bahia,* publicado pelas Edições Uesb.

Marcello Moreira é professor da Universidade Estadual do Sudoeste da Bahia. Desenvolve pesquisa sobre teorias da edição, com ênfase na história e crítica de métodos editoriais dos séculos XIX e XX, como os de Karl Lachmann e de Joseph Bédier. Ganhou com seu livro *Critica Textualis in Caelum Revocata? Uma Proposta de Edição e Estudo da Tradição de Gregório de Matos e Guerra* (Edusp, 2011) o Prêmio Jabuti na categoria crítica literária e também o Grande Prêmio da Crítica da Associação Paulista de Críticos de Arte (2015) pela edição e estudo da poesia atribuída a Gregório de Matos e Guerra, em coautoria com João Adolfo Hansen, houve indicação ao Prêmio Jabuti de 2015.

Marcia Amantino é professora do Programa de Pós-Graduação da UNIVERSO. Lidera o Grupo de Pesquisa do CNPq intitulado "Sociedades escravistas nas Américas". É autora dos livros *A Companhia de Jesus no Rio de Janeiro: o caso do Engenho Velho, século XVIII (2018), O Mundo das Feras: os moradores do sertão Oeste de Minas Gerais, século XVIII* (2008) e coorganizadora de outros títulos. Também publicou artigos em periódicos brasileiros e internacionais, elaborados individualmente ou em parcerias com historiadores nacionais, destacando-se, nos últimos anos, trabalhos sobre economia da Companhia de Jesus e sobre escravidão de negros e de índios na capitania do Rio de Janeiro.

Marcos Profeta Ribeiro é professora da Universidade Estadual da Bahia (UNEB), *campus* de Caetité, autor de *Mulheres e poder no alto sertão da Bahia: a escrita epistolar de Celsina Teixeira (1901-1927)*, publicado pela editora Alameda, em 2012. Pesquisador vinculado ao Grupo de Pesquisa Cultura, Sociedade e Linguagens (GPCSL/CNPq), desenvolve pesquisas na área de história das mulheres dos sertões baianos.

Roberto Guedes Ferreira é professor associado da Universidade Federal Rural do Rio de Janeiro, membro permanente do programa de pós-graduação em história da mesma universidade e colaborador do PPGHIS da Universidade Federal do Rio de Janeiro. Seus estudos priorizam a área de história do Brasil Colonial e história de Angola setecentista. Atua principalmente nos seguintes temas de economia, sociedade e escravidão. É autor de *Egressos do cativeiro: trabalho, família, aliança e mobilidade social: Porto Feliz, SP, c.1798-c.1850* (2008), entre outras publicações.

Alameda nas redes sociais:

Site: www.alamedaeditorial.com.br
Facebook.com/alamedaeditorial/
Twitter.com/editoraalameda
Instagram.com/editora_alameda/

Esta obra foi impressa em São Paulo no verão de 2020. No texto foi utilizada a fonte Minion Pro Regular em corpo 10,8 e entrelinha de 15,5 pontos